“十三五”国家重点出版物出版规划项目

“费孝通田野调查奖”特别著作奖

中国农民工

China’s Migrant Rural Workers

（第二版）

杨志明 著

中国劳动社会保障出版社

图书在版编目（CIP）数据

中国农民工 / 杨志明著 . -- 2 版 . -- 北京：中国劳动社会保障出版社，2024
ISBN 978-7-5167-6354-4

Ⅰ. ①中…　Ⅱ. ①杨…　Ⅲ. ①民工 – 城市化 – 研究 – 中国　Ⅳ. ① D422.64

中国国家版本馆 CIP 数据核字（2024）第 078379 号

中国劳动社会保障出版社出版发行
（北京市惠新东街 1 号　邮政编码：100029）
*
辽宁虎驰科技传媒有限公司印刷装订　　新华书店经销

787 毫米 × 1092 毫米　16 开本　29.25 印张　303 千字
2024 年 6 月第 2 版　　2024 年 6 月第 1 次印刷
定价：138.00 元

营销中心电话：400-606-6496
出版社网址：http://www.class.com.cn

自序：致敬中国农民工

通常，将户籍在农村但来到城市或城镇打工的人称为农民工。农民工外出最直接的初始动因是能多挣点钱，而我也正是从这一点开始认识农民工的。

贫穷是人类社会的顽疾，这一论断是随着经历逐步认知的。贫穷最可怕的是限制了人们的想象力。记得1961年我看到父亲下班带回点“豆渣饼”就很高兴，那时人们最大的愿望是吃顿饱饭，偶尔吃一次白面条或米饭，那是顶级的享受。而老家的亲戚来时，捎点鲜玉米棒子煮熟后当主食啃啃，觉得他们在农村很幸福。过了三年困难时期，才知道城市比农村生活要好得多。那是因为上到三年级时，班里赵树林等三名同学突然没来，老师说以后他们也不会来了。放学后，我就到赵树林家去看，才知道他父母因国家“六二压”①要带他回河南山区的老家，何时再回城也不知道。直到他回去半年后写信告诉我，村里小学一个老师带语文、数学、体育三门课，可见贫困山区教育资源的匮乏。从那个时候，直至2008年搞全国农民工调查时才了解到，农民工子女随父母进城上学大多上了职业院校或

① 1962年很多农村户口的工人、干部被政策性压缩举家回到农村。

大专，而在农村的留守儿童大多初中毕业后就外出打工。“教育是阻断贫困代际相传最重要的手段”给我留下了深刻的印象。

我最初接触农民和那时的农民工是1973年高中毕业后到太原市北郊区北固碾村下乡插队。白天经历了敲锣打鼓放鞭炮的欢迎阵势，晚上睡在队里赶急盖好但还未干透且有点湿冷的房子里，我不由自主地想，这里人多地少且分红高，并不缺劳动力，用现在的话来说还有些外溢，村里有不少富余劳动力都在忙着找活儿干。后来我在地里干活儿时总能够隐隐约约听到村民说，又来了不少要“分红”的知青[①]，那时我才知道，本村的姑娘嫁到外村想留在队里劳动分红都不行，户口要迁出去，为的是减少队里分红的人。我也问过村民，我们来了这么多人接受贫下中农再教育，教育是长期的，但是分了你们的收入、影响你们分红是实在的。村民告诉我，你们是响应国家号召来的，我们不能说啥，只能多想点其他办法。直到年终盘点才知道，队里每年增加点收入、弄点分红很不容易，村里当队长的人要绞尽脑汁提高分红，这不仅要靠每天辛勤劳动，还要看蔬菜水果市场行情。我们下乡插队的七八十个知青，虽然挣的工分比村民低一截，但毕竟是从农民的总收入中分了一块，从以“队为基础”[②]的大锅饭里舀了一碗。我当时作为知青队长，就想着怎么

① 知青是特定历史时期知识青年的简称，指从1968年到1978年从城市到农村或农垦、兵团的初高中毕业生。

② 我国在农村成立人民公社后，就进入“三级所有，队为基础”的阶段。

弥补村民这一部分损失，补上由于我们分红带来的他们收入的降低。我就和下乡插队的同伴们一起讨论，我们父母都在城里，有的还在城里的工厂当负责人，我们有这层社会关系，能不能到城里给他们揽点活儿，介绍他们到太原打点零工。经过发动，这件事很快就有了着落，一个是到太原电解铜厂拉煤烧锅炉，另一个是就近到太原新华化工厂拉砖砌墙。年底一结算，出去打零工的村民把收入拿回村里参与分红，村民们非常高兴，认为知青来到这里没有给他们增加经济负担，还多挣了钱、增加了收入。直至 1976 年冬，我来到太原市北郊区东社公社担任公社革委会主任，面对的最现实问题仍然是保住全公社两万多人的分红不下降，还要略有增加，现实的选择就是下决心办社队企业，也可以说是当时在那种特定条件下的组织农民工就业，为以后自己了解农民工和做农民工工作，有了一个最初的认知。

从农村因人多地少分离出来的富余劳动力，更盼望增加收入，搞非农产业多挣点钱，这是那时农民工的渴望。我从中感到，农民工是现实的，也是能忍耐的，碰到困难或不顺心的事时，总能够先忍下来然后想办法去解决，有股愚公移山的韧劲。

沐浴着 1978 年的改革春风，我们这些在改革招生制度后读大学经济系的青年学生，也被激发加入最先爆发的、农村改革中争议最激烈的“包产到户”大讨论中。由于我有下乡插队和在公社担任领导的体悟，就办起了学经济的小报，讨论农业富余劳动力往哪里转移。国际上工业化促进城镇化的普遍现象是农民卖了土地带上资金，进城进厂就业，发展得好步入中等收入群体，遇上大的经济波动也有可能掉进“贫民窟”。中国农民哪有这原始的积蓄，而城市中隐性的富余劳动力也很多，况且城市也没有做好接纳农民进城就业的准备。我结合兴办社队企业的实践，撰写了《论农村包干到户和富余劳动力转移》的毕业论文，开始积累从国际农业劳动力转移的视野中观察中国农业富余劳动力转移的有关知识，感觉到中国农业劳动力转移有不同于国际一般规律的特殊性。这时我也开始忧虑以后中国农民工身无分文大批进城遇到经济波动时的艰辛。

1983 年，从中央到地方果断推进的干部“四化”改革，将 28 岁的我推上了太原市北郊区副区长的县级领导岗位。当时沿海沿江地区轰轰烈烈发展乡镇企业的景象如洪流般震撼着内地。外有走在前列的沿海地区的发展压力，内有包产到户后富余劳动力溢出的就业压力，山西省委急起直追，派我们 39 名中青年县级领导干部到乡镇企业迅猛发展的苏南地区挂职学习，1985 年初我挂职江苏省常州市武进县县长助理，这使我第一次亲身感受到高度密集的农民工就地就近转移，看到了大批农业富余劳动力“离土不离乡、就地进工厂”的第一次农民工大发展浪潮。

1986 年年初，我带着学习到的苏南经验来到太原市郊的清徐县主政，开始发展城郊乡镇企业的实践，继苏南模式、温州模式、珠江模式后，探索在内地大城市郊县兴办乡镇企业转移农业劳动力的“城郊模式”。那时我总感觉使用农业富余劳动力转移就业在理论上准确，但在实践上不通俗，尤其是给乡村干部讲的时候让他们觉得有点咬文嚼字的书生气，或者说有些理论做派。这时中国社会科学院研究员张雨霖撰文提出“农民工”的概念，著名社会学家费孝通在文章中使用了“农民工”的概念，我当时感觉这个词既新鲜又贴切，“农民”是指户籍身份，“工”是指就业身份。由于费孝通先生的影响力大，很快就使“农民工”这一称呼在全国大范围使用开来。1984年随着社队取消，改为乡镇，社队企业也就随之变为乡镇企业。苏南地区兴办乡镇企业有上海及周围城市群“星期日工程师”的技术优势，珠三角地区兴办乡镇企业有越来越多“三来一补”的港澳投资办厂优势，温州有兴办个体私营企业的肥沃土壤和历史传承的优势，大城市郊区则有城市之尾、乡村之首、快速吸纳城市工业辐射、就地转移农业富余劳动力的优势。果不其然，以后内地城郊发展乡镇企业都很快，开启了内陆地区农民工发展的新路径。我将这些实践体会写成《城郊经济发展战略初探》一文，1984年9月被《经济日报》评为全国优秀中青年经济论文，当时颇有名气的中央《农村工作通讯》以此文开辟《市郊经济》专栏，城郊发展模式由此在国家农村经济理论研究层面获得了认可。

20世纪90年代，随着社会主义市场经济的迅猛发展，从市场中走来的农民工又迎来了“离土又离乡、进厂又进城”的第二次大发展浪潮。由于发展城郊乡镇企业取得的明显成效，我也被调到山西省乡镇企业局主持工作。当时山东有利用后发优势跨越式发展乡镇企业的成功经验，山西和北方多个省份都派出中青年干部去学习。1991年下半年，我挂职山东省乡镇企业局副局长，被济南和胶东半岛上集体、合资、个体私营企业“红红火火办企业、踏踏实实抓项目”的精神所感染，写出了《学习山东经验，发展山西乡镇企业》的考察报告，并提出政策建议。当时在借助资源富集区“有水快流”政策推动山西乡镇企业大发展中，我发现20世纪80年代“村村点火、户户冒烟”有浪费资源、污染环境的弊端，开始感到改善农民工劳动环境是重要的，光讲挣钱是片面的，由此开始探索走集中连片发展乡镇企业的新路。1993年5月，我到山西省昔阳县大寨村调研乡镇企业发展时，和党支部书记郭凤莲讨论，不能光挖煤，还要利用空置的大寨旅行社办衬衫厂和搞旅游开发，搞非煤产业。为此，1995年在中央党校“一年制”中青年干部培训班学习时，我撰写了《中西部乡镇企业走集中连片发展新路》的文章，在中央党校《理论动态》上登载后，受到中央党校领导和专家的肯定，并由中央党校出版社编辑成书。

1996年，随着对个体私营企业发展地位的“思想解放”，我也对乡镇企业集体产权“人人所有，人人无有”的模糊认识进行了深入思考。在集体产权制度改革的大潮中，我总感觉乡镇企业产权需要有制度创新，乡镇企业要保持大发展势头也要有自我革新。农民工就业的持续性和企业的稳定性相伴而生，国有中小企业改制放活后，中小企业在一定程度上已成为非公经济的代名词，中小企业聚集起来对农民工就业犹如“蚂蚁雄兵”。1996年夏，我来到山西临汾市政府主持工作，有机会“操刀”推进乡镇企业“产权有活力、经营有规模、管理有效益、提高竞争力”的二次创业。党的十五大进一步给私营企业正名，由过去的拾遗补阙上升为我国经济的重要组成部分。非公经济的快速发展给农民工带来了就业的持续增加，中小企业成为农民工就业的主渠道，企业的发展活力和农民工的就业动力结合起来，可以说是“水大鱼大”，相得益彰。之后的实践证明，厚待承载着人口红利的农民工，是许多优秀企业获得成功的重要因素。

国家区域发展战略总是牵引着农民工的大流动。2001年，我参加西部大开发来到甘肃，看到上千公里土肥水美的河西走廊有就地兴办农副产品加工厂、吸纳大批农业富余劳动力就近转移的潜力。但更多的是，大批农民工走出黄土高坡、走出沙漠戈壁、走出深山老林到沿海发达地区去打工，这是最现实的选择。从东部向中西部的产业梯度转移有个历史过程，劳动力跨省转移却是快速流动，贫困地区劳动力向城市输出能获得高于原先10倍的收入，而农民工走进大城市“开了眼界”也是颇具吸引力。中西部农民工从老一代到新生代源源不断地踏上“东进”打工的路，中国农民工跨省流动的浪潮席卷到了全国，也由此形成市场配置资源的全国劳动力自由流动的大市场，进入21世纪后，随中国企业到境外务工经商的已达百万人，城乡分割的劳动力计划管理体制随之破除。农民工从就地就近到进城进厂，再到跨省流动，给全国范围劳动力大流动的体制变革增添了活力。西部开发也得益于农民工的贡献，西部开发中基础建设大规模上马，铺路架桥和城市建筑施工等苦累活儿似乎都非农民工莫属。农民工与生俱来的市场经济特质和国家区域经济发展战略契合，从一定意义上讲，新型城镇化是以农民工为核心的，尤其在西部，也可以说是最大限度地将农民工吸附在新型城镇，不是简单地建城市造楼，关键是解决农业富余劳动力向城市转移的问题。

进入 21 世纪，经济快速发展带来了农民工跨省转移大发展的第三次浪潮。2007 年年底，我兼任国务院农民工工作领导小组办公室主任，有了从国家层面研究农民工工作和接触各地农民工的机会。随着新生代农民工逐渐成为外出农民工的主体，子女随同上学、改善住宿条件、丰富文化生活等融入城市需要解决的种种问题浮出水面，需要统筹解决这些难题，但也不能头痛医头、脚痛医脚。由此，农民工融入城市的顶层设计呼之欲出，而农民工这时也从当年“放下镰刀、拿起瓦刀”搞建筑和“放下锄头、拿起榔头”搞加工，变为“组装奔驰宝马汽车、苹果华为手机”的现代产业工人。经过全国 32 个部门上万人参加的农民工发展大调查，形成了初步结论，面对种种困扰农民工融入城市的困难，唯有牵住农民工市民化这个牛鼻子才能统筹解决，唯有提升农民工技能才能使农民工在城市站稳脚跟，才有融入城市的底气。

从 2008 年年底受世界金融危机冲击 1140 万农民工集中返乡到 2009 年中国经济企稳向好陆续返城，从 2010 年富士康事件的快速处置到随后广东珠三角、辽宁大连等地多起因要求加薪引发的集体劳动争议事件，以及 2014 年因“欠保”[①]引发的集体劳动争议事件

① “欠保”指没有足额支付城镇职工基本社会保险费。

的协调解决，从这些意想不到发生且又很快得以解决的事件中，我更加深刻地体会到，中国农民工在构建和谐劳动关系中发挥着独特作用，有党政快速协调处置的机制，有依法调解仲裁的有效做法，也有农民工对“劳资两利”谈判合作的理解。相对于世界上大多数国家，无论是发达国家还是新兴市场国家，在经济起飞过程中都发生过持续的大规模罢工，而中国经济发展快，农民工众多，劳动争议虽时有发生，但劳动关系总体稳定，堪称中国智慧创造的中国经验。

经济走上高质量发展，速度至上变为质量至上，无疑对农民工发展是一个新的考验。不少人担心农民工在经济转型中能否扛得住、挺得过去、有新的作为。实践证明，农民工从来不缺逢山开路、遇水搭桥、迎难而上的精神。农民工适应经济新常态呈现出“三新”的发展趋势，不仅有大批新生代农民工投身到家庭服务、快递、送外卖、美容美发和呼叫服务等现代服务新业态中，而且有大批优秀农民工成为掌握技能的新工匠，更有和“海归”称谓相对应的一批“城归”[①]返乡创业，破解了中西部贫困地区留不住劳动力、招商引资难以落地、产业梯度转移不易对接的难题。“城归”往往都有勒紧裤带攒钱回村盖新楼房，让父母在村里“腰板”硬起来的经历，现

① 即近年来农村经济活力提升催生出的一个新名词。所谓“城归”，是类似于“海归”的说法，特指农民工经过城市打工的锻炼，积累了经验、技术等，又回到农村（县或乡镇）创业。有关内容详见本书第四章第六节。

在他们当了企业家，一有机会就不会忘记真心实意地帮助其他农民工。血液里流淌着农民工的基因，果断、不怕吃亏的性格中打上乡土情结的烙印，这是中国农民工企业家特有的品行。

经济转型中，农民工提升技能、落户城市，进而安居兴业，迎来了从数量发展到素质提升的第四次大发展浪潮，农民工进入市民化的新阶段。种种数据表明，随着服务经济的发展，农民工不仅在建筑业、制造业中是主力军，而且在第三产业中也是肩扛重任。农民工那种吃苦耐劳、辛勤劳动的奋斗精神，是我国劳动生产率在世界居于前列的主要支撑。从美国《时代周刊》杂志到美国纽约证券交易所中国阿里巴巴集团上市敲钟都有农民工的身影，从“中国建筑”“中国制造”创出的世界奇迹到为“一带一路”忙碌的百万农民工大军，构成了当今中国农民工发展的独特景象。农民工，尤其是新生代农民工，是我国宝贵的人力资源，可以说未来谁能聚住农民工这个宝贵资源，谁就将占有双循环新型发展的先机。

谁承想，在不到 10 年时间内，我国 60 岁以上的老年人年新增上千万人。农民工不少是源自二十世纪七八十年代的“超生”，如今推行三孩政策又需要女性农民工进城搞家庭服务，农民工给城市带来的总是生机和活力。

2017 年春夏之交，我随全国政协进行精准扶贫监督性调研，来到湖南芷江、四川大凉山和甘肃定西等深度贫困地区，这些地区由于长期务农收入低，70% 以上的劳动力外出打工。我走村进户多方问询，90% 以上的人干的都是普工，就连镇上卖的土产品也多是鸡蛋和瓜子，买的工业品都是城里过时的中低档日用品。这种“七九”现象也深刻反映了要阻断贫困代际相传，短期靠打工、中期靠产业、长期靠教育，精准扶贫要使贫困地区劳务输出由体力型向技能型转变，走技能脱贫的新路。

走进新时代的农民工，最先期盼的是迎来技工时代，实现无欠薪、有社会保险、保障基本劳动权益等。2012年夏，在党中央征求十七大代表对十八大报告（初稿）意见时，我建议，在报告中应写入肯定农民工的突出贡献，并以国务院农民工工作领导小组办公室主任的名义向中央领导写信反映意见。继党的十八大将农民工子女平等接受教育写入报告后，党的十九大又将多渠道促进农民工就业创业写入报告，我和有关研究人员围绕这个主题选择典型企业开展百企快速调查，新业态的“无中生有”“层出不穷”，传统产业的“有中出新”“日新月异”，正推动农民工以技能促就业、城市以公共服务促进农民工市民化。在党的十八大第四次新闻记者招待会上，我以中国农民工逐步实现“十有”[①]回答西班牙记者的提问；党的十九大前，我接受美国的中国问题专家库恩对农民工“十有”的跟踪采访。党和政府、社会、媒体都在关注农民工的发展。农民工融入城市的愿望强烈，而面临的问题也十分突出；农民工转型发展的前景广阔，但需要制定有效的政策措施，系统而有重点地解决前进

① “十有”即进城有工作、上岗有技能、劳动有合同、收入有提升、参保有办法、子女有教育、住宿有改善、维权有渠道、生活有文化、发展有目标。有关内容详见本书第六章第四节。

中的问题，才可能取得农民工可望而又可即的效果。2016年，在全国政协全体会议上，我有机会在人民大会堂作大会发言，主要讲了农民工“十有”，参会的中央电视台著名主持人白岩松当天晚上在《新闻1+1》栏目中作了积极点评。农民工问题在两会上的热度逐渐升温，上百家中外媒体报道了农民工的新动向，凤凰卫视著名主持人吴小莉两次专访“十有”和“三新”①，都在更大范围内传播了中国农民工的新发展。

农民工发展不能回避的问题是怎样进入未来中国将要形成的以中等收入为主体的“橄榄型”社会。欧美等发达国家工业化过程中中产阶层多数来自最初的工薪阶层即优质“蓝领”，随着技术的发展和工资的提高，他们转型进入中等收入群体。但在中国，至少到目前为止，大量的农民工在经济转型中要进入中等收入群体，还有很长的路要走。现在可以看得见的是农民工中从事新业态创业的、被称为新工匠和新“城归”的这批人，将先进入中等收入群体，在新时代引领农民工去奋进。新中国成立初期，工厂的八级工收入和厂领导收入差不多，在企业里说话也是硬邦邦有地位的。新生代农民工将成为技能人才的多数，中央提高技术工人待遇，就是认可他们的技能是生产要素，给他们技术入股的期权股权激励也是顺理成章

① “三新”：第一新指一批农民工投身到快递、家庭服务等新业态；第二新指一批优秀的新生代农民工快速成长为新工匠；第三新指一批有点技术、有点资金、有点营销渠道、有点办厂能力和对农村有感情的“五有”农民工返乡创业，被称为新“城归”。有关内容详见本书第四章第四、五、六节。

的，这就为他们打开了纵向提升的通道，提供了向上发展的机会。要让新生代农民工感到学技术好就业，学好技术能增加收入，掌握技术绝活儿可出彩人生！

大潮退去，裸露出来的东西更真实，让人看得更清晰。进入新世纪，经济的加速期和农民工外溢的高峰期交汇在一起，直接导致大批进城的农民工来不及“技能武装”就上岗干了普工。恰巧的是，在经济新常态下，经济增速放缓与农民工数量增速放缓又交汇在一起，直接导致的是倒逼农民工学习新技能、适应新常态。经济扩张期拥抱市场的热情与经济转型期企业重组的无情，已经使不少老一代农民工退出城市回到农村，而新生代农民工如果适应了新常态，将直通中等收入群体。未来社会是一个智能社会，没有文化和技能难以发挥自己的作用，甚至可能连找个“像样”的活儿都困难。即使实现了生产和服务过程的智能化，技师和现代产业工人仍然有用武之地。前景广阔，路在脚下，这都需要新生代农民工从脚踏实地的努力做起，奋斗使每一个农民工的脚印都留下痕迹，不奋斗只能是城市的匆匆过客。

40 多年来有缘的是我几乎没有停顿过与农民工的接触，时间积淀起感情，交流碰撞出火花。我和做农民工工作的许多人都有这样的体会，有了情感往往就会自觉不自觉地想农民工所想、急农民工所急、帮农民工所需；有了热情就会在服务农民工中不怕麻烦、不辞辛苦、不计得失、不畏困难；有了激情就能有针对性地解决农民工难题，“亮剑”出招、攻坚前行。无论是到改革开放前沿有近千万农民工的深圳，还是到山西、甘肃曾经工作过的省份；无论是向中央电视台主持人反映北京东城区快递员被打，希望主流媒体公正评论，还是到北京新发地兑现帮助深度贫困地区农民工进京销售产品的承诺；无论是在中央有关重要会议上发言，建议比照“海归”给予返乡创业新“城归”政策扶持，还是给有关部门写信，建议将农民工问题写入党的重要文件；无论是到农民工集中的家具制造基地考察新工匠的成长，还是到吸纳大量新生代农民工就业的家庭服务企业调研；无论是在中央党校大礼堂、北大光华论坛、清华时事大讲堂作报告演讲，还是在有上百万农民工的中建集团的书香讲堂、富士康的视频课堂授课，我都越做越觉得解决农民工突出问题的紧迫性，越讲越觉得农民工发展的重要性，越想越感悟农民工所肩负的使命任重道远。

当前社会有宣传影星、歌星、笑星、网红的热潮，而许多辛勤劳动、奋斗有成的农民工的生动故事却鲜为人知。应该说，优秀农民工是一个新的“星系”，需要讴歌。

目前有关中国新型工业化、城镇化中农民工、农业劳动力转移的原创作品还不够多。现在不少来自高校和研究机构的青年学者，或多或少受外来思想的影响，他们需要从“学院派”研究的局限中走出来，真正根植于中国劳动一线的农民工群体中。在田野调查中和农民工接触越深，越能意识到不能完全靠“舶来品”思想，这些照抄的外来思想不能准确解读中国农民工的发展，更不可能直接成为有益于中国农民工发展的思想见解，可以借鉴，但不能照搬。令人欣慰的是，这些青年学者认识到了问题，开始对中国农民工问题进行理性思考，并寻求符合中国国情的解决问题的方式，他们将是研究中国农民工问题的未来希望。我在和青年学者的交流中感到，静静听讲反映出他们对农民工的关注，踊跃提问反映出他们对农民工发展和需要解决的突出问题的思考。

在纪念改革开放40周年大会上，中央领导讲到改革开放之初，乡镇企业异军突起，这实际上也是当时农民工异军突起。我和国务院参事室农民工发展课题组、中国劳动学会共同组织召开“纪念改革开放40周年农民工发展座谈会”，回顾总结了农民工发展的光辉历程，研讨探索新时代农民工发展目标路径。

在新中国辉煌壮丽的70多年发展历程中，农民工卓越的贡献、可歌可泣的业绩、奋斗不息的精神受到世人称赞，更令国人自豪。在新中国成立60周年时，游行队伍中第一次出现农民工方阵昂首走过天安门广场的场面，大家倍感亲切，观礼台上的优秀农民工代表纷纷站起来挥舞手中的五星红旗，全场热烈欢呼。在2019年国庆庆典上，当新生代农民工快递小哥方阵兴奋地走过天安门时，观礼台台上台下欢呼一片，热烈的气氛感染了许多人，也激励着众多农民工。我们组织编写了《七十年七十位农民工口述历史》，在一向默默无闻、埋头劳作的农民工群体中真实记录了鲜为人知的动人故事。

建党百年，更对劳动者尤其是以农民工为主体的现代产业工人肃然起敬。学习党史的原点在劳动者，联系农民工的成长发展和卓越贡献，对尊重劳动者更加有了深刻的感悟。农民工从体力劳动走向技能劳动，更反映了在党的领导下我国正经历从人口红利向技能红利的转变、人力资源向人力资本的跃升。

中国脱贫是世界减贫史上的奇迹，经过八年的艰苦努力，集诸多生产要素，在党的领导下实现了贫困地区的全部脱贫，3200万贫困地区农民工功不可没。无论是走出深山老林外出打工的，还是就地就近就业的，都在用勤劳的双手改变着自己的命运，更从自己成功的实践中丰富了想象力，拓宽了发展路径，告别了贫困，走向了乡村振兴。我们组织编写了《奇迹的“切片”——2020位农民工口述脱贫》，用2000位农民工的奋进故事和20个“城归”案例，通过一个个的“切片”式故事使奇迹历史留痕。

2019年年末开始的前所未有的新冠肺炎疫情给全球经济造成的损失至今都无法估量。国际劳工组织的监测报告显示：2022年仅上半年全球减少约4亿个工作岗位，疫情期间存在大规模失业持续发生的风险。2.9亿农民工成为中国保就业的重中之重，稳定农民工就业就保住我国就业基本盘，给稳定经济大盘提供主要人力资源支持。农民工是我国防疫与复工的最大劳动群体，是受疫情冲击劳动报酬受损失的最大群体，是城市公共卫生防疫服务覆盖最薄弱的群体。历来的危机都是突如其来，鲜活的变化都在“一线”，中国劳动学会百企复工快速调查显示，从东部地区、大型企业、重点工程先行复工，到中西部低风险地区纷纷复工，从先行军破冰到大部队跟进，构成中国特色复工的壮阔图景，显示亿万农民工艰苦劳动的优良品质。世界上大多数国家的防疫与复工是分开进行的，我国防疫与复工双兼顾的实践创新给应对不确定的疫情带来确定性的启示。尤其是2021年，亿万外出农民工就地过年成为促进农民工融入城市的新尝试，让农民工真正体会到在城市过年也是体面劳动和有尊严生活的体现，从而深度体验城市过年文化，反映出农民工既是城市创造财富的贡献者，也是城市高品质生活的共享者。中国劳动学会对农民工就地过年的调查被新华社、《人民日报》、中央电视台等主流媒体报道后，登上新浪微博热搜前三，1.72亿网民给予点击关注。2022年在俄乌冲突、疫情多点散发、建筑工地“清理”大龄农民工、困难行业部分中小微企业歇业等多种冲击叠加下，农民工稳岗就业与生活保障遇到新的困难。受冲击农民工“稳岗”面临收入减少而生活支出不少，甚至有些遇到城里没活干但老家又回不去等多重困难。国家推出“减税降费”等一系列特殊政策支持企业和农民工应对特殊困难，在稳岗保就业和保基本生活中增强了企业韧性与农民工毅力。2023年经济恢复到2024年经济回升向好中农民工仍是肩扛重任，目前就业虽有波动性，但中长期看新增农民工从无限供给走向有限供给使“招工难”成为主流。

危机中往往孕育着生机，农民工在应对这次疫情中产生出前所未有的创新和发展。先进制造企业自制口罩、新型建筑企业装配式施工、现代服务企业无接触配送、劳动新业态的灵活用工等，都成为经济困难中突破常规的新事物。以农民工为主的灵活用工有效缓解了我国就业招工“两难”结构性矛盾，成为稳就业的支柱性力量和零工经济崛起的转折点。数字经济中的网约劳动创出新就业形态，催生了劳动管理的“二元化”时代。亿万农民工在战疫情中创出的卓越业绩延续到经济恢复乃至经济回升中仍在丰富，他们在平凡中创出的不平凡将被历史铭记。

在数字化智能化快速融合发展中，农民工正在成为掌握数字技能的现代产业工人，人工智能训练师改变生产线上的枯燥劳动，装配式建筑施工尤其“火神山”“雷神山”医院速建使世人眼前一亮，快递小哥、外卖骑手、网约司机、直播带货等都被纳入新职业，将农民工带入了网约劳动的新时代，机器取代人的趋势性正在快速发展，但与发挥人的能动性、创新性并不矛盾，新征程中农民工学习新技能、从事新职业、顺应新业态的态势悄然兴起。高质量发展是中国式现代化的“底色”，数字赋能人力资源创新为农民工高质量充分就业开辟了广阔空间。

2017年我承接国务院参事室“新生代农民工发展”课题研究，2018年纪念改革开放四十周年时，我著《中国农民工》一书并获得第二届“费孝通田野调查奖”特别著作奖，在人民日报理论版撰写农民工的发展历程和卓越贡献。多年来，每年中国劳动学会和国务院参事室社会调查中心都要组成课题组，开展农民工劳动就业、技能提升、薪酬增长、权益保护、子女上学、住宿改善、文化生活、经济恢复和经济回升中新变化等方面系列调查，摘要上报后得到党中央、国务院领导的批示和鼓励，受到人力资源社会保障部和国务院参事室领导的重视和肯定，新华社、人民网、中央电视台等主流媒体和《中国劳动保障报》等权威媒体摘发报道，扩大了农民工新情况、新变化、新发展的传播和影响。

上百次的进厂调研、上百个动人故事、上百张难忘的照片，以及上百次的研究讨论，从千名到万名农民工的问卷调查，我将这些所看、所感、所想、所悟记录下来。这些亲身感受和思考，让我在汇集整理过程中总有一种社会责任感的冲动，农民工题材是一个蕴藏着丰富而宝贵资源的“富矿”，需要社会各个方面像看待宝藏一样去开发，哪怕是像农民工尘肺病这种解决难度极大的问题也应该去攻坚。可喜的是，一些年轻的博士、硕士加入研究队伍中，注入了新鲜血液，他们由于深度接触了农民工，受到农民工优良品质的感染，不是被动地完成课题，而是主动探索，有所作为。

新质生产力是高质量发展的内在要求。发展新质生产力正为亿万农民工开阔新的劳动场景，数智劳动的新鲜度、快乐感吸引着农民工快速进入智能制造、装配式新型建筑、网约配置的现代服务，“人工智能 + 农民工”将释放数字经济超乎想象的能量，“数智武装”的农民工将是发展新质生产力的生力军。

创新是未来产业发展的决定性因素，构建“数字中国”为农民工成为数字工匠搭建了新的舞台，新时代“制造强国、质量强国”为农民工加入新质生产力发展提供了新机遇，中国式现代化新征程中迎来数字赋能农民工的“黄金发展期”，拥抱数据、创新无限，拥抱数字技能、发展无限，拥抱数字工匠、未来无限。虽然农民工眼下有不少还从事着中低端劳动，干着苦、脏、累的活儿，拿着逐步增长的工资收入，承担着工业化、城镇化建设中难以避免的风险，却始终为未来幸福生活默默奋斗着，哪怕是为了孩子能到城里上好的学校也心甘情愿受苦受累，他们为跟上时代不断学习着，年复一年，从老一代到中生代、新生代，在跨越两个世纪、奋斗七十多年的征程中，为农民增加收入，为城市创造财富，为改革开放增加活力，为中国富起来走向强起来做出了史无前例的贡献。农民工奋发向上，传承和创新着优秀传统文化，为建设中华民族现代文明写下浓墨重彩的一笔。农民工的发展变动不居，农民工的劳动光荣永铸。

每当天刚亮就看到有从事家庭服务、道路保洁的农民工辛勤劳作，从心里不由自主燃起的是向农民工致敬！

杨志明

2024 年 2 月于北京

目录

开　篇

举世瞩目的中国农民工

农民工是中国改革开放的产物，纵观46年的改革风云变幻，在波澜壮阔的中国农民工发展历程中创造了无数的中国奇迹，进入21世纪特别是新时代后，一些令人难忘的农民工事件犹如历史大剧的精彩片段一样不时浮现在我们眼前。

2009年，世界金融危机的阴霾还在扩散，中国率先出现了企稳向好的迹象，当世界媒体的镜头又一次聚焦中国经济时，对准的却是中国亿万农民工与企业“抱团取暖”。广受关注的美国《时代周刊》杂志特意刊登了中国农民工的照片，其中被评为该杂志年度人物的东莞女性农民工“打工妹”群体的形象尤其令人印象深刻。《时代周刊》杂志评价称，在金融危机肆虐全球的时期，中国在世界主要经济体中继续保持最快的经济发展速度，并最先走向经济复苏，首先要归功于中国千千万万勤劳坚毅的农民工。而在此前，该杂志封面刊登过的中国人物都是毛泽东、周恩来、邓小平等伟人和名人。

美国《时代周刊》杂志刊登的中国农民工照片

值得一提的是，东莞女性农民工也被越来越多的人关注。广东省东莞市是中国农民工最集中的地区之一，其中又以女性农民工居多。2009 年，著名女演员蒋勤勤主演的电影《所有梦想都开花》就选择了东莞作为拍摄地。电影讲述的女性农民工的故事，生动反映了新生代农民工对城市新生活的向往和追求，在银幕上再现了中国女性农民工勤劳、善良、质朴的品格。该片作为 2010 年全国农民工电影周活动的开幕电影亮相人民大会堂。当时我在开幕式上说道，新生代农民工人数已经占到进城务工经商农民工总

电影《所有梦想都开花》海报

数的 60%，与老一代农民工相比，他们文化素质较高、视野开阔、易于融入城市，他们实现城市梦的追求正由物质层面向精神层面拓展，满足他们日益增长的美好生活期待就需要丰富农民工的文化生活。中国很多女性农民工白天干活儿，晚上还要照顾小孩，没有父母帮助照看，全靠自己撑着，可以说是世界上最勤劳的人，也是当今社会最可爱的人。影片女主角蒋勤勤在发言中说道，她为拍摄影片深入东莞工厂亲身体验了女性农民工的生活，真切体悟到了女性农民工有许多难能可贵之处，打工不易，生活不易，演员应多反映群众生活。

2009 年国庆节，国务院农民工工作联席会议办公室第一次组织全国优秀农民工代表参加国庆 60 周年庆典活动，激动人心的场面给我留下了难忘的记忆。当展示工业成就的游行队伍出现 500 名农民工代表方阵时，观礼台上下的观众报以热烈掌声，两名男女农民工

参加国庆 60 周年庆典活动的全国优秀农民工代表

代表站在彩车上，更是英姿飒爽。直播大屏幕切换到精神饱满的农民工代表身上时，他们高兴无比的神情显得更加豪迈。25 名全国优秀农民工代表参加了国庆观礼，4 名农民工代表参加了国庆招待会，充分展示了农民工的时代风采。

2017 年 10 月 19 日，第 44 届世界技能大赛闭幕式上传来喜讯，中国获得 15 枚金牌、7 枚银牌、8 枚铜牌和 12 个优胜奖，取得参加世界技能大赛以来最好成绩。参赛的中国代表团组织人员告诉我，参赛的 52 名选手中有 39 名是来自农村的职业院校“准农民工”和农民工，中央电视台主持人劳春燕在焦点访谈节目中介绍的宋彪（工业机械装调）、蒋应成（汽车喷漆）、杨登辉（数控铣）3 名世界技能大赛冠军获得者均来自农村。我深感，新生代农民工“技能成才、技行天下、技能实现梦想”。世界技能大赛被喻为“世界技能奥林匹克”，是最高级别的世界技能赛事，引领和代表着当今职业技能发展的世界先进水平，比赛在一定程度上反映出一个国家的技能培养与发展趋势。中国代表团参赛项目涵盖制造与工程技术、运输与物流、结构与建筑技术、信息与通信技术、创意艺术与时尚、社会与个人服务这六大领域，并都获奖，获金牌项目有工业机械装调、数控铣、工业控制、焊接、塑料模具、车身修理、汽车喷漆、瓷砖贴面、信息网络布线、时装技术、花艺、烘焙等，这些恰恰是中国农民工就业最多的领域和实操最多的行业。亿万农民工技能人才像“富矿”一样蕴藏着国际顶级技能人才发光发热的发展潜力，尤其是新生代农民工技能人才，只要发奋进取，就有释放潜能的机会，练就一身绝活，就有出彩人生的舞台。国家像奖励奥运冠军一样，奖励获得第 44 届世界技能大赛冠军的选手每人 30 万元，人力资源社会保障部授予他们全国技术能手，颁发高级技师证书，它激励着青年技能人才尤其是新生代农民工。新时代需要技能，掌握技能可实现梦想。贴瓷砖小哥崔兆举获第44届世界技能大赛冠军的消息，让安徽砀山县的乡亲们很是骄傲，砀山梨很有名，如今小崔上"头条"也名扬天下。

世界技能大赛获奖选手宋彪

2018年4月4日晚，当我和许多关注农民工的人们还在电视机前观看央视主持人"再平凡的生命，都有权利追求那不平凡的光芒"的精彩点评现场直播时，今日头条以最快速度报出农民工雷海为夺得教育部和央视联合举办的中国诗词大会第三季总决赛冠军。令人回味无穷的是，雷海为，一名杭州"外卖小哥"，战胜北京大学诗词才子彭敏，着实给人们送上了一个意外惊喜，曝出这档节目开启以来的最大"黑马"，以前只能在电视机前看明星领奖，而今在摄像机纷纷聚焦下，绽放出新生代农民工的光彩。平日里就连遇红灯停靠时的间隙都要背诗苦练，终于让有文化的农民工进入大众视野，也为丰富新生代农民工的文化生活点上精彩一笔。

中国诗词大会冠军雷海为

2016年1月17日，来自一线的农民工技师巨晓林，在全国总工会十六届第四次执委会上，被选举为中华全国总工会副主席。从新闻里听到这个消息后，我不禁想起，2010年5月，我以国务院农民工办名义向中宣部常务副部长电话汇报推荐优秀农民工代表为“时代先锋”，获得支持后，随即报送农民工技师巨晓林的书面材料。来自陕西岐山县的巨晓林是中铁电气化局接触网技师，他勤学苦钻技术，写出改进施工方法的操作规范，创新编写接触网工艺培训教材等并取得实效，成为知识型、技能型、创新型劳动者的先进代表。2010年6月3日，中央电视台新闻联播播放“时代先锋”知识型工人代表巨晓林的先进事迹，其他中央主要媒体也开始广泛宣传巨晓林的先进事迹。2014年全国总工会召开座谈会，讲到中央对工会改革有新要求，我谈了可推荐有影响力有代表性的优秀农民工参加各级工会领导班子，直接反映农民工诉求的意见。巨晓林当选全国总工会副主席接受媒体采访说，先把手上工作干得“棒棒哒”，同时可将一线工人的声音，直接真实反映到高层。这体现了农民工政治参与权利的推进。

2014年9月19日，备受瞩目的世界互联网“大咖”中国阿里巴巴集团在美国纽约证券交易所上市，当人们习惯性地关注前来敲钟的政要和高管时，却意外发现快递员窦立国、农村网店店主王志强与阿里巴巴集团高管一同出现在上市敲钟仪式上。2014年，中国快递业以100亿件位居世界第二，2015年已经达到200亿件并跃居世界第一，2016年、2017年中国快递量更是超过了300亿件、400亿件，正是百万农民工以忘我的劳作支撑了中国快递业的崛起。2017年，被誉为全民购物节的天猫“双11”活动就有百万农民工快递员为之奔波，京东“618”活动创造的1200亿元销售额也有数十万农民工快递员的辛劳。2017年3月30日，两会结束不久，在全国政协领导主持的“优化电子商务监管”双周协商座谈会上，我和几位企业家从不同的角度进行了交流发言，可以说是快递行业拓宽了农民工的就业渠道，也可以说是农民工支撑了快递业的超常发展，也支撑了阿里巴巴、京东等企业的骄人业绩。在中国电子商务

阿里巴巴集团在美国纽约证券交易所上市，右二为农民工快递员窦立国

的交易、支付、物流三大关键环节中，中国农民工“超级快递员”支撑了快递业迅猛发展这一观点，取得了共识。

2017 年全国政协“优化电子商务监管”双周协商座谈会

农民工第一次走进中南海是 2007 年 2 月 6 日，来自河南省内黄县的樊书生作为农民工代表，参加由国务院领导主持的政府工作报告征求意见座谈会。樊书生第一次走进中南海，尽管在会前做了不少的准备，紧张激动的他还反复背诵了发言的内容，但同在一张会议桌上被国务院领导问及时，他脱开发言稿直接讲道，现在主要是想学点技术，能多挣点工资，希望政府能多给点培训，帮助清欠工资。他这种实话实说、直截了当的回答体现了农民工的坦诚和质朴。由此形成惯例，以后每年政府工作报告征求意见时都会邀请农民工代表走进中南海，直接向国务院领导反映农民工迫切需要解决的现实问题。许多优秀农民工代表的身影相继出现在党和国家的最高议事殿堂，2018 年，来自山西省临猗县的快递小哥李朋璇和武汉大学校长窦贤康院士、中国女排总教练郎平等一起走进中南海，他向国务院领导面对面提出了关于发展快递业的建议。

● 农民工代表李朋璇参加政府工作报告征求意见座谈会

2013 年 3 月，十二届全国人大代表中有 31 位农民工代表在人民大会堂共商国是。农民工代表坐在人民大会堂中聆听总理的报告时，一直在寻找其中“农民工”的字眼，关注党和国家发布的关于农民工的政策。两会休息日，部分被特别邀请的农民工代表、政协委员来到国务院农民工工作领导小组办公室进行座谈，从严肃的会议到轻松的谈话，他们如同回到自己家中一样。在座谈会上，他们提出希望国家重视农民工进城之后的住宿改善、子女教育、劳动争议处理等问题。当天晚上，中央电视台财经频道对这次座谈进行了报道，特别指出习惯于忙碌的农民工闲不下来，在休息日仍然向国家有关部门建言献策。

众多优秀农民工齐聚人民大会堂接受表彰的场景也令人难忘。2008 年 11 月 16 日，国务院农民工工作联席会议召开大会，第一次隆重表彰了 1000 名全国优秀农民工和 100 个农民工工作先进集体，并且在会上公布了优秀农民工可以就地落户的政策，其中就包括北上广深等被人们视为最难进的一线特大城市，引发了在场农民工长时间的热烈掌声。虽然当时这一政策只面向为数不多的农民工代表，但毕竟在国家层面拉开了农民工进城落户的序幕。时任国务院副总理兼国务院农民工工作联席会议总召集人讲道，表彰优秀农民工实际上是表彰亿万农民工为国家现代化建设做出的卓越贡献。

2008 年全国优秀农民工和农民工工作先进集体表彰大会

参加表彰大会的优秀农民工在开会期间住在被他们看作重要国事活动场所的京西宾馆，当他们乘坐首汽集团宽敞的大巴行驶在长安街上时，看着以往只在电视上见到过的为党和国家重要活动执勤的武警和沿路交警，自豪和光荣之情油然而生。虽然此前彼此之间互不相识，但相同的激动心情让他们纷纷拿起相机、手机互相拍照，记录下那难忘的瞬间。到达人民大会堂后，他们纷纷以人民大会堂为背景照相留影，兴奋得如同“国考”中榜，原本几分钟就可以登上的人民大会堂台阶却用了半小时。这些农民工代表说，平时干着苦、脏、累的活儿，这是他们受到的最高礼遇。当天下午，会议主办方还特意安排受表彰的优秀农民工登上天安门城楼，进入刚举办过北京奥运会开幕式的国家体育场（鸟巢）参观。满满一天的活动，让受表彰的优秀农民工深深体会到他们代表的是为我国改革开放和快速发展做出重要贡献的亿万农民工，沉甸甸的责任扛在肩上，也激励着他们奋进前行。2016 年 2 月，国务院农民工工作领导小组再一次表彰了全国优秀农民工和农民工工作先进集体，出席表彰大会的国务院领导以热情洋溢的讲话对农民工的贡献给予充分肯定。

● 党的十八大第四次记者招待会

2012 年 11 月 8 日，国内外广泛关注的党的十八大召开，第一次有 26 名农民工代表参加党的全国代表大会，颇受社会各界瞩目。2012 年 11 月 12 日，大会举行第四次记者招待会，国家发展改革委、人力资源社会保障部、住建部、环保部的负责人一起回答中外记者

作者在党的十八大第四次记者招待会上发言

的提问。西班牙记者第一个提问，他的问题就是中国政府怎样保障一亿多农民工进城落户、享受公共服务。由于当时我兼任国务院农民工工作领导小组办公室主任，也就应主持人的要求回答了这一问题。我讲道，维护进城农民工权益，当前主要是顺应“80后”“90后”新生代农民工的期待：从过去老一代农民工挣钱回乡发展，向现在新生代农民工进城融入城市发展转变；从过去老一代农民工要求足额支付工资，向新生代农民工要求参加社会保险转变；从过去老一代农民工要求改善劳动条件，向新生代农民工要求分享企业和城市发展成果、享受城市基本公共服务转变。党和政府对农民工技能提升、渐进落户、住房改善等问题，正从制度层面加以解决。简要地说，主要是努力发展“十有”：进城有工作、上岗有技能、劳动有合同、收入有提升、参保有办法、子女有教育、住宿有改善、维权有渠道、生活有文化、发展有目标，进而实现大部分农民工享受城市基本公共服务，由普工转变为技工，让符合条件的农民工在城市落户。当天中央电视台在《新闻联播》的黄金时段播出这则新闻后引起了社会的广泛关注，使农民工和社会各界人士了解了更多中央有关农民工政策的信息。参加这次记者招待会的美国著名中国问题专家、被誉为“中国通”的库恩博士对农民工问题印象深刻，直至2017年8月，党的十九大召开前，他作为中央电视台国际频道特邀主持人，就农民工“十有”进展如何对我进行了跟踪专访，播出后反响热烈。

● 美国库恩博士就中国农民工问题专访作者

同是在人民大会堂，2016 年 3 月 11 日，在全国政协十二届四次会议第三次全体会议上，我作了题为“促进农民工市民化要破解‘三难’[①]实现‘十有’”的发言，这是第一个以农民工为主题的大会发言。全国政协委员、著名电视节目主持人白岩松在现场听了发言后颇受触动，当晚在主持中央电视台《新闻 1+1》栏目时，他点评今日政协委员大会发言，对我讲的农民工市民化要努力推进“十有”进行了深入点评，给予了积极响应。

2017 年全国两会上，代表委员热议农民工，每天都有很多媒体反映代表委员对农民工的关注，其中也包括农民工代表委员来自一线的呼声对周围各地各界代表委员的感染。中央领导在参加工会、

① “三难”：缺少技能、稳定就业难，改善住宿条件和大城市落户难，维护农民工合法权益、解决“一低一多”问题难。

作者在全国政协十二届四次会议第三次全体会议上发言

青年团、妇联联组讨论时，对我提出的扶持农民工“三新”发展的建议也给予了肯定。《人民政协报》以显著的标题《为农民工“鼓与呼”的大平台——有感于总工会界别小组讨论五年持续关注农民工话题》，登载了全国政协委员为农民工的发声。在会上，全国总工会、人力资源社会保障部、国资委等部门的负责人一同听取政协委员对农民工发展的建议并当场回答委员们关切的问题。从中央电视台、新华社、《人民日报》、《工人日报》、《南方日报》到网络媒体，都在积极反映农民工的情况与诉求。

《人民政协报》登载全国政协委员为农民工发声

鸟巢和奥体中心的建设是农民工引以为豪的“创作”之一。2011 年，首届农民工春晚在鸟巢和奥体中心举办时激动人心的场面，同样令人记忆犹新。上万名来自北京建筑、制造、服务行业的农民工和全国各地的农民工代表欢聚一堂，国务院领导及国务院农民工工作联席会议成员与身着各式工装的农民工同坐在观众席上，使大家深受鼓舞。虽有著名的艺术家演出节目，但也有一半节目是农民工自编自演的。节目紧扣农民工工作生活的主题，演员与农民工互动热烈，当农民工和农民工子弟联袂演出时，全场轰动起来，达到了高潮。农民工看着表演自己生活的节目，心潮澎湃，激动无比，感觉到打工者也有快乐的夜晚。全场演出中，欢呼声、鼓掌声此起彼伏，一直未停顿下来。演出特色鲜明，精彩纷呈，受到广大农民工的热烈欢迎，农民工春晚引起的热烈反响也成为以后丰富农民工文化生活的品牌。

● 农民工春晚

从走进中南海表达自身关切到作为代表委员参加党的代表大会和全国两会，从接受国家表彰、参加国庆典礼到成为两会热点，尤其是从党的十八大报告中“积极推动农民工子女平等接受教育”到党的十九大报告中促进“农民工多渠道就业创业”，农民工已经成为中国政治生活中被高度关注的群体。

在世人瞩目的中国“一带一路”倡议中，也有着农民工的身影。在遥远的埃塞俄比亚，2011年中国农民工企业家建立了当地最大的制鞋厂，如今坐落在其首都亚的斯亚贝巴的华坚国际鞋城，吸纳的当地劳动力数量已经超过了8000人，还有100多位中国农民工作为技术和管理人员长期驻扎在那里。中国企业家带领的在海外务工的农民工技工展现了中国工匠的风采。2015年，凤凰卫视著名主持人吴小莉就中国农民工问题专访我时，我讲道，有技术的农民工到海外工作一般都会教当地工人干活儿，解决技术难题，还被称为专家。他们所做的工作既带动了当地就业，又让当地工人掌握了技能并受到各方面肯定。这期节目的播出，对增强上百万海外农民工技工的自信起到了积极作用。

江西华坚集团在埃塞俄比亚设立的鞋厂

吴小莉随作者调研时采访中建公司海外农民工技工

农民工发展初期，重庆棒棒军成为中国劳动大军的一个缩影。2021 年 7 月，中国民间博物馆传奇人物樊建川利用历史上的防空洞，陈列了农民工“逐梦、筑梦、圆梦”的艰苦创业历程，用图片和实物记录了重庆棒棒军曾经用一根木棒撑起一个家的艰苦历程。

作者与樊建川在中国民间博物馆前合影

从党和政府的关心到社会各界、新闻媒体（包括世界著名杂志、互联网巨头）的关注，连同农民工自身的关切，这一切都反映出农民工正在成为中国改革开放过程中冉冉升起的“新星”。在迎来改革开放46周年的历史时刻，我们更深刻地感受到中国农民工已从当年“放下镰刀、拿起瓦刀”当建筑工和“放下锄头、拿起榔头”当制造工的劳动大军，发展成为“组装奔驰宝马汽车、苹果华为手机”的现代产业工人，成为操控数智化生产、投身网约服务的新技能劳动者，这支劳动大军在工业化、城镇化的快速发展中成长为产业工人的主体，正从数字化转型中成为技能劳动者的主体。2022年，全国农民工总量达到2.96亿人，其中外出农民工达到1.72亿人，超过欧盟劳动力总和[①]。我国农民工的规模之大、流动之大、贡献之大、潜力之大，超过历史上任何一次农业劳动力的转移，在世界范围内前所未有。在当代中国进行着人类历史上最为宏大而独特的改革发展实践中，有农民工浓墨重彩的一笔。当前，我国经济转型中，不仅要关注设备、管理、技术的提升，更应关注劳动者素质的提升，中国农民工技能素质的提升将在中国产业升级中发挥难以替代的人力资源支撑作用。

迈入中国式现代化新征程，农民工市民化无疑是中国经济转型中的重大理论问题。从中国进入经济高质量发展来看，农民工问题也是构建新格局、发展新理念的重大社会实践问题，

① 根据欧盟提供的数据测算得出欧盟劳动力约为2.8亿人。

更是城市日常生活须臾不可离的百姓话题。可以说，天亮就有农民工为城市辛勤劳动的身影，有麻雀成群飞过的地方就有农民工的身影，农民工为新时代中国特色社会主义发展道路出彩！

从党的十八大报告提出积极推动农民工子女平等接受教育，到 2014 年中央经济工作会议上提出推进农民工市民化，从党的十九大报告提出促进农民工多渠道就业创业到党的二十大报告提出坚持多劳多得，鼓励勤劳致富，促进机会公平，一次次对农民工的极大关注和深刻认识反映出党领导中华民族伟大复兴进程中对农民工卓越贡献的充分肯定。

第一章

世界工业革命以来的农业劳动力转移

“农民工”是在中国特定历史条件下产生的称谓，国际上将农业转移劳动力一般统称为“外来工”，泛指跨出相对熟悉的原生区域、脱离原本生活习性相对近似的社群，到就业更有需求、收入更高的地区打工的流动群体。工业革命以来，除本国农业劳动力向城市转移外，在世界上形成影响的外来工有美国墨西哥工、西欧东欧工、北非工，以及北美、西伯利亚、东南亚的华工等，这些外来工多是经济发达地区在工业化、城镇化加速进程中吸引的经济相对不发达地区的劳动力，或有些国家建设重大工程项目中因本国劳动力资源匮乏而输入劳动力充裕国家的劳工。

第一节

发达国家和地区的农业劳动力转移

发达国家和地区的实践表明，经济快速增长时期都会经历农业劳动力向非农产业快速转移的过程。一方面，工业兴起、城镇发展对劳动力的需求大幅增加，吸引了农业劳动力向非农产业的快速聚集；另一方面，大量农业劳动力转移就业，在为工业化提供丰富人力资源的同时，也促进了人口的集聚，带动了城镇化的快速兴起。

考察工业化先行的国家和地区具有典型意义。英美作为发达资本主义国家，尽管工业化的路径基本相同，但在农业劳动力转移的方式上却有所不同，美国自由迁徙的方式给后来工业化国家农业劳动力的转移带来更大影响。在亚洲，除新加坡、中国香港地区因人口高度集聚、地域较小的特殊性之外，日本、韩国和中国台湾地区也具有典型性，对我国农民工发展有直接参考意义。

一、英国：强制性农业劳动力转移

英国的工业革命先行，“圈地运动”带来大量的农业富余劳动力。随着资产阶级革命对圈地限制的取消，圈地养羊的规模持续扩大，18 世纪和 19 世纪上半叶，英格兰圈地总面积达到 650 万英亩，大约占英格兰总面积的 20%，导致越来越多的农民失去了土地。与此同时，农业技术革命使农业生产的机械化水平得到提升，农村土地产权关系随之发生人地分离的重大变化，随着劳动生产率的提高，

英国“圈地运动”

农业对劳动力的需求大为减少。

英国的工业革命促进了农村人口加速向城市转移。虽然“圈地运动”造成了农业生产资料与劳动者的分离，但是在初期并未形成大规模向城市转移的农业劳动力，还伴生了一部分被称为“懒汉”的失地农民。随着工业发展和城镇拓展，非农产业持续扩张，进而产生了现代意义上的农业劳动力转移。这种转移过程呈现出渐进转移的特征。18 世纪 30 年代，工业革命开启了农业劳动力规模化的转移，但进城就业和融入城市生活的程度并不深入，主要呈现出兼业、季节性、低工资等特征，居住生活条件也较为恶劣。到了 19 世纪中叶，随着工业化和城市化水平的提升，农业劳动力转移发生了实质性的变化，越来越多的转移劳动力在城市中获得了稳定的就业岗位，工作条件也随之得到改善，特别是英国政府逐步建立起包括教育培训、工作条件、劳资谈判、社会保险等在内的公共服务和社会福利系统，为农业劳动力转移提供了基本保障。

英国农业劳动力转移不同于之后其他工业化国家的显著特征还

在于大批农业劳动力向英国的海外新殖民地转移，这也成为其他工业化国家不能比拟的一大特色。新航路开辟之后，英国殖民公司就开始向海外，特别是殖民地输送贫民、游民和失业者。工业革命后期，英国政府开始组织海外移民，重点是将过剩的贫民劳动力转移到海外。同时，殖民地的地域广袤，资源丰富，对英国人形成了强大的吸引力。1850 年，移民美国的英国人中有 50% 从事农业，他们中的大多数都是失地农民，而移民北美的英国城市人口中许多人本来就是从农村迁来的，他们移民北美后给英国农业劳动力的继续转移创造了空间。

二、美国：农业劳动力自由迁移

美国的工业化与英国相比，是“缩时”式的跨越性发展，虽然工业化基本路径相同，但农业劳动力的转移方式却有着很大不同，

美国西部开发

更具鲜明特色。1910 年之前，随着西进运动的扩展、南北战争的结束以及第一次工业革命成果的渗入，美国国内工农业快速发展，产生了对劳动力的巨大需求，工业和农业都在吸纳着源源不断输入的劳动力，而这些劳动力主要是来自东欧、南欧等国家的移民。1861 年到 1914 年，美国的入境移民人数达到 2700 万人，这些移民确保了美国大规模开发工农业资源的劳动力需求。

20 世纪初，美国农业机械化水平持续提升，化肥、良种、防治病虫害新技术得到广泛应用，机械动力在农用动力中所占的比重从 1920 年的 23.1% 上升至 1940 年的 93%，由此带来了农业劳动生产率的大幅提升，也造成了农业劳动力的过剩。与此同时，工业化的逐步推进形成了对劳动力的巨大需求，特别是石油、汽车、电气、化学、航空等新兴工业吸收了大量的农业富余劳动力。1910 年，美国农业劳动力的数量出现下降，开启了美国农业劳动力向非农部门大规模转移的进程。

1945 年，第二次世界大战结束，世界迎来经济发展的新机遇，主要参战国更是出现了经济恢复性增长的高潮，大批劳动力从服兵役转向投身新产业。美国的航空航天、电子信息、生物工程等战略性新兴产业蓬勃发展，需要大量劳动力供给，这些产业的兴起又带动了包括生产生活性服务业在内的第三产业的迅速发展，进一步拉动了劳动力需求。同时农业机械化水平也同步提升，从 1940 年到 1980 年，美国农场资产构成中，机器与车辆的价值增加了 20 倍，推动了农业劳动力的快速转移。从地理分布来看，二战后美国的农业劳动力转移不仅延续了传统的从东部向中西部转移的态势，还产生了向南方“阳光带”转移的新趋势。1940 年到 1970 年，美国有

49 座大城市的人口增长率超过了全国平均水平，其中有 40 座分布在西部和南部。从人口数量变化来看，1940 年到 1960 年，美国农村转移人口大约为 1800 万人，到 1979 年农村人口只有 624 万人、农业劳动力只有 330 万人，基本完成了农业劳动力转移的历史进程。

分析美国农业劳动力转移的历史，虽然与国家工业化的进程具有同步性，但最具特点的是自由市场机制在其中发挥着重要作用，劳动力资源的配置更是如此。不同于英国以及欧洲大陆的法国等国家对农民向城市流动采取限制性措施，美国对于劳动力的流动给予了充分包容。英国在工业革命爆发之后仍然施行《济贫法》《定居法》等限制劳动力迁徙的法律；法国更是一直保持小农经营的格局，直到第二次世界大战前，建立在小农经济基础上的农民队伍被看成是稳定社会的保障。作为一个新兴移民国家，美国对劳动力流动持开放包容和积极鼓励的态度。从美国农业劳动力转移的地理空间分布变化看，在 20 世纪 50 年代之前，主要方向是从东部向西部地区。之所以如此，是因为西部经济开发对农业劳动力形成了强大的吸引力，这一点从美国大城市的分布上就可以看出。19 世纪末，美国面积较大的城市均位于东部，到 1890 年美国 10 座面积最大的城市中西部已经占 4 座，而到 1910 年这一数字则上升至 6 座。这期间，农业劳动力转移的方向受到经济信号的强烈引导，市场对农业劳动力的配置走向发挥着决定性作用。

美国劳动力转移受到漂洋过海开发新大陆的海洋文化影响，即使转移到国内未开发的落后地区，农民也乐于前往。亚洲多是受固守土地的大陆文化影响，农民离开土地进入城市等陌生领域往往要经历较长时间，甚至有所反复，比较典型的是先行工业化的日本、韩国和中国台湾。

三、日本：政府干预下有组织有计划的农业劳动力转移

日本是亚洲先行工业化的国家，战争与其工业化和农业劳动力转移紧密联系。明治维新开启了日本工业化的进程，但是到第二次世界大战结束前，由于日本国内的工业发展偏重于满足军事需要的资本密集型重工业，对劳动力的需求不高，同时日本传统的家庭制度对劳动力转移有一定的抑制作用，导致农业劳动力转移较为有限。突出表现在从明治初期到第二次世界大战后的70余年里，农业劳动力、农户和耕地面积始终保持在1500万人、550万户和500万公顷的体量，被称为第二次世界大战前日本农村的“三大不变数字”。

第二次世界大战结束后，日本复员军人、海外战场撤离人员以及城市疏散人员都回到农村，构成了庞大的农业劳动力大军。

1949年，日本共有农业就业人员1800万人，农忙时超过2200万人，农业劳动力的就业比重大约为55%，大大超过战前的水平。20世纪50年代，随着日本经济的复兴、社会消费的快速增加，农业劳动力开始加速向城市转移，特别是从1955年到1970年，日本农业劳动力人口净减少了600万人，平均每年40万人。此外，大量的农业劳动力还通过兼业方式从事非农产业劳动。20世纪70年代初石油危机之后，日本农业劳动力转移节奏趋缓，1970年到1980年，农业劳动力的数量由1015万人下降到了610万人，1980年农业劳动力的就业比重为10.9%，基本完成了农业富余劳动力转移的进程。在日本农业劳动力转移过程中，政府对劳动力的保护是世界

有名的，日本的稻谷市场至今未对外国开放，这在一定程度上保护了部分农业劳动力固守农村。

20 世纪 50 年代日本进入经济高速发展期，东京、大阪、名古屋等大城市里企业店铺快速扩张所产生的“用工荒”吸引着农业劳动力大规模涌入城市。1954 年到 1975 年，日本拉开了城市化的大幕，城市化率从 30% 一下跃至 70%，从日本各地乡村来的数以百万、千万的青年农民进入东京等城市务工经商，他们怀着对未来的憧憬，来到东京等地，实现城市梦。日本政府设立了公共职业安定所，由政府出面将企业用工信息和中学毕业生就业信息对接起来，使成批的中学毕业生集体进入城市，这也被称为集团任职。这些被称为日本战后“金卵一代”的青年农民工在进入城市的早期也遇到过社保欠缴、工资拖欠和劳动条件恶劣等突出难题，但在劳动力卖方市场中，这些都通过市场机制和政府作用得到了解决。

在日本农业劳动力转移过程中，外部因素主要是二、三产业发展带来的非农产业就业增加，内部因素主要是农业机械化水平和社会化服务体系的提升解放了束缚在土地上的农业富余劳动力，其中日本政府的引导发挥了关键作用。1960 年，日本政府提出“国民收入倍增计划”，其中专门对农业劳动力的收入作出部署，之后又出台一系列促进农业劳动力转移的政策措施，引发了农村地区非农产业比重的提高和农业劳动力的就近转移，促进了农村工业化。特别是在提升劳动者教育水平上，战后日本将义务教育的年限由 6 年延长至 9 年，到 1970 年，日本高中升学率已经达到 82%，高中教育得到了广泛普及，主要是提高了农业劳动力的教育水平。文化水平的提高也有利于促进农业劳动力的转移，20 世纪 80 年代日本农村有

40% 的青年接受了大学教育，这些劳动力毕业之后多数是在非农产业就业，日本政府还面向农民推行了职业训练制度，提升农民转变为工人所需的技能水平。

四、韩国：加快工业化带动的农业劳动力转移

● 韩国工厂

韩国工业化是在“亚洲四小龙”经济崛起中加速推进的，也是跨越式超常发展。20 世纪初，韩国是一个较为典型的农业国家，城市人口的数量很少，1910 年城市人口占总人口的比重仅为 3.3%。进入 20 世纪 30 年代后，日本为了满足其殖民需要开始发展韩国工业，带动了韩国城市人口的增加，1940 年韩国城市人口比重上升到 11.6%。第二次世界大战和朝鲜战争结束之后，流亡到中国、日本的韩国人纷纷回国，大批难民从半岛中部向南部迁移，到城市周围定居并务工或经商，1960 年韩国人口城市化水平达到 28.3%。由此

可见，在 20 世纪 60 年代之前，韩国城市化和农业劳动力的转移不是随着正常的工业化进程而发展的，而是受到殖民、战争等多重因素影响，这种情况随着 20 世纪 60 年代韩国开始大力推进工业化而发生变化。

从 1960 年开始，韩国政府推行了递进的五年发展计划和国土开发计划，加快发展城市经济、区域经济和道路交通等基础设施建设。从 20 世纪 60 年代到 90 年代形成了汉城（现首尔）—釜山铁路沿线中心城市带、以釜山为中心的东南沿海经济发展区域增长极、西海岸第三代区域增长极，大量农业人口被吸引到这些区域的城市。从农业劳动力转移与产业发展互动来看，韩国在工业化之初推行农产品进口替代，实行农产品低价政策，由于农产品和工业品之间的价格差距扩大，农户负债率不断增加，这也是促使韩国农村人口大规模向城市迁移的原因之一。与此同时，韩国政府相继推行轻纺工业出口导向的产业发展政策、以重化工业战略为中心的产业结构调整、以实现技术立国和经济持续稳定增长为中心的发展战略，促使国家资源配置倾向于城市，带动了汉城（现首尔）、釜山等大城市的快速崛起。到 1985 年，韩国三次产业的比例为 12.8 ∶ 41.9 ∶ 45.3，城镇化率已经达到 74%；2011 年韩国城镇化率超过了 90%。

我国从 20 世纪 80 年代中后期开始实施沿海发展战略，到 20 世纪 90 年代直至新世纪经济快速发展中都有出口拉动的显著作用，这同韩国经济起飞时沿海先行和出口拉动有相似之处。不同的是，韩国人口相对不多，可以较快完成农业劳动力转移，而我国幅员辽阔，沿海地区率先发展后，中西部内陆地区由于地域广阔、人口相对分散，农业劳动力转移需要较长时间才能完成。

五、中国台湾地区：外向型劳动密集工业带动的农业劳动力快速转移

中国台湾地区也是在“亚洲四小龙”经济崛起中加快了农业劳动力转移。由于受到工业效益高于农业效益和新生代农民向往城市生活的双重影响，开始进展缓慢的转移呈现出中后期加快的趋势。1952年中国台湾地区农业人口的比重为56.1%，一直到1960年仍然为50.2%。进入20世纪60年代以后，随着中国台湾地区经济转型的加速，农业人口开始快速向外转移，20世纪60年代进入转移的高峰阶段，每过10年左右，农业劳动力转移就有一个大的增长。1961年到1973年，中国台湾地区农业人口的比重由49.8%降至30.5%，1973年的农业劳动力数量为162.4万人，到了1984年，农业人口的比重降至17.6%，基本完成了农业劳动力的转移。20世纪70年代中期到80年代，中国台湾地区农业劳动力进入了缓慢转移的阶段，其中个别年份还出现了回流现象。2010年，中国台湾地区的城镇化率已经提升至87.2%。

中国台湾地区厂房

中国台湾地区农业劳动力的转移速度与土地制度变革紧密相连。20世纪50年代初，中国台湾地区推行了

以耕者有其田为主的农地改革，耕地减租、公地放领等改革措施调动了农民投入农业生产的积极性，提高了农业集约化生产水平，农村吸纳了大量劳动力，成为劳动人口的“蓄水池”，避免大量农业富余劳动力盲目涌入城市，以致形成“贫民窟”等经济社会问题。从20世纪50年代开始，来自美国的“援助”资金、外来公司的投资以及中国台湾地区企业从外部获得的各类贷款等纷纷涌入，拉动了中国台湾地区与农业密切相关的电力、化肥等非农产业的发展，利用农业发展积累的资金支持了农产品加工、塑料、纺织等轻工业较快发展，形成了对农业富余劳动力的吸引力。特别是到了20世纪50年代末，由于中国台湾地区自身市场容量狭小，非耐用消费品生产能力的扩张使其进口替代战略逐渐难以为继，中国台湾地区重新选择了以纺织、食品、电器等劳动密集型产业为主的出口导向的工业化道路。1952年到1973年，中国台湾地区工业就业人数从58.6万人增长至181万人，工业人口比重从16.9%提升至33.7%。农业劳动力走过缓慢转移的徘徊后，进入了向工业化转移的加速期。这期间受土地制度的影响，大量农业劳动力通过兼业的方式向非农部门转移也是一个特色，1970年到1980年，专业农户的比例由超过30%降低至不足9%，而兼业农户则从近40%提高至大约91%。在亚洲农业劳动力转移过程中，由于受传统的农耕文化影响，人多地少、对土地的眷恋形成了转移中农民不轻易放弃土地的特点。

20世纪70年代中期以后，随着劳动力成本的上升，中国台湾地区劳动密集型工业在国际市场的竞争力逐渐削弱，虽然工业就业人数总量仍有增加，但更突出的特点是第三产业开始兴起。20世纪70年代末到80年代，金融、贸易以及零售服务业快速发展，就业人数增长迅速，第三产业的就业比重由1978年的35.8%提高至1989年的44.9%，而同期农业就业比重从24.9%下降至12.9%，工业就业比重徘徊在41%左右，大量的农业富余劳动力进入了第三产业。

中国台湾地区农业劳动力转移的节奏与产业发展密切相关。20世纪50年代到80年代，中国台湾地区的产业经历了从第一产业为主到工业崛起再到服务业上升的转换过程，与此相对应的是劳动力在产业间的分布也沿着类似的轨迹进行，劳动力从农业逐步向工业和第三产业转移。在这期间，以轻纺工业为主的劳动密集型产业的发展对于中国台湾地区工业化和农业富余劳动力的快速就地转移发挥了推动作用，而20世纪50年代农业的集约化发展又为工业的发展积累了资金、储蓄了劳动力、降低了人工成本，20世纪70年代到80年代第三产业的发展又减轻了工业增长趋缓给劳动力转移造成的影响。三次产业之间保持了较好的互动，也促进了农业劳动力的顺畅转移。但是，中国台湾地区分散化小农经营的农地制度制约了农业的规模化发展，这和日本的情况有些类似，农业劳动力的过度转移也带来了农业劳动力不足的问题，制约着传统农业向现代农业的迈进。

六、世界各国（地区）农业劳动力转移的共同特点

概括地看，世界各国（地区）农业劳动力转移的成功路径和形成的模式虽有不同，但也有共同特点。

（一）工业化与城镇化进程基本同步

世界上，工业化和城镇化的关系一般是工业化先行。工业化进程的加快带动城镇化速度的提高，使城镇人口规模迅速扩大，城镇

化是伴随工业化进程而发展起来的大规模的城乡人口迁移运动。工业化是城镇化的经济条件，工业化发展过程中，新技术的采用、劳动生产率的提高、专业化的细分和规模化的发展、生产生活服务业的兴起，都带动了农业劳动力向城镇的转移。与此同时，城镇化的进程又促使资金、市场、服务以及各种资源向城镇聚集，保障和推动着工业化的进一步扩展。美国较为典型的案例是西进运动带动了洛杉矶的发展，东部地区先行发展带动了纽约、费城的崛起，中部开发则带动了芝加哥的繁荣，而底特律、休斯敦、波士顿的崛起也分别与汽车产业、石油产业和航空产业的兴起密切相关。

（二）转移农业劳动力“进厂就业”与“进城生活”基本同步

这是工业化与城镇化相互推动、互促共进的关键。亚洲日本、韩国等国家和地区的先行实践表明，政府利用经济发展的契机，因势利导，通过制定政策法规和大规模进行职业教育培训，将大批农民转变为产业工人，促进农业劳动力向非农产业和城镇转移并融入城市，对加快工业化、城镇化进程，促进城乡发展起着推动作用。

从世界各国（地区）农业劳动力转移的规律中可以看出，饱受诟病的城市“贫民窟（区）”根本上就是由于有些国家没能统筹解决好两个“基本同步”问题，加之缺乏政府有效的管理和服务，农民卖掉土地后抱着到城市生活的美好愿望进城，遇到经济危机或大的波动时，无法回到乡村就聚集到城市某一角落，产生了严重的失业和贫困现象，诱发了“城市病”“贫民窟（区）”等一系列经济社会问题，给社会造成不稳定，不仅影响工业化进程，而且往往导致城市畸形发展。例如，在印度孟买有 100 万人住在塔拉维贫民窟，巴西里约热内卢（简称里约）有 10 万人贫民区，委内瑞拉首都加拉加斯金融中心大厦曾被称为世界最高贫民窟，大厦建成后尚未投入使用就被贫民占用。有的国家在农业劳动力转移过程中曾发生过这样的现象，涌入城镇的大量农业劳动力没能享受到经济社会发展的成果，进而通过贫困传导机制影响下一代人的成长，阻碍了经济社会持续发展。

● 巴西里约热内卢的贫民区

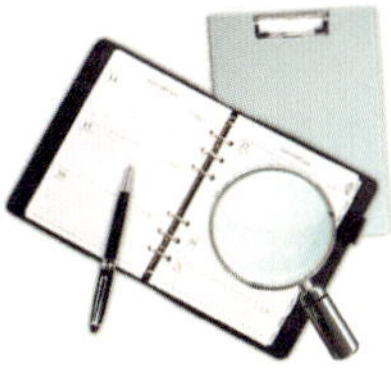

巴西里约贫民区也是繁华城市的一部分

在里约有 700 多个贫民区，这里是 200 多万里约人生活的地方，有商店，有理发店，有餐厅……

在里约贫民区，多年以来毒贩、黑帮和警方之间一直在进行着一场拉锯战，目的就是争夺对于贫民区的控制权。在巴比伦贫民区，从 2008 年起当地政府就出动军警，陆续从毒枭手中夺回控制权，并设立社区维和警察所，常驻贫民区以维持治安。社区维和警察也会通过教授一些针对孩子的文化体育课程，来拉近维和警察与社区居民的关系。

在里约奥运会开幕式上，有一个独特的景象，就是里约贫民区简陋建筑与现代都市形成鲜明的对照，这就是一种现实。要解决这个问题，需要将警察维持秩序的治标和通过教育阻断贫困代际相传的治本相结合。

资料来源：央视新闻，《1+1 看巴西》，2016 年 8 月 3 日。

第二节

中国近代农业劳动力转移

中国近代农业劳动力转移，除少量海外华工外，基本上是在国内进行的，这和欧美等先行工业化国家大规模吸引跨国农业劳动力转移有着明显区别和很大不同。

19 世纪的美洲，经济出现快速发展，充裕的墨西哥劳动力借助地理上的优势，越过美墨边境踏上了北上跨国流动的道路。根据华盛顿皮尤西语裔中心的统计，截至 2007 年，常住美国的墨西哥裔人口约为 2919 万人，除 1164 万人出生于墨西哥外，其余 1755 万人出生于美国本土，这将近 3000 万人主要聚居在与墨西哥毗邻的美国西南部的加利福尼亚、得克萨斯、亚利桑那和中西部的伊利诺伊等州，从事建筑业、制造业和服务业中收入较低的职业。[①] 在欧洲，柏林墙被推倒之后，过剩的民主德国工人迅速进入联邦德国，引发大批富余的东欧工人涌入西欧，进一步推动了东欧农业劳动力向西欧的转移，其中以波兰人和罗马尼亚人人数最多。罗马尼亚全国人口约2200万人，有200多万人在国外务工；波兰总人口中至少有5%的人出国务工，波兰历史上还有不少人移居美国，美国“家政女皇”玛莎·斯图尔特（Martha Stewart）就生长在波兰后裔家庭。第二次世界大战后德国也有不少人移居美国，到美国从事中低端劳动往往是积蓄很少的移民选择的职业。

20世纪后半叶，从“亚洲四小龙”经济快速崛起到中国改革开放的迅猛发展，中国基本上是以国内劳动力转移为主，即便现在有些与中国毗邻的越南、朝鲜等国家的境外劳工，也是为数不多、流动性大的短期零工。中越边境线绵延上千公里，几乎每天都有越南劳工拿着临时通行证穿过边境线进入广西北部湾谋求生计，同时，北部湾经济合作区用工成本也在快速上升，能吃苦且劳动成本相对较低的越南工往往容易得到企业的雇用，促使越南工就近打工与企业互利；在中国东北地区，大量劳动力流向沿海的同时，也有些企业在位于与朝鲜接壤的口岸城市的经济开发区内雇用朝鲜工。此外，享有国际声誉的菲佣也在想方设法进入中国市场，根据香港特别行政区政府统计处2016年7月底发布的数据，截至2015年，香港有大约17.7万名菲佣。

中国近代历史上，伴随着工商业的兴起，大量的手工作坊活跃

① 宋鸥．美国墨西哥移民的人口效应评析[J]．史学集刊，2009（2）．

在城乡，吸纳了许多原本的农业劳动力，成为历史上的“农民工”。这些“农民工”虽未形成大的规模，但却带动了农业劳动力的转移。可以说，自明清以来，中国颇为兴盛的陶瓷业、茶业、丝绸业就曾聚集了大量的农业劳动力。“明以后的中国窑业史，实不外景德镇窑之发达史而已。明清之际，数十万之工人，云集于此；天下巨匠，悉于此发挥其妙技；凡第一流作品，一器之成，约经八十人之手”，可见当时从事手工业的劳动者已颇具规模并且集中在其行业的地域中心，其技术也处于世界领先水平。有着“世界陶瓷之都”美誉的福建德化，曾是海上丝绸之路中陶瓷贸易的重要港口，独具特色的德化瓷器通过泉州刺桐港扬帆海外。茶叶是中国最重要的大众化饮品，古往今来，市镇之中，专门用来饮茶的茶坊举目可见，在一些大城市的街巷，茶坊也甚为活跃。茶坊的兴起与茶叶消费的大众化带动了茶叶贸易的发展，而这些都促使许多农业劳动力转入商业。苏州等地的丝织业、山西等地的盐业以及各地的榨油业等也都聚集了一大批农业转移劳动力。在对外贸易中，丝绸之路和海上丝绸之路开通之后，中国向世界输出了大量瓷器、丝织品、茶叶、铜器、铁器、纸及土特产品，极大地带动了农业劳动力的转移和流动。

晋商的历史

中国明清时期山西农业劳动力源源不断地转移到商贸领域，被称为诸多商帮之首的晋商前后称雄五百年，这在世界商业史上也十分罕见。晋商买卖四通八达，银票汇通天下，不仅在全国各地，而且北达莫斯科甚至更远的欧洲腹地，西至中亚，东通朝鲜、日本，南到南亚各地，均有山西商人开设的商号、票号。山西商人聚集了富可敌国的财富，被誉为“海内最富”。例如，太谷县曹家的企业在19世纪20年代到50年代有640多个商号，万名员工，资本达1000多万两白银；祁县渠家的资产，有人估算约合现在的人民币200亿元；著名的旅蒙商号大盛魁的资产，可用50两的银元宝从当时的库伦即今天的蒙古乌兰巴托铺一条通达北京的路。晋商的商贸活动使许多城市兴盛，如东北有“先有曹家号，后有朝阳县”，内蒙古有“先有复盛公，后有包头城”和“先有祥泰隆，后有定远营”，西北有“先有晋益老，后有西宁城”等说法。像呼和浩特、包头、张家口、大同、运城、西宁、齐齐哈尔、库伦（乌兰巴托）、科布多、恰克图等名城重镇均因晋商的商贸活动而兴起。京、津、沪、渝、汉、宁等大商埠的繁荣亦有晋商推动的历史功绩。晋商以义致利的理念和开拓创新的精神对后人产生了深远影响，他们严格的经营管理制度，产权、经营权分离的经营运作方式等，直到今天仍然对现实有启迪作用，也对农民工跨省转移乃至跨区域输出和跨国发展产生积极影响。

19世纪60年代到90年代的洋务运动造就了中国第一批现代工人，除原先的手工业者之外，都是农业劳动力相对集中的转移。在军工行业中，曾国藩创办的安庆军械所和李鸿章创办的江南制造局、金陵机器局、天津机器局以及张之洞创办的湖北枪炮厂都是“千人工厂”，江南制造局雇工规模达到2500人。在民用工业中，采矿、炼铁、纺织、交通运输和公共事业等行业的企业得到较快发展，知名的企业有继昌隆缫丝厂、轮船招商局、开平矿务局、中国电报总局、上海机器织布局等，一些规模较大的民族工业企业雇工都有近千人。1872年到1894年，民族资本兴办的企业超过百家，雇工近3万人。[①]

① 陈守岭. 洋务运动与早期产业工人[J]. 求是学刊，1994（6）.

开平矿务局

直到 1937 年，中国工业发展达到了相当规模，南方苏浙沪一带荣氏家族等一批实力雄厚的民族工商业者办起了棉纺厂、面粉厂、水泥厂，北方山西也引进德国克虏伯技术和设备兴办了西北炼钢厂、太原兵工厂，引进德国纺织技术兴办了晋华纺织厂，这在当时均居于较为先进的水平，但日本对中国的侵略阻断了当时的中国工业化进程。

纺纱厂女工

工业的发展带动了农业劳动力的转移，1933 年全部工业就业人数占全国总人口约 2.6%，其中，工厂工人占 0.3%，手工业工人占 2.3%。

近代以来，我国充裕的农业劳动力走出国门，以美洲华工、南洋华工和俄国华工为代表，中国劳动力流向了美洲、东南亚和远东地区等，这些被雇用的华工都是那时的中国“农民工”。从 19 世纪下半叶到 20 世纪初，世界铁路史上两大宏伟工程，一条是横贯北美大陆的中央太平洋铁路和联合太平洋铁路，另一条是横贯欧亚大陆的西伯利亚大铁路（含中东铁路），都是以华工为主修建的。

19 世纪中后期，美国西部开发方兴未艾，对劳工的需求十分急迫，大批从中国涌入的劳动力满足了这一需求。1860 年，加州矿区约有华人矿工 2.4 万人，美国铁路工程开工后，铁路公司开始大规模雇用华工，最多时华工人数几乎占了铺路工人总数的 90%，之后大量的华工又投入美国的农业、轻工业中。1880 年，加拿大政府修建太平洋铁路，同样招募了大量华工，1881 年到 1885 年，从中国南方到加拿大参加修建太平洋铁路的华工约有 1.7 万人。当时，在只有铁锤、钢钎等简陋工具的条件下，加拿大华工逢山开路、遇水架桥，打通了这条横贯加拿大东西国土、绵延近 5000 公里的大动脉，而数千名华工在此过程中献出了生命，因而有“铁路每向前推进 1 公里，就有 1 名华工死亡”的说法。著名华

加拿大多伦多华工纪念碑

人商界领袖李嘉诚感动于华工的历史，专门在加拿大第一大城市多伦多出资修建了纪念碑。2003 年，我率甘肃省经济考察团赴加拿大，在参观纪念碑时，一行人无不感慨当年华工异常艰辛的生活以及对北美发展做出的突出贡献。1847 年到 1875 年，超过 10 万名华工被运送到古巴，弥补当地劳动力在甘蔗园、榨糖厂、矿井、家务劳动等方面的不足，华工通常会与“主人”订立长达 8 年的合约，其间要从事繁重的劳动并且只能拿到非常微薄的报酬，而很多华工在干满 8 年获得自由身之前就已经丧生。迟来的道歉总比不道歉要好，2018 年 4 月 22 日，加拿大温哥华市市长罗品信在市内唐人街的大温哥华中华文化中心，就历史上对加拿大华工实施歧视性政策正式向华人社区道歉，表示这些歧视行为对许多华人产生了悲剧性影响。为体现诚意，道歉除简、繁体的书面版本外，还使用了中国广东四邑方言（台山等地方言），这是因为历史上在温哥华的华工中以台山

加拿大温哥华市就历史上歧视华人政策正式道歉

人最多。2016 年 9 月 27 日，美国加利福尼亚州州长布朗签署法案，宣布将华工对美国发展做出的贡献以及华工受到《排华法案》迫害和歧视的辛酸史写入加州教科书。

2010 年，中国第一个农民工博物馆在广州开馆，其中展示了南洋华工的艰辛历史。在东南亚地区，中国劳工到南洋谋求生计可追溯到明代。从 18 世纪末到 19 世纪初，作为契约工人的南洋华工人数不断增加。据不完全统计，1881 年到 1930 年到达南洋殖民地的华工约有 830 万人，每年的平均数 10 万多人。[①]2016 年 10 月，菲律宾总统杜特尔特接受中央电视台专访时表示，约有 20% 的菲律宾人身上有华人血统。

● 农民工博物馆

① 彭家礼. 十九世纪开发西方殖民地的华工 [J]. 世界历史，1980(1).

2018年1月，我来到冰天雪地的哈尔滨，在黑龙江省博物馆查看百年前华工（也就是那时的中国“农民工”）修建中东铁路乃至参加西伯利亚大铁路建设的有关史料。19世纪末到20世纪初，修建横贯俄国东西的西伯利亚大铁路时，由于西伯利亚偏僻荒凉，艰苦环境使俄国筑路工人纷纷离去，当时中国正值山东、河北等地成千上万人“闯关东”，俄国人雇用20多万名华工到最艰苦的筑路工程上干活儿，换来从莫斯科到海参崴近10万公里的世界最长铁路，使原本荒无人烟的西伯利亚以及沿路不少地方在滚滚火车轰鸣声中神话般地发展繁荣起来。西伯利亚人口爆发式增长，大量移民带来了劳动力、技术和资本，大铁路两侧城镇像雨后春笋般纷纷涌现，尤其是广袤的西伯利亚不仅有木材、矿产资源，还有乌苏里江沿岸丰富的金矿，被称为“金窖”，开发后黄金产量居全俄第一位，小时候耳熟能详的“火车一响，黄金万两”最早就源于此地。紧接着中东铁路的修建，在哈尔滨的俄国人骤然增多，大街上和酒吧里常有金发碧眼的外国人，全木结构的东正教堂、俄式木屋等一批俄罗斯风格的建筑大大小小有200余处，使哈尔滨有了“小俄罗斯”之称。黑龙江省博物馆留存的资料和实物再现了这段难忘的历史。当时俄国修建中东铁路有5万多名华工参加，条件极为艰苦，直到俄国十月革命后，参加修建西伯利亚大铁路的华工的劳动条件才得以改善。这些劳工都是当时走出国门的“农民工”，也有些是在自己国土上给俄国人干活儿的“农民工”，人数加起来是仅次于下南洋打工的第二多外出华工。

北美太平洋铁路和西伯利亚大铁路（含中东铁路）被称为“世纪最伟大的工程”，也被誉为“19世纪的建筑奇迹”。中国劳工的艰辛也包含着中国人的勤劳，在历史上都留下了痕迹。

● 俄国修建中东铁路时的中国劳工

美国加州把华工辛酸史写入教科书

美国加利福尼亚州州长布朗9月27日签署法案，宣布将华工对美国发展做出的贡献以及华工受到《排华法案》迫害和歧视的辛酸史写入加州教科书。

这项法案由加州华裔众议员周本立提出，旨在让加州民众了解涉及华工的历史事实，主要包括华工为修建美国第一条横贯东西大陆的铁路——中央太平洋铁路做出的重要贡献，而华工在美国却持续受到1882年《排华法案》的排挤与迫害。

1863年，美国开始修建中央太平洋铁路，约1.2万名中国劳工参与建设，占所有铁路工人的85%。铁路修通时，约1000名华工失去了生命。然而，当时的华工却遭受公开迫害和歧视。1882年，美国国会通过《排华法案》，成为美国历史上针对和歧视特定族裔的主要法律。2012年6月，美国国会正式通过法案，就《排华法案》等歧视华人的法律公开表示歉意。

资料来源:《人民日报》，2016年9月29日22版。

第三节

中国 1949—1978 年农业劳动力转移

1949 年新中国成立以来直至 20 世纪 70 年代中后期，中国都深深地打上了计划经济的烙印。中国在 20 世纪 50 年代以苏联模式为蓝本发展经济，20 世纪 50 年代末苏联专家撤走之后，仍实行了严格的计划经济和城乡分割的就业体制，在城镇实行统包统配的就业制度，在农村农民以土地为业，国家严格控制从农村招收农民进城务工。1949 年 11 月，中华全国总工会发布《关于劳资关系暂行处理办法》，对私营企业主与工人通过签订劳动契约或者集体合同明确双方权利义务等进行了规范。而随着高度集中的计划经济体制的建立，劳动用工、工资分配、保险福利等都是由国家统一制定政策，由政府通过自上而下的行政指令或计划来实施，劳动合同制度和集体合同制度也不复存在，尤其是 1958 年颁布实施的《中华人民共和国户口登记条例》，使城乡二元体制壁垒愈加森严。

"一五"计划建设时期的热潮

从新中国成立到 1978 年改革开放的 30 年间，中国城乡之间上千万人次的劳动力大规模转移有两次。

第一次是20世纪50年代“一五”计划建设时期，中国工业化发展照搬苏联模式，以城市为主优先发展重工业，约2000万名农业劳动力进城当工人，到1958年达到高潮；紧接着遇到三年严重的农业自然灾害，城市难以承受过多的非农人口，1962年约千万人被政策性压缩举家回到农村。第二次是1968年鼓励城市知青上山下乡，相当一部分初高中毕业生响应中央号召到农村插队锻炼，1973年城市初高中毕业生几乎是整体下乡，先后有近1700万人；20世纪70年代中后期，下乡的知青绝大部分陆续返城，其中大部分被安置在国营企业当工人，也有少部分被安置到市区、街道集体企业当工人，很少部分随国家改革招生制度上了大学。

● 知青返城

一、“大跃进”引发农业劳动力进城热潮

继20世纪50年代中后期农业合作化的浪潮之后，中国开始全盘学习苏联的工业化模式，大力开展以重工业为主的工业化建

设。1958 年之前，苏联援建了 156 个项目，也产生了大量招工的需求。1958 年的“大跃进”使中国工业化在极短的时间里超常增速，城市工业出现了异常强烈的劳动力需求，自上而下的计划用工出现“放权”，即下放一级审批招工计划。1958 年 6 月，中央决定各地的招工计划经省（市）确定之后即可执行，不必经过中央批准。中国长期的农业社会使农业劳动力像蓄水池一样得到大量聚集，只要开个口子就会下泄。招工权限一经下放，当年就转移了 1000 余万名农业劳动力到城市的工业和建筑业就业。同时在农村也出现了劳动力就地从农业到非农产业（主要是各个小钢铁厂）跳跃式的所谓“当工人”的就业高潮，在社队企业就业的职工达到 1800 多万人，农业劳动力占整个劳动力的比例曾一度降低到 58.2%。到 1958 年年底，有 1100 多万名农业劳动力进城务工，连同家属，使城市人口比上年净增 2000 余万人。1949 年以来的全国性劳动力过剩状况短时间内发生了重大转变，长期淹没在农业中的隐性失业问题显露了出来，这种历史上长期存在的“失业”问题似乎也有望解决。但是，这种带有很大泡沫的增长是不可能持久的，严重欠缺经济社会基础的“大跃进”超速发展的泡沫很快破灭，禁止农业劳动力进城的制度立即恢复，“放权”仅七个多月中央就赶紧“刹车”。春节前正是农村最热闹和各种消息传播最快的时候，1959 年 2 月 4 日，中共中央发出《关于制止农村劳动力流动的指示》，紧接着中共中央、国务院又发出《关于制止农村劳动力盲目外流的紧急通知》。在一个月左右的时间里，中央就对一个具体问题连续两次发文也是不多见的。紧随而来的三年大饥荒使中国城市供养非农人口的能力急剧下降，迫不得已，1962 年开始了新中国成立以来第一次城市人口倒流回农村，一大批工人带着家属举家回迁农村老家。

二、计划经济夹缝中的亦工亦农

虽然计划经济体制高度集中，但中国地域辽阔，各地发展情况差异性很大，因而对待不少事情因地制宜的灵活性处理方法不断涌现出来，在劳动用工领域也是如此。

为补充工业发展和城市建设中一些重点工程建设项目对劳动力的需求，也为改变僵化单一的固定工制度，从 20 世纪 60 年代开始，一些省市探索性地实行了亦工亦农办法，吸纳农业富余劳动力进城务工，不转户粮关系，既是农民，又是工人，职业也相对固定。最为典型的是在攀枝花、六盘水等资源富集区开矿的矿工和修建成昆铁路的工人，这些“大三线”建设中的标志性项目因其重要且任务紧迫，又有军事命令式的直接指挥，产生了特殊的劳动用工办法，这一办法的施行时间虽然只有短短数年，却突破了严格的城市劳动用工管理制度。

2017 年 5 月，我随全国政协精准扶贫调研组来到地处大凉山的螺髻山调研彝族贫困家庭子女上学情况时了解到，受当时机械化水平和当地自然条件的影响，中国铁道兵建设的标志性项目成昆铁路线的修建十分艰苦，有亲历者估计铁路线平均每推进一公里就有一名铁道兵牺牲。在修路过程中，当地的彝族同胞为建设者送菜送肉，50 年后，当年修路的铁道兵有的创业有成，感恩于此，在螺髻山捐资 300 万元修建了一所希望小学，操场的塑胶跑道、新建的电化教室在当地十分显眼，展示了当年建设者知恩图报的情怀。

成昆铁路线上的希望小学

亦工亦农制是指城镇企业招用的农民，采用农闲时务工、农忙时务农的形式，务工期间户口和粮油关系不转，农民身份不变的制度。1964年，根据中央"实行两种劳动制度"的指示，一些地市试行亦工亦农制度，采用季节合同工、轮换工、发包工这三种主要形式，产生了相当数量的"农民工"①。当时，亦工亦农制度的产生是为了适应一些农副产品加工生产的季节性特点，在生产的淡旺季更加合理地配置劳动力。在当时的条件下，亦工亦农制度"节约了生产成本，可以增加社队和社员个人的收入，利于控制城镇人口，减少国家商品粮供应，而且使社会劳动力得到充分合理利用，可以说是一种接地气的、带有过渡性质的制度安排，也不失为一种权宜之策。由于农民进入工厂肯干苦、脏、累的活儿，跟工人打成一片，参加了工业的生产过程，更便于工农双方、产销双方直接沟通，边干边提高各自的生产水平，尤其是城郊等地的工农业结合得尚好，

① 指计划经济时期农民依据计划到城市企业签订临时合同当工人。

有利于造就既会务农又能做工的新型劳动者”。[①] 到1965年6月末，全国27个省、自治区、直辖市共有2500多家亦工亦农制的试点单位，亦工亦农人员达到58万多人。在封闭的二元体制中，亦工亦农制度为农业劳动力进城打开了通道，为改革城市用工不招农业劳动力的制度先行一步，这不仅突破了严格控制从农村招工的计划用工制度，也为后来改革劳动计划用工制度进行了有效实践和前期准备。

在城乡二元体制壁垒中生长的“农民工”对僵化的劳动用工制度起着润滑甚至冲开体制大门缝隙的作用，即使在“大跃进”中也有其作用。1957年，国务院发布的《关于各单位从农村中招用临时工的暂行规定》就提出了临时工问题，指出可以在农村招用临时工以弥补本单位、本地区以及城市中劳动力不足的问题。虽然不是正式招工，但可以从农村招工等于放开了一个口子。这种招用临时工的政策一直延续了8年。1965年，国家对政策进行了改进管理式的微调，国务院颁布的《关于改进对临时工的使用和管理的暂行规定》要求，“企业、事业单位需要使用临时工时，应当根据主管部门批准下达的年度劳动工资计划，报请当地劳动部门统一安排，就近招用。凡是用工地点在城市的，应当首先从适合条件的、城市需要就业的劳动力中招用，解决不了时，再从农村招用；用工地点在农村的，可以在附近的农村人民公社、生产队招用”。这在一定程度上以城市为中心、先里后外、有条件地开放了农民向非农产业转移的窗口，尤其是城郊区域捷足先登、率先受益。

给政策就有先行者。由于非农产业收益高出农业产业很多，因

① 亦工亦农劳动制度问题[J]. 学术月刊，1965（2）.

而始终吸引着农业劳动力转移，当时的副业生产就是一种变通的做法。20世纪60年代到70年代，在“以农为主、以副养农、综合经营”方针的指引下，距离城市较近的人民公社组织农民就近进城发展以集体经营为主的副业生产（俗称“搞副业”），开展非农劳动。1970年，国务院在北方地区农业会议上提出了在服从国家统一计划的前提下，逐步发展公社、大队经济，这使城郊不少公社率先开办了集体性质的工厂，带动了农业劳动力的转移。东南沿海地区的广东、浙江、江苏和大城市郊县集体经济活跃的地区率先行动，发挥传统手工业的历史优势，创办了各种规模的农机、粮油加工、建材、编织、服装等社队企业，随之各类社队企业在全国范围内得到了普遍发展。北京市郊的四季青人民公社就是一面旗帜，1958年四季青公社有公社办工厂1个、大队办工副业单位51个，共有职工500余人，占总劳动力的4.6%；到1973年发展到近3000人，占总劳动力的14%左右；到1980年公社工副业共有劳动力6146人，加上各大队工副业劳动力，大约占总劳动力的30%，公社工副业固定资产达1525万元，纯收入2700万元。[①]“文化大革命”时期，由于全国陷入此起彼伏、不断高涨的政治运动，尤其在城市，工厂停工“闹革命”已是普遍现象，通过行政力量管控劳动力转移和流动的约束力减弱，加之“五小”工业[②]能够提供一部分城市所需的生产生活用品，使得各地的“五小”工业有机会可以较快发展，就连计划经济时期颇具计划权威性和指令性的计划工作会议也将“五小”

① 朱文强，张念宏．社队工副业在农村经济中的作用——四季青公社工副业发展情况调查[J]．学习与研究，1982（4）．

② 主要是指地、县办的小钢铁、小机械、小化肥、小煤窑、小水泥工业。

工业的内容列入其中。1970 年，全国计划工作会议要求各地都要建设“五小”工业，此后各地县办的“五小”工业乘势有了自主性的快速发展，形成了为农业服务的近乎“小而全”的工业体系。当年，全国就有近 300 个县、市兴建了小钢铁厂，90% 的县兴建了农机修造厂，20 多个省（区、市）建起了手扶拖拉机厂、动力机械厂和农机具制造厂。与上年相比，地方小钢铁工业的炼钢能力增长 1.5 倍，生铁产量增长 1.8 倍，小化肥厂生产的氮肥、合成氨增长 60% 以上，小水泥厂、小化肥厂的产量占全国总产量的 40%，以小煤窑为主的南方各省煤炭产量增长 70%。与工厂停产时通过国家粮油调拨保障供给的待遇相比，农村集体经济只能自负盈亏，努力促进自身发展，不能等待国家调拨粮食，这促使农业劳动力更多地主动寻找能够获得较好收益的非农产业去就业，也使企业可以甩掉各种用工束缚而得到更广阔的发展空间。在吸纳就业方面，1970 年到 1971 年，仅县办工业就新增职工 2400 万人，占全国新增人数的 40.7%，其中很大比重属于农业转移劳动力。

各地“五小”工业蓬勃发展

除此之外，为了满足生产建设需要，“文化大革命”期间还产生了大量的矿山“轮换工”和“铁建工”（铁路建设工人），他们大多来自农村的转移劳动力，而跟随他们进城市或到矿山但未落户的家属从事的临时工、“五七工”、大集体工中的大多数也属于非农产业就业。以上这些和社队企业中的亦工亦农、“五小”工业中未改变农村户籍的人员，共同构成了改革开放之前的“农民工”队伍。

农民轮换工主要是指一些特殊行业的企业由于生产一线劳动力紧张，从城市招工有困难，采取同若干农村社队商定劳动力协作区的办法，由协作区选择条件适当的农民到企业当轮换工，一般是一至两年，期满后回农村，由农村社队另派一批到企业当轮换工。农民轮换工是在我国试行亦工亦农制度的过程中逐步在矿山、建筑、装卸以及森林地质勘探等行业或部分工种内推行的一种新的用工制度。1984 年，国务院发布《矿山企业实行农民轮换工制度试行条例》，对农民轮换工招工条件以及在企业的待遇作出了明确规定。可以说改革开放初期，农民轮换工制度虽然只是局部实行，但意义重大，在一定程度上撼动了长期以来城市国有企业、集体企业固定工制度“一统天下”的局面，使一些特殊行业在用工形式上更加灵活，建立了新的用工机制，也为 20 世纪 80 年代后城市用工向农民工放开的改革进行了有益的探索和实践。

计划经济时期，农业转移劳动力只能是计划配置的产物，原本最活跃的、自由流动的生产要素被硬生生地打上了劳动力计划配置的烙印，成为计划经济配置生产要素最凸显的部分，其特征是完全靠计划安排农业劳动力批量进城、“一刀切”，总体上规模有限、过程中有起有落，是在用制度将农业劳动力吸附在土地上难以流动的背景下产生的特有现象。大量农业劳动力的发展积极性受到抑制，人力资源开发和转移就业受到极大的限制。

改革开放后大批农民工进城务工经商，开启了大规模的农业劳动力转移，开创了中国特色农业富余劳动力转移就业道路，构成了中国改革开放的精彩一幕。

第二章

改革开放催生中国农民工快速发展

新中国成立之后的经济改革多始于农村，这既是因为大多数农村地区耕地资源相对短缺、劳动力充裕，也是因为与城市相比，农村面临的束缚较少，易于形成谋求变动的土壤。从20世纪50年代到70年代，中国的农业劳动力几乎是被吸附在土地上，这也为后来的迸发积蓄了力量。1978年党的十一届三中全会召开之后，改革开放的春风首先吹到了广大农村，家庭联产承包责任制直接冲破了人民公社“三级所有，队为基础”的制度，给农民带来又一次像“土改”那样的解放，生产积极性空前高涨，“一人能种两人田”，农业劳动生产率有极大提高，由此产生了农业富余劳动力向城市外溢效应。在大量农业富余劳动力向城镇转移就业的过程中，“农民工”这一称谓应运而生。1983年，中国社会科学院张雨林研究员在《县属镇中的“农民工”——吴江县的调查》一文中，提出“农民工”这个称谓。著名社会学家费孝通先生在《小城镇大问题》一文中使用

● 费孝通做乡村调查

了“农民工”这一概念，并得到中央领导的批示。由于费老的广泛社会影响和在社会学领域的权威地位，之后，进城务工经商的农民、从事农民工工作的人员、研究农民工问题的专家学者以及关注农民工的社会人士等约定俗成地认可了“农民工”的称谓。尽管以后局部地区有使用产业工人、新市民等称谓[①]，但经国务院农民工工作领导小组办公室和国务院发展研究中心进行相关课题研究后，仍认为现阶段使用“农民工”这一称谓能包含这一群体的经济社会特征，也能概括农民工的权益内容。农民工逐渐成为改革开放中最引人注目的群体，走过了每隔10年左右就有新特点的发展历程。

① 2006年成立的国务院农民工工作联席会议办公室曾对这些称谓及其基本观点进行过梳理。（1）“外来从业人员”“外来就业人员”“异地务工人员”等称谓，认为：“外来”一词本身既有排斥，也有歧视；而且城镇户籍的劳动者从一个城市到另一个城市就业也属于外来就业人员，归国留学生和引进人才也是外来从业人员，但他们的身份都不是农民。（2）“进城务工人员”“进城就业农民”等称谓，认为：农民工既有进城的，也有离土不离乡的，大约有1亿人是就地转移，所以“进城务工人员”这一概念涵盖不全。（3）“新市民”等称谓，认为：农民工本身尚没有获得城市户籍，没有享受到城里人的公共服务，不宜称为市民；城镇户籍的劳动者，进入新的城市也算是新市民，不宜突出农民工这个群体。（4）“产业工人”等称谓，认为：只要是在现代产业领域工作的都是产业工人，城市户籍的也是产业工人。（5）“农业转移劳动力”“农村转移劳动力”等称谓，认为：主要在书面和学术用语中使用，中央一些文件根据不同情境也有使用，有一定的口径或政策特指，但它们在现实口语中使用较少，群众不好理解。

第一节

第一次浪潮：20 世纪 80 年代“离土不离乡、就地进工厂”的就近转移

20 世纪 80 年代以“包产到户”（家庭联产承包责任制）为标志的农村改革使大量农业富余劳动力从土地中解放出来，急需转移到非农产业就业以增加收入，因而农民往哪里去成为当务之急。由于城市改革慢于农村，城市工业和城镇建设还没有做好接纳大批农民工进城的准备，一时也容纳不了大批农民工进城务工经商。而从事农业生产的农民获得自主权后，传统狭小的农业生产空间已满足不了农民增加收入的需要，城乡日用消费工业品的匮乏和就地扩大的资源初加工需求交汇在一起。在这样的背景下，历史将机遇赋予了乡镇企业，由此就地吸纳劳动力的乡镇企业异军突起，大量农业劳动力离开土地进入乡镇企业，开创了以从事二、三产业为主的“离土不离乡、就地进工厂”的就业局面，这被形象地描绘为“放下锄头、拿起榔头搞制造，放下镰刀、拿起瓦刀搞建设”，形成了农民工第一次大发展的浪潮。不少乡镇企业发展快的地方原本就有社队企业的基础，有较多的技术管理人才和基本的机械设备。早在改革开放之前的 20 世纪 70 年代初，中央就提出要普遍实现农业机械化，要求各地的农业机械维修“小修不出队，大修不出社”，这使农机维修企业在全国县乡得以蓬勃发展。县有农机厂、公社有农技站是“标配”。为了向城市提供更多的日用消费工业品，满足城市生活需

要，各地人民公社又兴办了一大批就地取材、就地加工的以农副产品加工为主的轻工企业，与县办“五小”工业一起为改革开放之后乡镇企业的兴起提供了条件。到 20 世纪 80 年代初，中央又提出每个县都要建一个化肥厂和农机厂。据统计，1978 年全国社队企业总数达到 152.4 万家，从业人员为 2826.6 万人，总产值为 514.4 亿元。

改革开放后一段时间内，社队企业的发展仍然得到了政策的支持。党的十一届四中全会通过的《关于加快农业发展若干问题的决定》中提出：“社队企业要有一个大发展，逐步提高社队企业的收入占公社三级经济收入的比重。”为了使这一政策更具操作性，国务院又陆续出台了三个有关社队企业的政策性规定——《关于发展社队企业若干问题的规定（试行草案）》《关于社队企业贯彻国民经济调整方针的若干规定》《关于城镇非农业个体经济若干政策性规定》，就连当时在全国农村改革中极具权威性的 1983 年中共中央文件《当前农村经济政策的若干问题》也提出，对于社队企业“应在体制改革中认真保护，勿使削弱，更不得随意破坏、分散”，这使以后乡镇企业大发展有了此前兴办社队企业的前期经验和物质基础。

农村改革的显著成效使人们看到改革是发展经济的必由之路，就像 1978 年知识分子迎来科学的春天一样，1984 年乡镇企业迎来了发展的春天。由于家庭联产承包责任制创造的新生产方式在全国普遍推行，“社队”也就不复存在，1984 年中央批转农牧渔业部《关于开创社队企业新局面的报告》，决定将社队企业改名为“乡镇企业”，并明确了乡镇企业发展的方向和空间，这份文件成为乡镇企业大发展的奠基石，乡镇企业自此驶入了发展快车道，迎来了第一个大发展的黄金时期，首先成为容纳大量农业富余劳动力的载体，对解决农业劳动力转移和农民增收等诸多长期难以解决的问题立下了汗马功劳。

从 1978 年到 1988 年的 10 年间，全国乡镇企业的大发展使我国农村 20 多年来无城市招工而积累起的富余劳动力像打开闸门的蓄水池下泄一样，迸发出一发不可收的强大力量，乡镇企业总数从 152.4 万家增加到 1888 万家，总产值从 514.4 亿元增加至 7502.4 亿元，从业人员从 2826.6 万人增加至 9545.5 万人，乡镇企业名副其实地成为促进农业劳动力转移的主阵地。特别是 1982 年党的十二大报告提出了全面开创社会主义现代化建设的新局面，1984 年后各地乡镇企业发展更是突飞猛进。1978 年到 1983 年乡镇企业总产值和就业人数增长分别为 14.7% 和 2.7%，而 1983 年到 1985 年更是迅速上升，分别为 49.1% 和 24.1%。

乡镇企业是从市场中发展起来的，与自给自足的农业经济相比，其内部不能自我循环，因此注定从一开始就要与经济活动的中心——城市发生千丝万缕的联系。中国城乡生产要素的互动虽然受到当时特有的二元体制结构的束缚，但是一有机会双方就会突破制约，主动黏合到一起，快速发展起来。在许多地区，规模较大的乡镇企业就是由国有企业帮助兴办起步的。农民工就地就近就业并不阻碍乡镇企业和城市之间在生产要素上的流动，乡镇企业用工触动着计划经济条件下城乡之间劳动力难以自由流动的敏感神经，使国家严格控制农业劳动力流动的城乡分割体制逐步得到修正。

从 1978 年到 1983 年，由于城市中存在返城知青、回城下放干部以及“摘帽”干部等就业问题，约有 2000 万人需要安置，也影响着国家对农业劳动力进城仍然保持有所限制的政策。1981年国务院发布《关于严格控制农村劳动力进城做工和农业人口转为非农业人口的通知》，要求城市的劳动、财政、公安等部门管控农民向城市流动。到1984年，随着家庭联产承包责任制带来粮食产出的大幅增加，政府最为揪心的城市口粮问题得到解决，粮食短缺问题得到缓解且有望获得长期解决，农业劳动力富余的突出问题也进一步显现，这时中共中央发布文件作出了指引。连续5年中共中央都发布文件，对全国农业农村工作乃至全局性工作有着最具权威性的指导作用。1984年，我在太原市北郊区分管农业工作，早晨从中央人民广播电台听到，然后再从《人民日报》上看到关于中共中央文件的报道，倍感亲切，好像给解决面临的难题下了场“及时雨”。这年中共中央《关于1984年农村工作的通知》提出，“允许务工、经商、办服务业的农民自理口粮到集镇落户”，为农民进城打开了制度缺口。1985年中共中央《关于进一步活跃农村经济的十项政策》再次明确提出，“允许农民进城开店设坊、兴办服务业、提供各种劳务，允许国营企业招收农民工，允许农村集体和个人从事长途贩运”，三个“允许”的思想解放激发了农业劳动力流动的活力。有国家政策的支持和鼓励，越来越多的农业劳动力开始到农村以外寻找就业空间。有关资料显示，1988年外出就业的农业劳动力已经超过2000万人。不过，城市对户口管理仍然非常严格，绝大部分转移到城市的农民工都只是兼业性转移，有些地方还称为“拾遗补阙”，能够取得城市户口并真正在城市安家落户的人极少。当时城市户口对城乡分割起着制度保护的作用，户籍上附着了深深的身份烙印。

在20世纪80年代乡镇企业异军突起的过程中，虽然没有打破计划经济体制下的城乡户籍门槛，但长期被压制的农业劳动力冲出了山门、寨门，走向了市场、城市。各地因区位条件、发展战略和政策环境等因素的不同，形成了不少独具特色的发展道路，其中以苏南模式、温州模式、珠江模式、城郊模式和山东模式最为引人注目。

一、苏南模式

苏南模式集中体现的是20世纪80年代乡镇企业拉动区域经济快速发展和农业劳动力大批转移的卓越表现。历史上，涵盖了苏州、无锡、常州的苏南曾有过发达的家庭手工业、纺织业。二十世纪二三十年代，苏南地区是我国民族工商业的重要集中地，发达的工商业传统形成了苏南地区以发展实业为核心的地域文化。改革开放之后，在原本发达的社队企业的基础上，苏南乡镇企业率先异军突起，通过实行承包经营责任制、改革干部委任制为聘任制、改革职工录用制为合同制、改革固定工资制为滚动工资制和企业内部审计制的“一包三改”的尝试，乡镇企业的活力被大大激发，产生了规模企业集群。其中，苏州以工贸业为主要支柱，无锡以制造业为主要依托，常州则主要通过国有企业改革释放活力。

借助背靠上海的区位优势，苏南得以将上海的人才资源引入本地，构成了当时有名的上海“星期日工程师”与本地农民工相结合的独特景象。社队企业的基础加上城市“借脑”，还有便捷的交通支撑，乡镇企业取得了超出农业数倍的利润，极大地刺激了乡镇企业的长足发展。上海国有企业与研发机构的羊毛衫设计师和苏锡常的乡镇企业合作，在三地建起众多的羊毛衫加工厂，前面有大大小

● “星期日工程师”

小的店面展销，后面有机声隆隆的制造厂房，形成了全国性的羊毛衫市场，也是吸引各地群众前去选购的一道风景线，就连知名度极高的上海南京路第一百货商店货架上也有苏南乡镇企业生产的色彩斑斓、物美价廉的羊毛衫。1985 年，我在常州市武进县挂职学习时，星期日大部分时间都受同学同事、亲戚朋友委托帮助购买羊毛衫，那时月工资 54 元，即使一件羊毛衫价格相差一两元，也要到苏州、无锡跑一趟，从中也窥视到苏南乡镇企业快速发展的一角。1978 年到 1986 年，苏锡常三市乡镇工业总产值由 25.93 亿元增加到 270.26 亿元，增长了 9.42 倍，年递增率达 34%。

● 20 世纪 80 年代的苏南羊毛衫市场

苏南乡镇企业的崛起还得益于张家港、常熟、无锡、江阴、武进等在苏南占据举足轻重地位的大县率先推动乡镇企业上规模，既互相学习对比，又互相摽劲儿发展。苏州的商业氛围浓厚，无锡的实业发达，常州经济改革走在前面，各具特色，你追我赶，尤其是苏锡常都在一个经济带上依托乡镇企业实现经济起飞，往往能互促共进。在苏南，不仅各市县每年要通报发展规模的排队情况，而且反映每月、每季生产经营活动的数据也颇受市委书记和市长、县委书记和县长的重视。1985 年，我在常州市武进县挂职时，和当地干部一样，每月都要先看看苏锡常各县发展进度月报，县政府常务会议还要专题分析对比，靠前不敢骄傲，落后更不能气馁，紧盯着前后是谁，查清原因，借此互相促进，比学追赶。

二、温州模式

温州模式集中体现的是以发展个体私营经济为主的乡镇企业率先兴起。虽然刚开始不像苏南模式那么耀眼，但其发展速度和发展潜力很快被人们认可。以温州为核心的浙东南历来具有发展工商贸易和民营经济的传统，加上浙商特有的经商基因，使浙东南成为发展个体私营经济的沃土。1949 年新中国成立以来，由于地处东南沿海前沿地带，国家对温州的投入较少，1978 年温州国有工业的总产值只占全市的 35.7%，国有企业历史包袱轻，当地政府对非公经济的发展保持了相对宽容的态度，为温州模式的产生发展提供了条件。改革开放之初，温州就有了相当规模的个体经济队伍，到 20 世纪 80 年代中期，形成了以家庭工业和个体经营为基础的“小商品、大市场”格局。

在不断适应市场需求的过程中，温州造就了一批乡村专业化生产的小商品加工基地，率先形成“一村一品、一乡一业”的“块状经济”。个体私营小企业迸发出来的创业热情，加上温州人经商“头脑”，很快形成了企业小集群，例如在全国乃至世界上有名的纽扣村、打火机村、别针村等都是“前店后厂”和小微企业集群式发展的典范。一粒纽扣不到一分钱，但数十亿粒纽扣则造就了世界第一大纽扣生产基地。打火机也是这样，价格低、款式多，行销世界各地。如今世界闻名的义乌小商品城每天都有上万名外国商人前来购货。1994 年我到美国洛杉矶，在环球影城和迪士尼乐园中随处可见写着“中国制造”的义乌生产的打火机等物美价廉的小商品。从走街串巷的“鸡毛换糖”发展到跨国万里的全球电商，浙商像骆驼一样吃苦耐劳，苦苦打拼，捕捉商机，开发新品，那时有个形象的说法是“白天是老板，晚上睡地板”。据初步统计，温州市 11 个县（市、区）146 个建制镇中，特色产业（产品）产值超过 10 亿元的就达 30 多个，其经济总量占全市的 70% 以上。

温州乡村的专业化生产

三、珠江模式

珠江模式集中体现的是沿海开放型乡镇企业的超常发展。20世纪80年代起，得益于国家特殊的开放政策和毗邻香港的辐射优势，珠江三角洲乡镇企业通过“来料加工、来料装配、来样加工、补偿贸易”的“三来一补”经营方式取得快速发展。港商通达四海的贸易渠道、快速兴办中小企业的经验和珠江三角洲充裕的农业劳动力迅速组合，形成一批批加工工厂，像滚雪球一样将服装、家具、鞋帽等产业迅速做大。由于当时香港与珠三角地区的经济发展水平存在很大差距，这种被称为“借船出海”的发展方式发挥了巨大作用。百年之前的中山市以伟人孙中山扬名世界，百年之后的中山市以家具灯具行销全球；百年之前林则徐进行了震惊中外的“虎门销烟”，百年之后虎门服装行销世界。历史的变迁令人不胜感慨。在发展过程中，东莞、顺德、南海和中山被称为“四小虎”。其中，东莞是“洋枪队”，以外商经营的“三来一补”企业为主；顺德是“地方部队”，以镇办企业为主，当地的乐村和东莞的厚街都形成了闻名全国的家具市场一条街，美的这个世界500强企业都是从顺德北滘镇发展壮大起来的；南海是“游击队”，村办小企业蓬勃发展；中山是“国家队”，开始以市属企业为主，很快乡镇企业和个体私营企业唱了主角，中山大涌镇成为全国乃至世界有名的家具制造基地，生产的传统家具约占全国市场的1/5。

借助“三来一补、双方获益”的方式，珠江三角洲将港商的技术和管理快速引入，开创了独具特色的乡镇企业、私营企业和吸引外资兴办的合资企业，培养了本地人才，发展了地方经济，形成了开放型的珠江模式。城市房地产快速发展和人口急剧膨胀，产生了对家具的扩张性需求，加上当地农村木匠人才的集聚，以及拥有广东沿海能够便捷进口东南亚优质硬木的优势，广东的家具制造声名鹊起。例如，中山大涌、顺德乐村、东莞厚街、江门台山都建起了十里长街的家具市场，这些地方多数是“前店后厂”，也有少数使用大型家具加工机械，全国各地前来观看和购买家具的人络绎不绝，连做带卖极大地促进了农民工就业。中山大涌、台山大江至今都是广作家具最大规模的生产销售基地，拥有家具企业上千家。中山大涌镇的美盈集团制造了世界五星级酒店 50% 的家具，台山大江镇生产了全国 70% 的红木筷子。

● 中山大涌镇红木家具一条街

四、城郊模式

1987 年，中央实施的沿海发展战略助推了苏南、温州、珠江三种模式的勃兴。在内地，与三种模式并驾齐驱的“城郊模式”也快速兴起，带动大城市郊县农业劳动力快速转移，形成具有内地特色的发展城郊乡镇企业吸纳农民工就业的模式。

城郊模式集中体现的是内地大城市郊县利用城乡双重优势，加快发展乡镇企业。城市郊区是城市之尾、乡村之首，借助与大城市犬牙交错的区位优势，发展二、三产业或者高水平的第一产业，形成了区别于农村经济和城市经济的第三种区域经济形态。由于城郊既有土地、劳动力等生产要素，又可以较为便利地获得城市的工业商贸和技术、交通、信息等资源，还可以利用城市的广阔市场，尤其是有一批视野广、交游广、善于搞活经营的能人，因而兼有城市经济和农村经济的独特优势，成为率先发展乡镇企业的先导。以上海市为例，1985 年上海市郊区乡镇企业总产值已突破 8 亿元，约占农村合作经济总产值的 80%，发展城郊经济使上海城郊的农村很快形成了农村工业化的雏形，也保障了城市发展所需的人力资源、部分原材料和基本生活资料等。与此同时，由于农业劳动力从城郊转移到市区的成本较低，并且可以更为便捷地获取就业信息，城郊经济在事实上发挥了劳动力“蓄水池”的作用，避免了大量农村人口直接涌入城市，减轻了城市负担。我结合苏南挂职学习的体会，总结城郊发展乡镇企业的实践，撰写了《城郊聚集人才的优势与对策》一文，探讨了开发城郊人力资源对于接受城市经济辐射、兴办乡镇企业、吸纳农民工就业的独特作用。

太原市清徐县被誉为“中国醋都”，20 世纪 80 年代中期，清徐县依托上千年酿醋历史，传承并发展了东湖益源庆、杨房村宝源老醋坊的传统工艺特色，将酿醋产业发扬光大，成长起以山西水塔老陈醋集团为龙头的 20 多家企业集群，带动了上万名农民工就地就近就业，全县醋产量占全国的 1/6，占全国跨省交易量的 1/3。1991 年，中央领导参观清徐陈醋酿造工艺时，在酿醋车间品醋后称赞道：“好醋！”山西老陈醋以其“暴晒三伏、夏天不霉变，暴冻三九、冬天不结冰”的特质且有酸绵香甜的独特口味，成为中国名醋，与墨西哥米醋、意大利果醋等相媲美，堪称世界名醋。清徐县还依托背靠吕梁山的煤铁资源优势和靠近太原交通便利等城郊优势，捕捉城市建设中暖气片需求大幅上升的机会，挖掘太原老工业基地的生产潜力，赵家堡村二三十家暖气片生产企业集中连片发展，一跃占据华北、西北、东北暖气片销量的70%，发展成为全国最大的暖气片生产基地，吸纳近5万农民工就地进厂。1991年年初，中央领导在视察后给予大力发展城郊经济富民利国的肯定和鼓励。

● 清徐陈醋厂手工酿醋现场

五、山东模式

山东模式集中体现的是北方乡镇企业借鉴南方发达地区做法，抓住机遇，乘势而进，多元发展，实现经济追赶。20世纪80年代中后期，山东省借助实施沿海发展战略的机遇，大力发展乡镇企业，从济南到胶东半岛的青岛、烟台、威海等城市率先发力，集体企业、合资企业和私人企业一起上，融合苏南模式、温州模式、珠江模式、城郊模式，形成了利用后发优势跨越式发展的山东经验。烟台水泥很快就达到了上千万吨的生产能力，还带动了枣庄地区的煤炭资源开发和革命老区临沂的建筑材料发展。山东的加速发展给北方地区发展乡镇企业带来了可资借鉴的成功经验，不少北方省份纷纷到山东考察或派出中青年干部挂职。2001 年下半年，山西省委和山东省委商定，山西省派 60 名市县级干部到山东省挂职学习。作为其中成员之一，我来到山东省乡镇企业局挂职副局长，一到山东就被那里上下齐心“红红火火办企业、踏踏实实抓项目”的劲头所感染，淄博的陶瓷城、青岛的轻工企业、烟台的建材企业、威海的食品加工企业、潍坊的农副产品出口创汇企业等，都是规模化发展。我实地考察了山东快速发展乡镇企业的减税、免费和贴息等政府给予的“真金白银”的扶持政策，以及以胶东半岛率先发展带动有条件的不发达地区及贫困地区积极发展乡镇企业的做法，写出了《学习山东经验，发展山西乡镇企业》的考察报告，提出山西省应率先发展汾河两岸老工业基地 30 个县市的乡镇企业，再带动东西两山革命老区 31 个贫困县，开发当地资源，就地兴办乡镇企业。山西省乡镇企业“抓两头、促中间”的发展战略很快见效。

这里需要深入思考的是，从 20 世纪 80 年代末开始，乡镇企业发展速度放缓和吸纳农民工能力下降，从内部看是乡镇企业机制的活力不足对企业发展造成了束缚，从外部看是有 1989 年到 1991 年全国经济治理整顿的因素，在全国经济整体放缓的大环境中，乡镇企业也出现了增幅下降现象。发展高峰时需乘势猛进，遇到低谷时则需认真反思。乡镇企业在经历了异军突起之后，需要体制变革与机制创新。在就业方面，吸纳农民工的能力开始下降，其就业弹性系数1980年到1985年为0.74，1990年到1993年则下降到0.21，下降了2.5倍。乡镇企业发展的放慢直接导致了农业富余劳动力转移速度的放慢，1988年到1993年，乡镇企业就业人数的增长速度只有5.3%，远远低于上一个5年平均两位数以上的增长速度。到了20世纪90年代末，在应对亚洲金融危机时，随着全国经济增速放缓，乡镇企业发展增速下降，本身吸纳农民工的能力似乎已经接近饱和。在内外部因素的综合影响下，乡镇企业吸纳农民工的数量和速度都在放缓，一些企业的就业人数甚至出现下降的趋势。这里应看到，越是经济增长出现波动时，越需要乡镇企业挖掘自身潜力，重整“行装”，积蓄力量，迎难而进，捕捉创新发展的新机遇，这关系到农民工的生存和发展。同时也说明，对于乡镇企业，内部需要通过“伤筋动骨”的改革来增强体制机制活力，外部需要走出乡村寻求更广阔的发展空间。

第二节

第二次浪潮：20世纪90年代“离土又离乡、进城进工厂”的异地转移

进入20世纪90年代，随着经济体制的变革和政策的调整，农业劳动力转移的格局发生了重大变化。乡镇企业在经过调整之后席

卷了广袤的中西部地区；北方省会城市、大城市，尤其是老工业城市捷足先登，纷纷发展城郊乡镇企业；矿产资源富集地区“有水快流”，也纷纷就地办起乡镇企业。特别是党的十四大明确提出建立社会主义市场经济体制，给农业劳动力的转移注入了更为强大的动力，激发出吸纳农民工就业的空前活力，催生了大规模农业劳动力进城和到工矿区的异地转移。可以说，农民工经过20世纪80年代末90年代初短暂的发展波动后又迎来了第二次大发展浪潮。

一、高潮来临之前的调整

20世纪80年代末，全国在整顿经济、治理“过热”中，农业和非农产业的收入差距持续拉大，农业经济增长效益下滑，乡镇企业就地吸纳农民工的能力有限，促使农民工走出乡村走向城市，通过大规模转移来寻找就业新机会，从而在1989年春节后出现了席卷全国的“民工潮”。3000万农民工离开家乡，涌向经济发达的地区，给当地城市的交通运输、劳动力市场管理、社会秩序造成了很大的压力。广东省作为改革开放的桥头堡也承受了农民工涌入的最大压力，从正月初五开始，每天都有数万乃至十几万名来自全国各地的农民工抵达广东的车站、码头。尚未做好准备迎接数量如此庞大的农民工队伍的广东向国务院及邻省告急，国务院办公厅迅速发出《关于严格控制民工外出的紧急通知》，要求各地严控民工外出。至1991年，国务院和相关部委相继出台了一系列限制农民工盲目流动的政策措施，“控制”成为这个阶段农民工政策的主要取向，这也算得上是农民工第一次作为一个群体进入国家制定城市管理政策的视野。

广州火车站"民工潮"

与此同时，乡镇企业吸纳农民工就地就业在经历了快速发展阶段之后进入了一个调整期。国家对乡镇企业在税收、信贷方面的政策有所收紧，乡镇企业对农业劳动力的吸纳能力有所下降，从业人数在 1988 年到 1991 年徘徊不前，难以持续吸纳新增的富余劳动力，甚至某些已经在乡镇企业就业的农业劳动力又被挤了出来，这也助推了农业富余劳动力想方设法去寻找新的就业空间，自此迈入了一个离开熟人社会的乡村进入城市实现跨地区流动的新阶段。

1988—1991 年全国乡镇企业从业人数和总产值

年份	从业人数（万人）	总产值（亿元）
1988	9545.46	7502.44
1989	9366.78	8401.82
1990	9264.75	9780.35
1991	9613.63	11 810.58

二、“春雷一声响”，开创异地转移新局面

1992年，改革开放总设计师邓小平发表著名的南方谈话，犹如一声春雷，给我国经济发展，也给农民工发展，带来极大的思想解放，对计划与市场的长期争论有振聋发聩、醍醐灌顶的效果。农民工是从市场中来到市场中去的产物，自此得到了超过以往的充分认可，对乡镇企业的怀疑也随之消散。1992年党的十四大确立了我国建立社会主义市场经济体制，1997年党的十五大明确非公有制经济是我国社会主义市场经济的重要组成部分。随着对外开放和市场化进程的加快，东部沿海地区对劳动力需求旺盛，大规模的农业劳动力进城务工经商，开创了农业劳动力“离土又离乡、进城进工厂”异地转移的新局面。

最令乡镇企业鼓舞的是，邓小平同志南方谈话中明确讲道，乡镇企业也是建设有中国特色社会主义的优势之一。党的十四大报告明确提出，要继续大力发展乡镇企业，特别要扶持和加快中西部地区与少数民族地区乡镇企业的发展。发展乡镇企业是繁荣农村经济、增加农民收入、促进农业现代化和国民经济发展的必由之路，这无疑是对发展乡镇企业的又一次重大理论创新和政策升华。随着东南沿海乡镇企业快速发展，能源、原材料出现短缺，而中西部地区沉睡多年的资源正需要挖掘和释放，农民工和市场互为需求促进了中西部乡镇企业的快速发展。

和20世纪80年代初那次相似的是，1992年，也先是国务院批转了农业部《关于促进乡镇企业持续健康发展的报告》，紧接着在1992年11月，国务院选择在西部有代表性的城市西安召开了“全

国加快发展中西部地区乡镇企业经验交流会”，推动乡镇企业由沿海兴起向中西部地区推移的快速发展。我参加了这次会议，亲耳聆听了有关领导讲话。有人说乡镇企业对国家税收贡献少，这是一面之词，殊不知国家一分钱都没给就办起了那么多企业，安置了那么多农民工就业，繁荣了经济，为市场提供了那么多产品。乡镇企业占了全国出口创汇的约 1/3，乡镇企业一年拿出的以工补农、以工建农以及办学校、搞公益的投入在 200 亿元以上，1991 年乡镇企业缴税为 454 亿元，乡镇企业的活力明显高于国有企业。尤其讲到要大胆选拔和使用那些敢想敢做、在实践中成长起来的各类农村能人，即使以前犯过某些错误但有一定专长的人才，只要基本素质好，就要大胆起用，形成“八仙过海、各显其能”的新局面。当时我就想，那些在“文化大革命”中因寻找城乡市场差价而被定为投机倒把分子的人，现在发展乡镇企业也有了用武之地，可以发挥其所长，施展其才华。当时农村中的“能人”就是这样在办乡镇企业的过程中被挖掘出来的，有的还成为老一代农民工中的领头人。

1993 年 3 月，国务院发布《关于加快发展中西部地区乡镇企业的决定》，在产业、信贷等政策上对中西部发展乡镇企业给予了从未有过的大力支持。1995 年 2 月，国务院办公厅转发农业部《乡镇企业东西合作示范工程方案》，在东部向中西部产业转移的过程中，先行的乡镇企业在东西合作中拔得头筹，国家经济政策的黏合作用得到显现，发展乡镇企业的浪潮席卷了中西部地区。中西部地区打开省门、县门、乡门，实行多种形式的以城带乡、以大带小，促进乡镇企业发展。从 1984 年乡镇企业大发展之后，时隔 12 年，到 1996 年，乡镇企业又一次跃上发展的潮头，成为带动农业劳动力转移的主要支柱。当年乡镇企业吸纳农民工人数达到了1.3亿人，创造了农民工就地就近就业人数过亿的历史，总产值约为76 778亿元。美国尚能有大批东部发达企业“西进”，我国有政府推动的制度优势，西部开发很快吸引了一批有远见的企业家前来“淘金”，利国也利于农民工。

在市场经济浪潮中，一些昔日影响巨大的“典型人物”也从带领农民种田转向带领农民工致富，就地就近办起乡镇企业。江南地区知名的华西村党委书记吴仁宝，带头办起钢铁厂、纺织厂、建材厂以及后来的旅游公司等，使华西村周围二十几个村的绝大部分农业劳动力进厂干活儿变成农民工，成了江南地区率先奔小康的首富村。他本人也当选为党的十七大代表，并多次当选全国人大代表。1991年，当年的“铁姑娘”郭凤莲重返大寨担任村党支部书记，时任山西省委书记王茂林安排我到大寨村搞乡镇企业发展调研，我曾和郭凤莲有过敞开心扉的讨论。她讲道，大寨人有特别能吃苦的精神，现在想的是怎样尽快把收入搞上去，大家都富起来。我说道，大寨人争先的劲头要放到兴办乡镇企业上，当年敢于克服困难，现在要敢于市场竞争，大寨在国内外有很高的知名度，办企业搞品牌，不用打广告宣传就能使社会都知道。我们从不同的角度提出看法并达成了共识：大寨人不多，要办就要把企业办成像样的，制定3~5年建设营业收入过亿村的规划，争取人均收入位于全省乃至全国前列。大寨在郭凤莲的带领下，执行力的坚决而迅速是一般地方不好比的。大寨很快将之前成立的空置旅行社改造成为衬衫厂，产品取名为“虎头”牌衬衫。我带领郭凤莲及企业骨干到太原衬衫厂学习，并牵线搭桥签订了技术合作协议。“虎头”牌衬衫刚一投放市场就受到欢迎，可见人们对大寨人勤劳踏实的印象未变，对大寨人的信任度仍然很高。现在不少企业仓促上马，不到三五年就退下阵来，而大寨衬衫厂一直办到现在，做工精良，还出口到日本，可见大寨人做什么事情都有股认真的劲头，不做则已，认准了的事情就要一股脑儿做好，要干出名堂。郭凤莲还到华西村学习，办起了羊毛衫厂，挖掘本地资源办起了水泥厂，改造提升了煤矿。由于大寨的知名度，前来参观的人络绎不绝，旅游业也成为大寨越做越大的产业，郭凤莲也当选为十二届全国人大常委会委员。从带领乡亲兴办乡镇企业，到带领农民工创业，吴仁宝、郭凤莲等一批人在农村发展道路上，不谋求个人财富积累，只顾着让村里尽快实现共同富裕，他们特有的品行得到人们的高度赞誉。

大寨制衣厂

这期间也经历了逐步退出“村村点火、户户冒烟”的分散发展模式，走向集中连片发展新路的过程。当时的调查显示，乡镇企业的集约发展使技术水平明显提升，可节约15%的土地，更重要的是，这可使就地就近转移的农民工从简陋工厂的劳动环境中解脱出来。例如，山西省从20世纪90年代开始，重点改造提升焦煤、焦铁等乡镇企业支柱产业，将生产能力3万吨的煤矿提升至30万吨甚至百万吨，采用综合机械化采煤，一直到20世纪90年代末应对亚洲金融危机时，煤炭市场陷入低谷，山西省开展“南征北战”[①]，关停不具备生产条件的小煤矿上万个。太原市清徐县当年从运焦起家到机械化炼焦的乡镇企业美景集团，重点改造炼焦炉，淘汰改良炉，发展碳化室6米以上的大机焦炉，成为焦炉煤气供城市用煤气一体化发展的大型企业。山西省海姿集团发展热电联产，成为采煤、焦化、发电、供气资源循环利用的一体化发展大型企业。水泥行业则重点淘汰“小立窑”，发展“隧道窑”，直至后来发展为节能环保的新型干法水泥生产线，当时西北地区水泥生产规模最大的陕西耀县就改造整合、淘汰提升了上百个乡镇企业水泥厂。

中国发展社会主义市场经济驶入快车道，给农业劳动力转移开创了新的空间。非公有制经济迅速发展，成为吸纳农村转移劳动力的重要阵地。1993年，全国城镇企业就业人数为14 848.8万人，其中国有企业、城镇集体企业、非公企业分别为10 920.1万人、3393万人、535.7万人，非公企业的就业人员只占3.6%，到2000年，这一比重提高到了17.2%。以前乡镇企业大发展主要是速度的加快、

① 指山西省开展南至运城、北至大同的关闭不具备生产条件小煤矿的战役。

规模的扩张和地域的拓展，很少涉及内部产权问题，多数仍是集体经济，在近20年的乡镇企业大发展后，面对外部私营经济快速发展的竞争环境和内部需要产权明晰的体制创新需求，乡镇企业亟须产权体制改革。

三、个体私营企业大发展

1997年，党的十五大为非公有制经济“正名”，使其从发挥拾遗补阙的作用提升为国家经济的重要组成部分。名正则事顺，许多乡镇企业家借势搞股份制改革，明晰产权，村党支部书记当上董事长，既管人又管资产，促进了农村个体私营经济和股份制经济的规模化发展，在建立现代企业制度的影响下，山西省有上万个乡村煤矿由集体经济改制为股份制企业，带动了农民工就业。20世纪80年代，市县国有企业的市场份额多被快速发展的集体企业所替代，到了20世纪90年代集体企业的发展受到很大的局限，取而代之的是股份制企业的兴起，从党政领导到知名学者都纷纷发声，提出产权模糊的集体企业需要被产权明晰的股份制企业及个体企业取代，由此也开启了农民工以非公企业为主的就业渠道，非公有制经济的就业潜力得到了快速释放。当时，吴敬琏讲市场、厉以宁讲股份，虽然是在理论层面发声，但对乡镇企业和实体经济产生了不小影响，因为国有企业资产处置有严格的政策界限和审批管理流程，所以这些声音对乡镇企业改制发展产生的影响更大。与此同时，个体经济容纳就业的能力也得到快速提升，1993年全国共有个体经济1766.87万户，就业人员2939.3万人，到2000年，这两个数字分别增长至2571.4万户和5070万人。

1993—2000 年不同登记注册类型的城镇企业就业人员占比情况　%

年份	国有企业	城镇集体企业	其他企业
1993	73.5	22.9	3.6
1994	73.3	21.6	5.0
1995	73.5	20.6	5.9
1996	73.8	19.9	6.3
1997	73.4	19.2	7.4
1998	71.4	15.4	13.2
1999	70.8	14.0	15.2
2000	70.0	12.8	17.2

20 世纪 90 年代的农业富余劳动力转移，深刻地表现了跨地区大规模流动的特点。据统计，1992 年农业劳动力离乡流动人数已经达到 3500 多万人，1993 年更是增加到 6200 万人，其中跨省流动的达到 2200 万人。这之后的农业劳动力流动人数进入稳定增长阶段，1994 年外出的农业劳动力达到 7000 万人，1995 年为 7500 万人，而同期出省的农业劳动力人数为 2500 万 ~ 2800 万人。1992 年到 1993 年“爆发式”的劳动力大流动并没有马上形成更大规模的稳定转移态势，大部分劳动力都是抱着“试一试”“闯一闯”的态度进入城市的，带有试探的性质，他们在城市的工作还不算稳定，换来换去，在城市停留的时间一般不会超过半年，每到年底或者农忙时节，都要返回农村。所以，这一时期还算不上真正意义上的农业劳动力转移，而只能称为农业劳动力流动。

随着社会主义市场经济体制的确立，国家对劳动力管理的政策也随之调整，农业富余劳动力转移的基本政策导向从控制盲目流动调整为“鼓励、引导和实行宏观调控下的有序流动”。1994 年，劳动部出台《农村劳动力跨省流动就业管理暂行规定》，建立了以就业证卡管理为主的农业劳动力跨地区流动就业制度。到了20世纪90年代中期，在社会主义市场经济改革的过程中，国有企业改革带来了下岗失业人员再就业问题，为了优先保障这一群体的就业，国家对农民工流动转移就业的政策再次转向控制。1995年中共中央办公厅、国务院办公厅转发《中央社会治安综合治理委员会关于加强流动人口管理工作的意见》，提出实行统一的流动人口就业证和暂住证制度，对农民工进城务工进行控制管理。在地方，不少农业劳动力输入的城市也出台了细化政策。例如，上海市对各类岗位进行分级管理，只有苦、脏、累、险的A类工种允许招用外地工；广州市规定全市党政机关、社会团体的工勤人员等22个工种必须使用本市劳动力，外来人口不得在这些工种就业；青岛市要求将外来劳动力招用数量控制在市属企业职工总数的14%以内，每使用一个外来劳动力需交纳50元费用。这种短暂的控制效力主要是在国有企业集中的大城市得到体现，总体上未对全国普遍快速发展的农业劳动力转移构成太大影响。

从1997年起，我国开始使用“农村外出劳动力”和“农村转移劳动力”两个概念来描述农业富余劳动力转移，不再使用“农村劳动力流动人数”这个概念。农村外出劳动力通常是指离开本乡到外地就业的所有农业劳动力，其时间一般掌握在1个月以上。农村转移劳动力包括从农业转移到二、三产业的所有劳动力，还包括离开本乡到外地仍然从事第一产业的农业劳动力，时间一般划定在半年以上。虽然时间划分不甚科学，但从两个概念的区别中可以看出，农村外出劳动力比较注重转移就业的流动性，而农村转移劳动力则注重就业的稳定性。1996 年以后，我国农业劳动力转移的人数逐年增加，年均为 1100 多万人，这表明我国农业富余劳动力已经摆脱 20 世纪 90 年代初那种徘徊不前的流动状态，开始进入年平均增长千万的规模化转移阶段，快速形成了支撑工业化和城镇化的新型劳动大军。

近 20 年间，农民工发展随着经济波动和政策变化，呈现出浪高浪低、时快时慢、潮起潮落的景象。随着思想解放、改革推进，人们对农民工历史作用、现实需要的认识不断深化，在浪潮中一次次因势而变又一次次应需而为。这深刻反映出，中国农村改革使农民得到了自主、自由、实惠，他们得到了对土地经营的自主权，也有了自由选择职业的就业权，更多的是从改革中获得了经济实惠，这也可以说是中国农民和农民工获得的最基本、最本质的东西。

第三节

第三次浪潮：进入 21 世纪之后到城市务工经商的大规模跨省转移

进入 21 世纪，我国加入了世界贸易组织（World Trade Organization，WTO），这一历史性变化带来新型工业化、城镇化加速，推动农民工迎来第三次大发展浪潮。在经济全球化的趋势下，人们从我国经济的快速增长中认识到资本技术的密集投入需要密集的人力资源支撑，农民工不仅是现代化建设的新型劳动大军，而且已经成为我国产业大军中的主体力量。随着新生代农民工的加入和成长，农民工从数量、素质上都有了前所未有的增长和提高。大量的农民工走出黄土高坡，跨越大江南北，坐着大巴、火车来到沿海大城市，开创了进厂又进城、跨省大规模转移的新发展时期。从 1997 年到 2010 年前，农民工就业规模经历了 14 年的快速扩张，跨越了 1 亿人和 2 亿人两大台阶。到 2019 年，农民工达到 2.91 亿人，虽然 2020 年受新型冠状病毒感染疫情影响减少 571 万人，但到 2021 年随着经济恢复，农民工就业规模也恢复到疫前水平。

东莞的制造企业车间

广东省是全国输入农民工密度最大的省份，2010 年最高峰时聚集了 2700 万农民工，约占全国农民工总数的 1/10 强。仅从家具产业的一角看，它和工业化、城镇化密切关联。一方面，发展家具产业迎合了城镇化进程中改善居民居住条件的需要；另一方面，家具产业承载着许多农村传统的制作工艺，它的先行发展又吸纳了大量的农民工就业。广东家具产业的快速发展带动全国范围内迅速形成了聚集着上万家传统家具企业的几大基地，包括东莞厚街、中山大涌、台山大江、顺德乐村的广作，北京大兴和通州、河北廊坊和涞水的京作，浙江东阳、江苏常熟的苏作，福建仙游的闽作，广西凭祥的桂作，云南腾冲和瑞丽的滇作，以及山西太原和晋中的晋作等。这些地方兴起的传统家具企业带动全国家具产业迅速做大，数万家大大小小的企业吸纳了上千万农民工就业。

● 深圳的制造企业车间

农民工规模化的跨省转移使不少聚集地出现人口"倒挂"现象，农民工在输入地人数超过原住人口的比比皆是。改革先行的深圳聚集了近千万农民工，东莞500万常住人口中就有400万农民工。由此，农民工在输入地的经济、政治、社会权益开始引起社会广泛关注。农民工不仅收入有了快速增长，而且对于平等享受城市公共服务的权益诉求也随之而出。一段时间内农民工劳动争议和集体劳动争议频发，主要反映在以下几个方面：工资偏低，拖欠工资现象时有发生；劳动时间长，安全条件差；缺乏基本社会保障，职业病和工伤事故多发；技能培训、子女上学、住宿改善等方面也存在诸多困难；政治、经济、文化权益需要得到保障等问题也浮出水面。

2003 年 10 月，一则“总理为农民工讨薪”的报道占据了各大媒体显要位置，进入大众视野。总理调研路过重庆龙泉村时，村民熊德明向总理反映她丈夫 2300 元工钱被拖欠，问题当天就得到解决。当年，熊德明被评为“中国年度经济人物”，一个普通农村妇女的名字因她敢于向中央领导直言而被人们记住了，她讨薪的事例也折射出农民工面临的讨薪困惑。为解决这些显现出来的问题，2006 年国务院印发了《关于解决农民工问题的若干意见》，肯定了农民工进城务工经商的重大作用，提出解决农民工进城若干问题的基本办法，着重对保障农民工就业培训、社会保障、子女教育等公共服务提出基本要求，特别是提出要对农民工“公平对待，一视同仁，尊重和维护农民工的合法权益，消除对农民进城务工的歧视性规定和

熊德明被评为 2003 年“中国年度经济人物”

体制性障碍，使他们和城市职工享有同等的权利和义务”。紧接着2007年颁布、2008年施行的《中华人民共和国劳动合同法》和《中华人民共和国劳动争议调解仲裁法》等一系列法律规定，使农民工维权有了法律依据，解决突出问题有了法律途径，自此农民工进城经商不再受限制而是得到鼓励，进城后享受平等待遇成为主流。

在实际工作中，各地纷纷反映，解决农民工的有关问题不单单是地方政府主管部门能完成的事情，需要中央给予强有力的统筹协调，发挥以上率下和上下联动的作用。因此，2006年根据当时农民工工作发展的需要，国务院建立了农民工工作联席会议制度。联席会议由国务院办公厅、国家发展改革委等31个部门和单位组成（2011年又增加国土资源部为成员单位），总召集人由国务院分管劳动保障工作的领导同志担任。2008年国务院机构改革，在人力资源社会保障部内新成立了农民工工作司，联席会议办公室设在该司，负责联席会议的日常工作。人力资源社会保障部官网上消息一出，就得到农民工的纷纷点赞，自此在中央国家机关中有了专司农民工工作的部门，“农民工”字眼赫然登上中央国家机关名录，有人说这是农民工多年期盼的事情终有所成。

2008年以来，形成了每年由国务院分管领导亲自主持联席会议，听取办公室工作汇报和各组成单位意见的制度，主要是针对新的发展情况和需要解决的突出问题进行统筹部署，由国务院办公厅发出权威性的会议纪要，促进各地政府和农民工协调机构加快落实。这也是国务院农民工工作联席会议办公室（以下简称国务院农民工办公室）每年最忙碌的时候，要尽可能做到总结上年工作不回避问题，敢讲敢说，筹划新的一年工作围绕多办实事，敢想敢做，讲真话、谋实招，让农民工看得懂，指导实践上也能管用。尤其是国务院农民工办公室要赶在每年开会之前先提出开展全国农民工工作督查的拟办意见，提交国务院领导审定，由成员单位部级领导带队，集中一段时间深入重点省份调研督查农民工工作的落实情况，肯定新业绩，反映新问题。每年派出的督查组都要由带队部级领导向国务院分管领导作 5 分钟面对面的汇报，开门见山、不落俗套，为解决农民工实际问题提出意见建议，并为国务院农民工办公室制定新的一年工作要点丰富内容。每年联席会议发出的信号都得到全国农民工和农民工工作机构的特别关注。每年春季，国务院农民工办公室召开全国农民工工作年度会议，将贯彻联席会议精神“一竿子插到底”。国务院农民工办公室组建伊始似乎就有一种特有的文化，能从事农民工工作和为农民工服务有缘也有情，很多时候是有“三情”：做农民工工作要有感情，能想农民工所想，急农民工所急，帮农民工所需；服务农民工要有热情，不怕麻烦，不怕重复，不惧困难，不辞辛苦；破解农民工难题要有激情，拿出实招，敢于亮剑，宽容失误。

在经济转型中，农民工适应经济新常态有了新要求，农民工工作随之也出现了新的特点。2013 年 6 月，国务院办公厅印发《关于成立国务院农民工工作领导小组的通知》，提出为进一步加强对农民工工作的组织领导，国务院决定成立国务院农民工工作领导小组，作为国务院议事协调机构，国务院农民工工作联席会议办公室同时撤销。国务院农民工工作领导小组（以下简称领导小组）由分管副总理担任组长，办公室设在人力资源社会保障部，领导小组成员、人力资源社会保障部分管副部长兼任办公室主任。办公室每年向领导小组汇报当年工作进展情况和对下一年工作的意见。分析新情况、研究新问题、采取新措施成为领导小组议事最显著的特点，统筹协调解决农民工政策落实中的重点难点问题，至此形成了国家层面农民工工作的最高议事协调机构，一直到省市县都成立了有编制、有人员、有经费、有领导、有权威的农民工工作机构，也是各级政府服务农民工的协调指挥部。

● 作者与国务院农民工工作领导小组办公室成员合影

那段时间，国务院新闻办公室以敏锐的眼光看到领导小组印发的文件中有解决问题的“新招”，于是定期邀请人力资源社会保障部、国家发展改革委、财政部、国家卫生计生委、民政部、教育部等领导小组成员单位召开新闻发布会，借助新媒体的快速传播功能向社会介绍农民工方面的新政策、新情况，并接受国内外记者提问，回答大家关切的问题，受到农民工和社会各界的普遍关注和好评。

第四节

第四次浪潮：2012年以来农民工市民化的新阶段

进入21世纪后连续10多年的大发展，农民工平均年增千万，迈上了2亿人的台阶。随着数量上成为产业工人的主体，人们对农民工的地位作用、发展方向以及要解决的问题都有了新的认识，农民工所做的贡献越来越大，融入城市面临的问题越来越复杂，解决问题的呼声也越来越强烈，实践呼唤着认识论的升华和新政策的出台，期盼着高层的推动。路在何方？路在脚下。有“十月怀胎”的调查研究，才有解决问题的“一朝分娩”。2010年，经国务院分管领导批示同意，国务院农民工办公室组织进行全国农民工发展大调查。通过调查研究，有了初步结论：我国农民工发展经历过从20世纪80年代就地就近转移到20世纪90年代进城进厂转移，再到进入21世纪跨省大规模转移，目前已经到了推进农民工市民化的新阶段，引导农民工融入城市、提供基本公共服务成为主要任务。2012年，党的十八大报告中提出“有序推进农业转移人口市民化”，有力推动了农民工进城落户。在实际工作中，农业转移人口主要是指农民工，因此一般直接提农民工市民化，简明而易理解。2014年，国务院农民工办公室将调研的有关情况向中央财经领导小组办公室、中央农村工作领导小组办公室以及新型城镇化规划编制组作了简要汇报，也向中央反映了全国农民工大调查的汇总分析情况，尤其是提到现在农民工发展到了统筹推进大多数农民工融入城市的新阶段，农民工期盼中央对其融入城市发展有一个更明确的信号。实践中，新生代农民工融入城市的愿望尤为强烈，也代表着农民工的新期待，各地呼吁从国家层面进行更有力的指导，出台更有力的措施。2014 年 9 月，国务院印发了《关于进一步做好为农民工服务工作的意见》（国发〔2014〕40 号），明确进一步做好新形势下为农民工服务工作要围绕“一个目标，四个着力”，切实解决农民工面临的突出问题，为有序推进农民工市民化绘出路线图。

2010 年全国农民工大调查成果

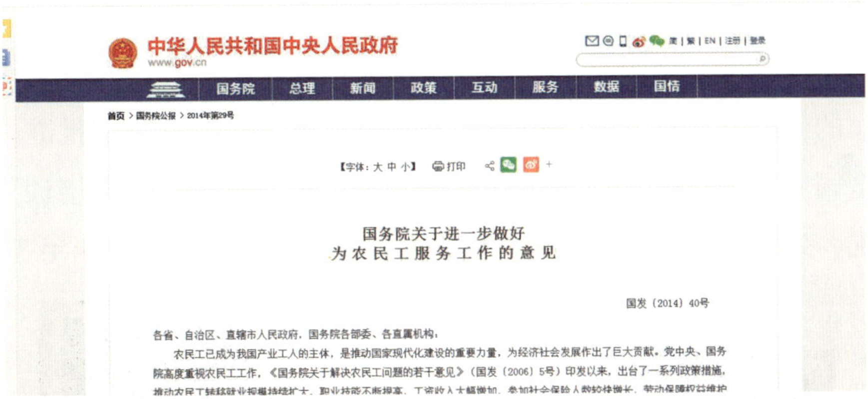

国发〔2014〕40 号文件

新型城镇化从一定意义上讲也是农民工市民化，我和国务院农民工办公室的同志学习中央领导在中央城镇化工作会议上关于新型城镇化的核心是人的城镇化的讲话精神，深刻感悟到这主要是指农民工的城镇化，改变了以往主要是土地城镇化的片面理解。《国家新型城镇化规划（2014—2020 年）》明确了农民工是产业工人的主体，特别是专写“有序推进农业转移人口市民化”一篇，调研中许多有关农民工进城就业、技能培训、住宿改善、子女教育等积极建议都被吸收其中，这些被以往看作协调难度大的问题也取得共识，有利于形成合力。2015 年中央经济工作会议上中央领导明确要求加快农民工市民化，一锤定音，开启了农民工融入城市的新阶段。农民工市民化的提出给农民工以极大鼓舞，给农民工进城落户、融入城市以极大推动。到 2017 年年底，全国有近 8000 万农民工及其家属、子女落户城镇，形成了新中国成立以来规模最大的、持续进行的农业劳动力向城市转移。

也是从 2014 年开始，针对农民工融入城市的需要，在国家层面统筹加强了农民工技能培训工作。国务院农民工办公室承担起汇总协调国务院扶贫办、人力资源社会保障部、科技部、农业部、教育部、住建部、全国总工会、全国妇联、共青团等部门农民工培训工作的任务，拟订计划并报请国务院农民工工作领导小组批准，下达全国农民工技能培训年度计划，改变“多龙治水，分散培训”的状况，为农民工融入城市提供最有力的技能培训保障。2014 年 3 月，

“春潮行动”

人力资源社会保障部率先推出《农民工职业技能提升计划——“春潮行动”实施方案》，提出：到2020年，力争使新进入人力资源市场的农村转移就业劳动者都有机会接受一次就业技能培训；力争使企业技能岗位的农村转移就业劳动者得到一次岗位技能提升培训或高技能人才培训；力争使具备一定创业条件或已创业的农村转移就业劳动者有机会接受创业培训。该计划的提出和实施极大地促进了农民工技能培训工作的开展，为培育一大批有技能的现代产业工人打下了坚实的基础。

国家层面也加快了促进农民工融入城市的户籍制度改革。2016年，国务院办公厅印发了《推动1亿非户籍人口在城市落户方案》，提出在“十三五”期间，城乡区域间户籍迁移壁垒加速破除，配套政策进一步健全，户籍人口城镇化率年均提高1个百分点以上，年均转户1300万人以上的目标，对未落户的城镇常住人口实施居住证制度，凭居住证可以享受城市基本公共服务，缩小与户籍人口的差距。

紧接着，加大农民工享受城市基本公共服务的力度等相关政策陆续出台。实施城镇建设用地增加规模同吸纳农业转移人口落户数量挂钩的政策，进城落户人口按人均100平方米安排新增城镇建设用地。采用廉租住房、公共租赁住房、租赁补贴等多种方式改善农民工

作者在河北邯郸调研农民工落户情况

居住条件，改造城市城中村约1亿人的住宿条件，使众多农民工受益，使相当多的农民工住宿从“地下”转到“地上”。农民工随迁子女在城市接受义务教育的，所需经费纳入同级政府财政预算，保障农民工随迁子女以公办学校为主接受义务教育。完善职工基本养老保险制度，实现基础养老金全国统筹，鼓励农民工积极参保、连续参保。依法将农民工纳入城镇职工基本医疗保险，允许灵活就业农民工参加当地城镇居民基本医疗保险。

建立财政支持农业转移人口（主要是农民工）市民化政策架构，根据不同时期农业转移人口数量规模、不同地区和城乡之间农业转移人口流动变化、大中小城市农业转移人口市民化成本差异等，对转移支付规模和结构进行动态调整，促进财政转移支付与农民工市民化挂钩。促进农民工平等享受城镇基本公共文化服务，进一步丰富农民工精神文化生活，着力促进农民工社会融合，创新农民工文化服务方式等。

富士康公司图书馆

中国农民工经历了从就业增长的数量扩张到融入城市发展的质量提升，从新型劳动大军到新型工业化、城镇化的现代产业工人主体，从适应经济快速扩张所需的劳动力资源到适应经济转型所需的人力资源，从以往城市偏重于对流动人口的管理到新型城镇化主动接纳农民工的制度创新，从少部分人进城落户到大多数人享受城市基本公共服务，从有条件、有实力的特大城市试行农民工积分落户到国家层面农民工市民化的制度设计，中国特色的农民工市民化路径基本形成，为开启农民工市民化的新时代做了必要准备。

第五节

发展中的新生代农民工

新生代农民工，通常是指 20 世纪 80 年代、90 年代和 2000 年后出生的登记为农村户籍而在城镇就业的人群。其中，多数人是生长在农村，初高中毕业后进入城镇就业，也有的是随打工父母在城镇长大。据有关统计，2021 年全国 1980 年以后出生的新生代农民工为 1.46 亿人，新生代农民工已经成为外出农民工的主体，也正在发展成为经济转型中的活跃力量。

当前，我国经济已由高速增长阶段转向高质量发展阶段，迫切要求人力资源素质的提升，新生代农民工劳动技能的提升就是其中的重要支撑。2017 年到 2021 年，我与中国劳动和社会保障科学研究院有关研究人员承接了国务院参事室“新生代农民工发展调查”课题研究工作，针对经济新业态下新生代农民工的特点、需求、变化、发展持续进行专题调查分析。课题选择东中西部 100 家不同规模、不同类型的企业和 6000 名新生代农民工进行问卷调查，内容涉及就业培训、社会保障、生活居住、数字技术、未来发展等 10 个方面。为直接听取农民工的呼声，我们还选择了有代表性的 36 家企业进行一线座谈。通过调查和座谈，我们对新生代农民工就业集中的建筑、机械电子、家具制造、家庭服务、快递等行业的新发展，以及湖南省芷江县，四川省普格县和会理县，甘肃省定西市安定区和天水市甘谷县、秦安县 6 个深度贫困县区劳务输出转型进行专题研究。调查研究表明，新生代农民工年轻有文化，融入城市的愿望强烈，但面临的问题也很突出，今后应当从他们最需要的技能提升上

作者在四川省凉山彝族自治州会理技工学校与贫困家庭学生交流

加大政策支持力度，使他们成为先进制造业的主要人力资源支撑，成为现代服务业新业态的生力军，成为新型城镇化的建设者和成果共享者。

与老一代农民工相比，新生代农民工的优势主要体现在文化素质较高、视野较开阔、接受新鲜事物较快、易于融入城市等方面。据调查，新生代农民工中，高中以上学历的占66%，超过11%的农民工达到本科及以上学历，小学及以下学历人数只有4%。他们能迅速从报纸、杂志、书籍、电视、网络、新媒体等多种渠道获取信息，具有市场竞争意识，职业期望值较高，更加偏好且适应城市现代生活。网络正成为新生代农民工获取信息的主要渠道，占比达到77.33%，通过电视、报纸获取信息的比例为40.47%、24.44%。从新生代农民工就业地点看，54.9%的新生代农民工在地级以上大中城市务工，而老一代农民工这一比例仅为26%。在工资收入方面，78%的新生代农民工月收入在5000元以内，其中30.47%的农民工工资在1000~3000元；除34.27%的农民工工资有所增长外，42.09%的农民工工资基本没有变化，还有11.53%的农民工工资略有降低。大多数新生代农民工没有回乡专门从事过农业生产劳动，在外务工更倾向于就地消费，消费约占工资收入的40%，超过老一代农民工的21%；有8.59%的新生代农民工还获得过父母支持；年消费1万~5万元的占62.98%，5万元以上的占8.59%。新生代农民工签订固定期限劳动合同的占62.59%，签订无固定期限劳动合同的占10.98%，未签订书面协议或口头协议的占7.71%。签订固定期限劳动合同的新生代农民工中，签订了1年以内劳动合同的占21.05%，签订了2年以上劳动合同的占78.95%，超过20%的新生代农民工签订了4年以上劳动合同，就业稳定性有所提升。

与老一代农民工背着蛇皮袋进城务工有很大的不同，新生代农民工更多的是拖着拉杆箱进城，融入城市生活的动机强烈。他们的权益诉求与其父辈相比正发生着明显的变化：由以往进城挣钱回乡向进城谋取城市生活转变，由要求工资支付保障向要求提供社会保险转变，由要求改善住宿条件向要求提供城市公共服务转变。同时，他们的追求也开始向精神层面拓展：由单纯谋生向追求归属感延伸，由忍耐坚持向追求权益平等延伸，由承担家庭经济责任向实现自我价值延伸。他们的"市民梦"比其父辈更为执着。分析新生代农民工的特点，研究他们的合理诉求，满足他们的殷切期望，是新型城镇化的重要内容。

老一代农民工和新生代农民工不同的进城方式

当前，新生代农民工正在成为转变经济发展方式的活跃力量。

年轻而富有活力的新生代农民工是我国宝贵的人力资源，要加大对新生代农民工的人力资本投入，提高他们的技能素质，使其更能适应现代化发展对人力资源的新要求。如果说老一代农民工转移就业促进了经济规模的迅速扩大，那么新生代农民工的贡献则不仅有量的扩大，更有质的提高。从一定意义上讲，不仅适应了产业结构的升级，而且支持了“中国制造”向“中国智造”，进而向“中国创造”的转变。但是，与老一代农民工相比，新生代农民工经历的困难较少，甚至有些人不愿意到工厂干苦累活儿等，这都需要有个磨炼的过程。新生代农民工跃上中国经济结构调整的大舞台，以将要成为现代产业工人脊梁的形象日益受到自上而下的广泛重视和关注，引导和激励新生代农民工提升技能、融入城市也上升为“国家工程”。

2016 年 4 月，我在石家庄调研时听到郊县农民工反映，进入城市他们愿意，但不愿意轻易落户，原因就是担心土地权益被收回，眼看着土地权益日渐升值，而且郊县距离城市较近，根据国家政策，可以享受到城市的优质教育、医疗等资源，何况农家乐的兴起又让进城生活的人们重新看好那些曾经被忽视的、现在路水电都已通畅齐备的乡村自然美景。可见，在农民工的发展进程中，中国农民工经历了从难以被城市理解和接纳的进城务工经商的乡下人，转变为与城市人相伴而行的外来人，进而发展成为在城市享受公共服务、在农村拥有不断增值经济权益的令人羡慕的新群体的历史蜕变。

第三章

“中国式”农民工发展道路

中国式现代化发展道路既不同于西方也不同于过去，是一条独具中国特色的道路，亿万中国农民工正是在这条独特的道路上走向城市、创出特色、引人注目。研究世界工业革命以来农业劳动力向城市转移的规律可知，中国农业劳动力转移既有与世界上“工业化和城镇化进程基本同步”的相同点，也有与“进厂就业和进城落户过程基本同步”的不同点。

不少人会问，中国特色的农民工发展道路“特”在哪里？纵观中国农民工的发展历程，农业劳动力大规模转移是伴随改革开放进程而推进的，犹如水库蓄水，既有“开闸放流”（大批农民工涌向城市务工经商），又可通过“管道”乃至“滴灌”渐进渗透（不断有农民工落户城市）。农民工经过40多年中的四次大发展浪潮的推动，正从逐步融入城市走向农民工市民化的新时代，特点如此显著的劳动力大规模转移并带来如此庞大的人口大迁徙，是历史上从未有过的。

到 2017 年，我国已有 50% 以上的农业劳动力实现了转移就业，达到了世界农业劳动力转移的普遍水准，其中近 2/3 的农民工进城务工经商、1/3 强的农民工就地就近转移就业。到 2020 年，我国已有一亿多在城镇落户或未落户但领取居住证的农民工，享受城市基本公共服务，走上渐进融入城市的道路，广阔的中西部地区则朝着就地就近城镇化的方向发展。值得一提的是，特色小镇的建设和乡村振兴战略的实施将安居与就业紧密结合在一起，正在对农民工产生新的吸引力，在世界农业劳动力转移史上探索出具有中国特色的发展道路。

第一节

就业带动、保障地权和渐进转移的中国特色

中国农业劳动力转移道路的鲜明特色主要体现在三个方面，即就业带动、保障地权和渐进转移。

一、就业带动

勤劳的中国农民工赶上了改革开放的好时光后，首先想到的是进城揽活儿机会多、收入高，一般进城务工收入和农业收入相差近 10 倍；还有，新生代农民工能到长期向往的城市中去体验新工作、新生活；而原本 20 世纪 50 年代举家进城后在 60 年代初因国家政策性压缩又回到农村的人，则有了重新进城的机会；等等。

城市工业化的兴起吸引着农民工进城就业，大批农民工进城就业又支撑着城市建设加速和工业发展提升。农民工进城就业的特色主要体现为政府统筹城乡就业和劳动力市场调节有机结合，主要通过引导农民工外出就业、鼓励农民工就地就近就业、扶持农民工返乡创业三种途径进行，这种结合的本质使市场这只“看不见的手”对劳动力资源配置的作用从基础性走向决定性。

世界各国农业劳动力向非农产业转移的普遍特征是抱着离开乡村向城市迁徙的打算，进厂就业和进城生活同步，而中国的特点是工业发展和城市建设的需求吸引着农民工进城，虽然有比较稳定或相对稳定的就业，但由于种种原因，进城打工与落户城市之间有着较长时间的过渡。由于没有城市低保，大多数农民工也没有失业保障，进城有活儿干成为农民工首先要考虑的事情，这也反映出就业决定着农民工的去留。从就业带动的构成因素看，主要是国家经济发展战略与就业政策的引导、农村能人的带领、大企业大项目集聚和中小微企业及个体工商户吸纳这几重力量的叠加，推动亿万农民工就业在波浪式发展中不断迈上新台阶。

总体来看，中国农民工就业大约 10 年会有一个量级的增长，20 世纪 80 年代农民工总量突破千万，90 年代超过 1 亿，未到 2010 年就已超过了 2 亿，到 2019 年已有 2.91 亿农民工。

农民工就业带动的中国特色主要体现在政策促动、能人带动和企业拉动的合力作用方面。

（一）政策促动

社会主义市场经济的一个重要特点是政府对经济形势的研判并

制定经济政策至关重要，经济政策对区域、企业的发展至关重要，经济政策对引导农业劳动力转移、促进农民工就业至关重要。20 世纪 80 年代政策“放水”，打破了束缚和阻碍农民工进城就业的城乡二元结构，积蓄了 30 年的能量一下子迸发出来；20 世纪 90 年代政策“放活”，激发了农业劳动力进城的内生动力，这种动力在党的十五大之前主要以发展集体经济的乡镇企业为主，党的十五大之后则主要来自发展股份制企业、个体私营企业等非公经济释放的活力；2000 年以后政策“放大”，随着大企业、大开发区、大园区的出现，形成了容纳几万、十几万甚至上百万农民工集中就业的场景。

政策促动更多的是政府在统筹城乡就业上发挥宏观政策导向作用，政策对重大项目的布局和投资规模的调控、对基本建设速度的把控等都影响着农民工就业的总量和去向。同时，各地政府因地制宜地制定了一系列积极促进农业劳动力转移的政策，建立政府推动、市场主导的输出地与输入地劳务对接机制，培育本地区有特色的劳务品牌，大力发展劳务经济，有力地促进了农民工转移就业，也保障了农民工逐年稳定增收。

从国家层面看，政策促动集中反映在国家东中西部、东北、成渝经济发展战略对农民工就业的引导上。而市场配置资源则在农民工转移就业过程中起着决定性作用。在国家重大经济战略实施过程中，政府这只“看得见的手”的作用和市场那只“看不见的手”的作用基本相向而动。

20 世纪 80 年代中后期，国家实施沿海发展战略，实践证明是正确的战略选择。世界五大工业经济区基本集中在沿海向内陆的 200 公里经济带上。我国沿海地区有着得天独厚的开放区位优势和经济先行的地理优势，资本向沿海地区聚集，很多农民工选择到沿海发展，并借助当地的开放政策，通过自己的努力成了这些沿海城市的常住人口。我国最早实行开放政策的14个沿海城市几乎都成为百万农民工集聚的地方，东部沿海率先接纳农民工，使一线城市“放下架子”开门迎接农民工，北京、上海有近500万农民工，深圳集聚近千万农民工，广州、宁波、厦门、大连、青岛等城市也都拥有几百万农民工，达到了前所未有的规模。

上海世博园中国馆

我国东中西部经济发展不平衡也引导着农民工的流动，农业劳动力从中西部向东部沿海地区流动，而东部农民工的集聚又支撑了沿海地区经济的发展。20世纪80年代中后期，沿海地区率先出现了以乡镇企业为主体的工业化热潮，对劳动力的需求量不断上升，大量农民工开始到沿海地区寻找就业机会。这种跨地区流动在1989年年初达到了高峰，这就是当时引起全社会广泛关注的“民工潮”，曾被美国《时代周刊》杂志惊呼为“有史以来最大的人口流动”。1989 年年初，数百万农民工南下形成大规模的集聚流动，交通运输不堪承受，这次被外界称为中国农民工流动一大奇观的“春运现象”，也就因此成为“民工潮”爆发的标志。这次农民工如潮水般涌向沿海地区，吸纳他们就业的主渠道是发展如燎原之势的中小乡镇企业，包括东部欠发达地区和中西部很多地方都纷纷有组织成规模地向外输送农业劳动力，在这种情形下，农业富余劳动力转移进入了一个离开乡村到城市甚至跨地区流动的阶段。我国的流动人口在 20 世纪 90 年代以后增长速度明显加快，从 1982 年的 657 万人增加到 2010 年的 2.2 亿人，达到前所未有的加速度，占全国总人口的 17% 左右。上海、广州、北京等城市的常住人口中，约 40% 是流动人口。大部分流动人口是从农村流动到城市的年轻劳动力，2010 年

● 2018 年春节前出现的“摩托大军回广西”的景象

全国流动人口中约有 1.5 亿人来自农村，省内流动人口中有 54% 来自农村，跨省流动人口中则有 82% 来自农村。迄今为止，虽增幅回落，流动人口规模仍继续增长，但省内流动增长快于跨省流动。

我国西部地区幅员辽阔，虽然经济欠发达，吸纳农民工就业能力较低，但蕴藏着巨大的市场潜力、发展潜力和投资机会。20 世纪 90 年代末，国家实施西部大开发战略，西部地区经济发展加速，区域吸纳农民工就业能力较快提升。

河西走廊的武威莫高干红葡萄酒厂

2000 年到 2022 年，西部地区总人口和地区生产总值持续增长。2009 年，西部地区农民工人数为 2940 万人，2022 年增加到 6436 万人。西部地区农民工人数增长幅度已经高于东部和中部地区，西部地区农业劳动力转移呈现出速度明显加快和就地就近吸纳增多的特征。

19世纪以来，世界发达国家的发达地区帮助落后地区的经济开发有过许多成功的经验，美洲有美国西部大开发带动的农业劳动力转移，欧洲有意大利推动落后地区热内亚经济发展，亚洲有日本开发不发达地区北海道。纵观这些经济发达国家对不发达地区的开发实践，虽然带动开发的地区经济不发达，但地理位置大多是在沿海地区，有沿海开发的优势。而我国西部大开发是在内陆纵深地区进行的，虽然资源丰富，但由于不沿海、不沿江，开发难度大，比较效益受限，因而吸引农民工就业是个渐进发展的过程。

西部大开发战略和中部崛起战略的持续推进，使中西部地区产业升级和承接东部地区产业转移速度加快，劳动力需求旺盛，2010年中西部地区农民工数量新增上千万，达到历史高峰。振兴东北战略中，发展非公经济所需劳动力事实上也是由农民工来满足。值得注意的是，吸引中西部地区农民工的“价码”在增加。据调查，在中西部地区就业的农民工工资比东部地区低约10%，但因长期在外打工造成空巢老人和留守儿童难以照顾、家庭情感严重缺失的问题逐步显现，孩子不能亲自教育，老人无法照料，这些问题日益引起各方关注。因此，东部地区高于中西部地区10%的工资优势对农民工的吸引力逐步减弱，与家人的团聚、对孩子的教育以及对生活环境的熟悉共同促使越来越多的农民工转向就地就近就业。东部地区农民工由快增长到低增长甚至负增长，中西部地区农民工由跨省转移就业居多到就地就近就业增长加快，四川省、河南省由农民工净流出大省转变为进出基本平衡，湖南省则出现了流入和流出“倒挂”现象，农民工就地就近就业增多成为“十二五”以来最大的变化。总体来看，中西部地区人口总量呈现逐年上涨趋势，通过人口增长率的分析可知，中西部地区人口在2010年之后增长速度有所减缓，但总人口数量仍在增加，这和中西部地区农民工总量增长、增幅下降的趋势是一致的。

农民工的走势受国家发展战略的引导，也随着东中西部地区产业梯度转移而变化。农民工由农村到城市、由中西部地区到东部地区、由内地到沿海地区集中，从就地就近转移走向全国发展，都体现着国家发展战略导向下的就业带动。

从20世纪80年代沿海发展战略、20世纪90年代末的西部大开发战略，到进入新世纪的中部崛起战略、东北振兴战略和成渝经济圈战略的实施，都集中了国家力量，也带动了区域发展力量，促进了农民工的顺势相向流动。“七五”计划中的沿海发展战略带动了农民工向东部地区转移，“十五”计划中的西部大开发战略、中部崛起战略、东北振兴战略带动了农民工就地就近就业。富士康公司从沿海地区深圳起步发展到在中西部18个省市建立生产基地，吉利汽车从沿海地区台州出发到在中西部5省区建立分厂，家庭服务业中福州“树人家政”从开展小学生托管业务发展到在全国10多个城市开办连锁店，家具制造业中浙江东阳中信红木公司在中西部地区上百个城市开设分店等，都在一定意义上折射出总部管理及营销中心、技术中心在大城市，而加工生产和一线服务向便于农民工就近集中就业的地方转移的企业发展趋势，这也符合产业战略布局变化的一般规律。

每当国家经济受到内外部环境大的冲击时，所发生的变化也带来对农民工流动的较大影响，这集中反映在20世纪80年代末以来的三次大的冲击上。第一次是20世纪80年代末到1992年，由于乡镇企业负增长，农民工进城就业出现波动；第二次是1997年到2000年受亚洲金融危机冲击的影响，我国经济增长降速，农民工就业增幅下降；第三次是2008年到2009年受世界金融危机冲击的影响，我国经济增速放缓，农民工转移就业受到意想不到的冲击，并出现较大波动。因此，20世纪80年代末到1992年的经济治理整顿、1997年到2000年的亚洲金融危机、2008年到2009年的世界金融危机，以及2020年开始的新冠肺炎疫情的冲击都使农民工增速短暂放缓甚至下降。

国家政策激励下的特色小镇如火如荼地发展，“一乡一品”特色产业随之扩张性地成长起来，成为农民工就近就业和外出农民工相对集中就业的地方。东阳花园村和仙游榜头镇、中山大涌镇都是以红木家具制造基地闻名，农民工高度聚集，数量已远远超过原住民，就像深圳、东莞等那样，出现所谓本地人与外来打工者的“人口倒挂”现象。在中国近百个制作红木家具小镇中位于前列的仙游、东阳、中山、大城这些红木家具制造基地，也是闻名遐迩的红木镇，高峰时都号称有千家企业入驻，规模之大、农民工之多、制作雷同度之高、价格相对之低都是很少有的。

花园村年营业收入上百亿元，1万多原住民，5万多外来农民工，2021年人均年收入约15万元，是名副其实的江南富裕之地。除家具企业作为主力外，东阳还有传统的建筑企业，还有配套的运输物流企业，新开发的生物医药、新能源企业等，俨然已是企业集群。花园村盯着大城市先进住宿和优质教育“克隆”，小洋房一幢幢建起，儿童乐园有“千年轮”，办起国际学校，聘任外籍教师教外语等，能用经济实力武装的，有利于提高素质的，都在谋划之列，城乡融合似乎渐行渐近。花园村为了支撑支柱产业家具制造的发展，就地建起进口木材交易市场，将靠近全国进口木材集散地张家港的便利转换成原料就地供应的优势。这些特色鲜明的小镇以传承与创新特色产业吸引越来越多的农民工，以外来农民工新工匠为主力的技能人才支撑特色产业的崛起。

除国家重大经济战略在宏观层面上对农民工就业起到的导向作用外，政策促动还体现在微观层面上，各级政府为农民工就业积极拓展渠道，牵线搭桥，提供服务。在中西部地区，许多县政府在本地农民工外出打工集中地建立劳务服务站（工作站），将国家的中西部就业扶持资金和技能培训资金组合起来，集中发力，促进农民工稳定就业。特别是边疆少数民族农民工到内地打工时，相关政府部门还在集中地配备双语服务人员，选派组织能力强的干部当领队，设立少数民族餐厅，提供就业指导服务。例如，甘肃省在对口扶贫的天津、福建、青岛、厦门等地建立18个省外劳务服务站，直接与福州福耀玻璃等86家大型企业开展东西部劳务对接协作，2017年一季度仅定西市就对接了258次，输出15.04万人。2012年度“感动中国”十大人物之一、云南省曲靖市沾益县人力资源社会保障局副局长、沾益县驻浙江义乌劳务工作站站长陈家顺，为了给本地到义乌打工的农民工提供更准确翔实的劳动用工、劳动条件、工资待遇等信息，“卧底”到企业打工，了解真实情况。多年来，陈家顺和工作站其他工作人员考察了义乌近500家企业，为引导农民工就业铺好路子、摸清“底子”。

2014 年 5 月，我到河南省南阳市镇平县调研时，那里的玉石交易市场集聚了 2000 多名维吾尔族农民工，新疆派来的领队带领服务站工作人员架起他们融入当地发展的桥梁，市场活跃，就业稳定，豫疆两利。

● 河南省南阳市镇平县玉石市场

（二）能人带动

“能人”是中国约定俗成的特有称谓。由于广阔的农村中没有以学历、技术职称等为标识的称谓，人们就把在某些方面特别是在经营、管理、技术等方面才能突出的人称为能人。能人是农村经济中最为活跃的乡土人才，即便在计划经济时期，他们从事的一些经济活动被戴上了投机倒把的“帽子”，也不能否认他们在农村商贸流通中所起到的润滑作用。以往他们只是在农村大搞副业和兴办社队企业时有过崭露头角的机会，而在农民工大发展中他们才真正有了大展拳脚的天地。

中国农民工多数文化程度不高，以往习惯在农村熟人社会中生活，对城市知之甚少，一下子进城有诸多顾虑。但是，农民工的市场经济特质决定了队伍里总有能够顺应市场规则获得发展空间的能人，特别是在经济不发达、交通闭塞的地方，能人的带动作用十分明显。“高手在民间”不无道理，在中国人特有的乡土情结的催化下，对于那些在农村有一技之长、视野宽广、有能力带领一拨人到城市打工致富的带头人，淳朴的农民有着强烈的崇拜感、安全感和信任感，愿意跟着他们到城市打工就业。在支撑城市运行和发展的建筑业、餐饮业、家庭服务业、美容美发业中，很多企业里面是一个能人老乡带领一批本村或邻村的人一起打工，老乡之间分享信息，形成了一张庞大的就业网络，出现了农民工就业“一村一厂、同村同业”甚至“一地干一行”的独特现象。当下越来越多的新生代农民工投身以城市为主的网约劳动中，组织众包的多是能人在其中连接平台。

建筑业大发展时期，吸纳了4000万农民工就业。在全国具有竞争力的农民工“川军”“鄂军”“黔军”“豫军”，起步初期都是由当地乡村能人带领组织的，就连近年来被誉为农民工返乡创业典范的“城归”，也有相当一部分是当年带领农民工走出去的能人，现在看到返乡创业的商机，率先成为“城归”。2017年5月，我在四川省凉山彝族自治州会理县实地调研时了解到，会理县外出打工者占总人口数的70%。但各村外出打工并不平衡：如果有带头能人在外面站住脚，可能一个村90%的劳动力就跟着出去了；如果没有带头能人在外面站住脚，基本就不会出去。他们主要是在广东东莞打工，虽然政府有组织开展劳务输出，还进行短期培训，但感觉不解渴，不像村里能人带着出去心里有底，出门在外有能人撑着，总感觉靠得住，也踏实。甘肃省天水市甘谷县新兴镇康家滩村党支部书记康自俊就是当年带领乡亲到西安搞建筑现在返乡创业的能人，他带领村民开展供销社改革，带动贫困户脱贫，建立幼儿园解决留守儿童教育等问题。1987 年有名的贵州正安“三百娘子军”就是在女能人带动下到广东番禺打工，当年的女能人现在有些已经返乡创业，不少人已经在“城归”创业的吉他园区“管上事”。山东烟台开发区土鸡养殖企业中有 500 人都是由云南山区的一个能人带领而来，湖南省芷江县碧云镇上千名农民工也是在能人带动下办起了黑山羊养殖场、甜茶加工厂。有点名气的河南建筑大军、兰州拉面馆、山西刀削面馆、重庆火锅店、云南过桥米线、沙县小吃和近年来火爆全国的西贝莜面村、马华拉面等也都是由能人带动、结队而行到城市发展的。由于农村熟人社会和亲情文化的影响，依托本地能人带领外出打工就成为农民工就业普遍存在的一种现象，因此能人带动是中国农民工就业的重要特色之一。

作者与四川省会理县返乡创业农民工李春明交谈

湖南省芷江县甜茶加工厂

（三）企业拉动

农民工就业载体主要依托两个方面，一方面是大企业、大项目对大批农民工的吸纳作用，另一方面是众多中小企业对农民工就业的主渠道作用，二者共同形成对农民工转移就业的强有力拉动作用。

在快速发展的工业化、城镇化进程中，大企业、大项目带动形成了大开发区、制造基地和工业经济园区，快速集聚了大批农民工。开发前期，建筑业大企业投资房地产尤其多，集中连片开发城市住宅小区，同时也集聚了大量农民工就业。那时处于无限供给状态的农民工招之即来、来之能做、干者能成，这是由于常年搞基本建设已练就了一批熟练掌握建筑技能的农民工。开始时，多是边教边上手，甚至有些是边干边学，各个工种也能相互配合，这一景象从20世纪90年代住房市场化展开，进入21世纪之后快速扩张。

建筑业中吸纳农民工多达几十万、上百万的大企业有中建、中铁建、中铁工、中电建、中交建五大建筑央企和恒大、万科、碧桂园、融创等民营大企业。大项目有建设高速铁路、高速公路、城市立交、地铁、高楼大厦等。2015 年，五大建筑央企创造了约两万亿元的营业收入，使用了 200 多万名农民工。汽车制造业中大企业多，无论是世界知名品牌一汽奥迪、上海大众、北京奔驰、沈阳宝马、广州本田等中外合资企业，还是民族品牌安徽奇瑞、浙江吉利等企业，70% 以上的一线组装工人都是农民工。华为、苹果、三星、小米等手机企业的大部分一线组装工人也都是农民工。2021 年富士康郑州科技园区生产线上的农民工约 20 万人。五大建筑央企创造了约 5 万亿的营业收入，使用了 400 多万农民工。至今，老一代农民工回乡时，仍告诉乡亲，城里那些有名的摩天大楼、桥梁隧道都是他们参与建设的。

中建集团是世界上最大的建筑企业，也是我国使用农民工最多的企业，拥有 140 万名农民工。2015 年 8 月，我到中建一局调研，在建筑工地，集团有关负责人向我介绍，由于中建一局的施工人员以农民工为主，公司特别注重工人的安全技能培训。这里的新生代农民工大都来自重庆、成都。他们对在企业工作比较满意的是，企业的安全条件好，工资收入也比较高，而且提供技能培训。在问到有什么诉求时，他们说每年可能只有一次回家的机会，有时候赶上工期比较忙，可能两年才能回一次，一位年轻的农民工说着说着就掉下了眼泪。2010 年 9 月，我去北汽集团调研，北汽福田人力资源部经理孙京介绍，北汽集团的奔驰、现代和福田三大板块的员工总数超过 22 000 人，一线组装线上 80% 是新生代农民工，大多是高级工，优秀的还是技师。他们在北汽就业最满意的是能够以出厂优惠价格买一台自己组装的汽车。当问到他们有什么诉求时，他们说工资收入维持自己在北京生活有节余，但很多人和爱人两地分居，如果全家过来的话，生活成本会很高，恐怕难以承受，尤其是子女上学是揪心的事情。上述两次调研，让我更深刻地认识到，新生代农民工的情感和家庭生活需求是特别需要重视的问题。

2015 年 11 月，我到深圳富士康公司与企业管理人员及农民工代表座谈。作为高新科技企业，富士康专业从事计算机、通信、消费类电子等产品的研发制造，广泛涉足通信、云计算服务及新能源、新材料开发应用。富士康公司 126 万名员工中，有 100 万名农民工。新生代农民工来到富士康被培训成为熟练技工，也提升了富士康的竞争力，富士康有责任为他们提供岗位提升培训，打通农民工从初级工到高级工甚至技师的通道。富士康创新技能提升模式，实行员工“入职即入学”，厂区变校区，厂房变教室，实施“人才年轻化”战略，与科研机构合作开发员工技能培训体系，使以农民工为主的员工在不同层次的技术岗位上都能升级。富士康有关人员介绍，富士康与全体员工签订劳动合同，为员工设立保障线，即通过配房、配股等措施激励优秀员工，根据新时期产业工人的特点完善心理辅导、情感关怀、困难排解等员工关爱系统，通过系列关爱平台的有效运转，营造“安康、稳定、发展”的和谐氛围。

中小企业吸纳就业具有显著作用是国际上的普遍现象。1988 年，我随太原市政府经济考察团访问日本姬路市，在皮革制造公司现场了解到，这里不仅传承独特制革工艺，更多的是有利于解决当地就

韩国中小企业协会总部门口石碑上的刻字

业。陪同的日本姬路市政府官员告诉我们，政府扶持中小企业发展主要是为了促进本地就业。1993 年，我随山西省政府代表团访问韩国，考察了韩国中小企业协会总部，协会门口立有石碑，上面镌刻着韩国领导人题写的“中小企业是国家基石”。在韩国，大企业有政治捐款的实力，中小企业则因吸纳了大量劳动力就业，也是人数众多的票仓。在中国，数不清的中小企业像海绵一样吸纳着农民工就业，可以说是“小企业大战略”。

1997 年，党的十五大对我国非公有制经济地位的肯定，使中小企业迎来了前所未有的发展机遇。大力发展个体私营经济也促进了中小企业越来越多地吸纳农民工就业。文化较低的农业劳动力就业主要集中在中小企业，遍及城乡的餐馆、理发店、洗衣店、特色小店、快餐店等都有农民工的身影，中小企业及个体工商户的发展状况也折射出农民工的就业情况。近年来，应对新一轮经济下行压力中，很多地方就地取材、因地制宜兴办的中小企业吸纳越来越多的农民工就地就业。

2016 年 5 月，我到北京新发地农产品交易市场调研，这里有上万名农民工，我早有来看看的想法，正好又遇上刚去陕西延安老区安塞县精准扶贫调研中承诺的事需要找这里帮忙。在安塞县玉家河村山顶上新建的养鸡场里，一群群在“绿色环境”中活蹦乱跳的

“走地鸡”进入产蛋旺季。养鸡场就地吸纳的10多名农民工正忙碌着，而村支书兼养鸡场场长高登贵却在忧虑。在县乡干部介绍建新养鸡场的扶贫项目后，老实巴交但又透着几分灵性的高登贵说了句话：“鸡好蛋多，但卖不上好价，犯愁。”他随即端上一盆挑选出来的双黄蛋让大家看，并让我们尝鲜。记得1973年我下乡插队时，干活儿上了火导致嘴边起皮，好心的老乡没有药，就拿攒着准备到供销社换油钱的鸡蛋，让我们打开生吃下火。因此，我来不及回忆，便“条件反射”地上前拿鸡蛋往盆边轻轻一敲，落入碗中的金黄色的双黄蛋泛起又下沉，十分诱人。高登贵让我喝一个，我索性不管它生不生就一口喝下去。喝了生鸡蛋似乎说话又亲近了一些，他接着说，能不能在北京帮忙卖点鸡蛋。我说回京后可以联系并留下了手机号码。

2016年五一劳动节后，我接到高登贵打来的电话。他在电话中着急地说：“周围老乡自己都养鸡，不买蛋，天热蛋多，如北京能买一些的话，准备带一车蛋来北京一趟。”放下电话，我赶忙问随行的几位好友，他们都说可以买一些，但都要不了那么多。我想，看来还得联系和农民工有感情的北京新发地农产品交易市场常务副总经理顾兆学。2008年，国务院农民工工作联席会议在人民大会堂首次隆重表彰全国优秀农民工，受北京名额限制，顾兆学虽然在新发地创业有成，却是通过老家甘肃（输出地）推荐的。当时，我刚从甘肃省调到人力资源社会保障部工作并兼任国务院农民工工作领导小组办公室主任，负责会议筹备及表彰人选初审，看到这位朴实无华但确实有商业头脑和实干精神的西北汉子的突出事迹，我非常感动，大家也都认可他，跨省推荐的问题很快得到解决。当我说起帮助老区卖鸡蛋的事时，他那毫不犹豫的一句话“让老乡来吧！我一定办好！”使我感到这车鸡蛋有着落了。

我和高登贵来到新发地电子交易中心，顾兆学叫来一天批发销售十几万斤鸡蛋的“鸡蛋大王”赵国忠和有200多个直销店近千名农民工的老板们一起来看鸡蛋，商讨鸡蛋进新发地的事情。赵国忠拿起鸡蛋到窗户边对着太阳看了看，又轻敲开鸡蛋小头上一点，满满的蛋清涌出来，他连说这是好鸡蛋，炒出来金黄金黄的会很香。不过，他也对高登贵说：“你一没品牌，二无检测资料，北京市场不同于你那地方，这好蛋也不好批发销售呀！”高登贵一听顿时眉头紧皱，同来的几位乡亲和县乡干部赶忙解释，我也说咱们能不能想一个眼下救急处置和今后达标进市的过渡办法。顾兆学果断地说：“从延安老区来京求助不易，以你们去过养鸡场的领导和我们在新发地干这行20多年的老板们共同担保，快速检测，如无问题，鸡蛋全部收下，付给现金。鸡蛋放的时间不能太久，天黑前全都到店，价格按市场行情高于‘平蛋’两倍，不能让老区的乡亲吃亏，这也算是新发地对送上门的扶贫做件实事。”听到这里，高登贵脸上有了笑容，我们这些引着老乡前来的人心里的一块石头也落了地。大家趁热打铁一块商定了玉家河村养鸡场进新发地的三步走策略：一是尽快注册“鼓乡真品”鸡蛋品牌（我当下与安塞县县长通电话，县长当即表示亲自督办），二是简编宣传资料介绍并承诺每枚“走地鸡”的鸡蛋都打码，三是与“鸡蛋大王”协商中长期供蛋协议。这给一起来的安塞县乡村干部和玉家河村乡亲代表上了一堂“进军大市场，就得服严管”的课。我们期待革命老区绿色的、有机的“走地鸡”鸡蛋循着市场规矩、规则、规律，进入新发地乃至更多的大市场。

小老板有大梦想

2017 年 10 月，我在杭州桐庐服装定制小铺的调研可以说是窥一斑而见全豹。制衣店的老板叫王兴权，1994 年出生于江西省上饶市鄱阳县的一个农村家庭，家里有两个姐姐和一个弟弟。3 岁时父母到杭州打工，他就成了留守儿童，9 岁后随父母来到杭州上学，高中毕业进入杭州萧山杭钻厂工作两年，中间到山西销售钻机一年半，月收入 3500 元左右。后来他觉得工厂的工作比较枯燥，收入又低，便在其二姐夫的帮助下在桐庐开了家制衣店，注册了个体工商户，主营西装和衬衫的私人定制，西装一套 3280 元左右，衬衫一件 480 元左右，定得多有优惠。他没有接受过任何创业方面的培训，因为家人大都在做生意，能够多少帮助他一些，加上店面较小，所以运营和管理基本没什么问题。店里算上他自己一共三个人，一位是一直在店里帮忙的老师傅，曾在北京大红门做过服装生意，另一位是他的表哥，算是合伙人，不常在店里。他表示，收入虽然不是很固定，淡旺季差别较大，但总体看要比在工厂好很多。我问他参保了没有，他说在老家参加了新农保和新农合，并购买了大病医疗商业保险，没有参加城镇职工社会保险，主要原因是觉得自己现在还不需要，也没了解过相关政策信息。我问他对未来有什么打算，他说当前最关注的事就是如何把店铺很好地办下去，自己很适应杭州的生活，没有回老家的打算，希望将来能够在杭州扎下根来。我问他还有什么烦恼，他说当前面临的困难一是户口问题，现在户口还在老家，怕将来有了小孩之后不好上学；二是购房问题，杭州的房价较高，买房的压力较大，一时半会儿还买不起，需要长期积累。还有就是，即便有钱买了房，户口也不知能不能在杭州落下来。

中国是人力资源大国，中小企业在国家经济发展战略中有独特的作用，这种作用不是以纳税多少为标志，而是以吸纳就业多少为标志。中小企业就像是工业化的毛细血管，在城市中的功能已经从拾遗补阙发展到不可或缺。当前，快速发展的电子商务、网店向新零售的提升，灵活就业向广大乡村的覆盖，再次显示了中小企业在吸纳农民工就业中所起到的无可替代的作用。

改革开放初期，个体工商户主要集中在城市，农民工只是在集镇摆摊设点，20 世纪 90 年代中期后个体工商户出现井喷式发展，县城和集镇中农民工加入个体工商户开始兴起。进入 21 世纪，实施新型城镇化以来，城市和县城个体工商户激增，重要原因是铺面租给进城农民工经营。大街小巷的小吃店几乎都被农民工占领。进入新时代这十几年，城市 70% 以上个体工商户是农民工经营。近年来在数字经济快速发展中，一大批专业市场、制造基地从事生产服务的个体户和城市街道社区从事生活服务的个体户纷纷加入网店、网络营销行列。据 2020 年 4 月调查，白沟箱包城 10 万个前店后厂的专业户已将 70% 的箱包构件分散到河北各地的加工点，白沟的店主要进行线上直播带货。仙游县度尾镇红木小件城中，拥有上百个加工户直播带货的“天纵”平台，每天营销数百万元。2020 年阿里上千万小微网店工作人员中 70% 以上是农民工。

这些农民工个体工商户作为激活市场的一池活水，在新款、速度、质量等方面都有着亮眼的表现，新设立和因种种原因退出的都反映出优胜劣汰的市场机制在发挥作用。无论怎样，他们都在丰富着城市的“烟火气”，为百姓生活增添着“烟火气”，包括居民的细小服务等都在其中。迅速上升的数据背后得益于农民工辛勤打拼，政府为他们渡过难关且频频出手，减费减税降租等“真金白银”的扶助，这在应对新的经济下行压力下，更显示了富有活力的韧性。尽管有开有撤、有上有下，但总体上发展快、办法活、路子宽，以及不断改善的营商环境，给农民工个体工商户带来了信心。

二、保障地权

由于中国农耕社会历史长和土地总体有限、人均耕地不多，以及土地具有的不断增值的稳定收益，国家对农民的土地政策和农民对土地的出让尤为审慎。中国农民对土地的依赖性在世界上也是有名的，这是由中国几千年的农耕文化决定的，也反映出灿烂的农业文明对工业革命至今都产生着影响。中国历史上就有对家庭来说能够长期保值增值物品不轻易出让的传统，正如在许多资料里经常看到的，每当遇到重大的社会动荡和经济危机，对家庭经济构成冲击或使家庭陷入困境时，母亲往往会拿出出嫁时的手镯、耳环等陪嫁细软兑现来帮助家庭渡过难关，因而中国农民对眼看着不断增值的土地更是不愿轻易放弃。现在国家规定农民工进城落户不以出让土地承包权为前提，再一次反映了土地流转政策的审慎和保留地权政策的稳定性。

国外农业劳动力转移是农民将自己的土地交易后带着变现资金进城，直接成为产业工人，不存在保障地权的问题。中国农民工实

● 农民土地确权证

行了保障地权的模式，依法保障农民的土地承包权、宅基地使用权和集体收益分配权（有人称为保障“两个半权益”），即使是在城镇稳定就业、稳定居住的农民工也保留原有的土地权益。2014 年中央城镇化工作会议提出，要把促进有能力在城镇稳定就业和生活的常住人口有序实现市民化作为首要任务。2018 年年初，《中共中央、国务院关于实施乡村振兴战略的意见》中明确了依法保障农民工地权这一长期坚守的基本政策，要求不能强迫农民工以放弃宅基地使用权等为前提进城落户。为什么让进城农民工保留地权呢？这是国际上许多人想要问的问题，也恰恰是中国农民工发展的特色所在。

第一，农民工进城享受基本公共服务需要足够的财力保障，目前中国还没有足够的资金积累使农民工进城落户一步到位。第二，保留地权可以使进城就业的农民工实现城乡间自由流动、进退有据，也能避免在一些国家出现的畸形发展的“城市病”“贫民窟”等社会问题。坚持依法保障农民工地权，能够使农民工在城乡间双向流动，不会既失业又失地。20 世纪 80 年代末农民工进城受阻、1997 年亚洲金融危机波及农民工就业下降、2008 年世界金融危机导致相当部分农民工集中返乡，在这三次农民工就业的低谷中，上千万农民工回乡并没有造成什么社会动荡，其中一个重要原因就是有保留地权给予支撑。不少外国人对此感叹地说，相当于世界上中等国家人口的劳动力在遇到经济危机时一下子回到农村，经济复苏需要时又很快回到城市，好像庞大的队伍进行了一次大规模野营拉练，没有出什么大波动实在难得！第三，保障农民工地权也是1949年新中国成立以来给农民的经济补偿。长期以来城市从农业、农村、农民中“拿”多“给”少，结果都是农民贡献多、得到少。改革开放带来城市经济快速发展和农民工与城里人共享发展成果，而农民通过土地流转和转让土地承包权获得一定的收益，这也是给予农民的一定的经济补偿。农民工长期在城乡之间“两栖”生活，在农村保留地权，同时又享受城市基本公共服务，不仅可以保障农民工在城市务工时降低乃至避免经济波动的影响，而且在较长时期内为农民工参与城市和农村两地资源开发利用，以及依托地权回去做股东享受土地权益都留下较大的选择余地和空间。目前，沿海、沿江、沿边、沿城地区的农民分享土地级差收益的高收入已经显现，如江南水乡乌镇，城乡连成一体，农民土地飞快增值。

中国农民祖祖辈辈靠土地生存，这种对土地的依赖性体现在农民工身上，形成了特有的土地情结，他们对土地收益总是充满希望。尽管在不沿海、不沿江、不沿边、不沿城的地方，眼下的土地增值效益还不明显，但给广大农民带来的愿景是长期的。从长期的历史进程看，保障地权能使中国特色的新型城镇化布局更加合理。在农民工进入市民化的阶段，“十三五”规划中提出支持引导农民工依法自愿有偿转让土地权益，也是在维护农民工地权的基础上审慎进行的。

中国特色的农民工保留地权政策是新型城镇化的一大亮点，也是农业劳动力转移就业的制度创新。20 世纪 90 年代国有企业改革买断工龄对职工进行补偿和购买“福利房”的住房制度改革，使城镇职工受益；农民工进城保留地权则让广大农民工享有财产权益，并可以在城乡间进退自如。这两项重大改革举措有利于两大群体的利益维护，尤其是保证了农民工进得了城、回得了乡，也从根本上保证了中国在经济快速增长和转型中的社会稳定。尽管农民工进城保留地权现阶段仍存在一些争议，但理越辩越明，争议中更彰显中国智慧，也正是中国智慧解开了中国城镇化中农民工地权这一世界难题。

三、渐进转移

在农民工落户城市的转移过程中，快速转移是愿望，渐进转移是现实。二十世纪八九十年代农民工进城时，城市还没有做好接纳农民工的准备，而到了现在，农民工集中的大城市也还没有做好接纳农民工落户的准备。据新型城镇化调研测算，平均一个进城务工经商人员需配套的城市基本公共服务投入是 10 万元。中国农民工的规模大，而城市接纳农民工的公共服务供给不足，来不及准备接纳数量如此庞大的农民工。从初期带有“摸着石头过河”性质的种种探索到中央明确农民工市民化的发展方向，都反映着农民工融入城市的渐进转移，这在一定程度上体现了经济发展的内在规律。由此来看，中国形成农民工渐进转移有以下主要原因。

第一，城市对农民工大规模进城落户的承载力不够，城市发展和公共服务建设需要大量投入，农民工享受城市公共服务还需要一个由保基本到全覆盖的渐进过程。仅以在城市失去工作岗位为例，目前能够保障的是享受全部公共服务的城市居民，农民工大都还没有失业保险，也未在城市落户，谈不上享受城市低保，城市财政一下子也拿不出那么多钱来给予农民工低保。

第二，农民工向大城市、特大城市聚集，以及向有特色的城镇转移也需要一个较长时间的渐进过程。目前，城市尤其是特大城市在公共服务的保障上矛盾比较突出。例如，东莞市的农民工人数是原来城市人口数量的4倍，仅解决农民工子女义务教育问题就需要建上百所学校，农民工进城携带子女的愿望与城市提供教育资源的落差也构成了渐进转移。在城乡优质教育资源匹配不均衡的情况下，随父母进城上学的农民工子女越来越多，在贫困地区就地上学的农民工子女越来越少。不少农民工讲，他们这一代没有文化，吃苦受累也就认了，但孩子不能没有好的教育，不能输在起跑线上。让子女接受好的教育是农民工的新期盼。据调查，农民工子女到城市上学后学习跟不上也只是过渡性的。2008年5月，我到武汉第一中学调研，看到招收的50名农民工子女经过一段时间的学习后，基本上都达到了中等以上的成绩。在对一位学习成绩居于前列的女生访谈时了解到，从事物流工作的父亲和从事家政工作的母亲一天到晚忙着干活儿，顾不上她，她晚上回家后很少看电视，多数时间在家做功课，学习努力弥补了学前教育的不足。

2015年10月，我在清华大学“时事大讲堂”作关于中国农民工发展的报告后，报告厅里坐得满满的同学们并未离去，争先恐后地提问，很多问题都切中要害。新闻学院女生王雨佳连续3次高高举手才获得提问机会，她问的问题是中国农民工进城后，众多狭小的承包土地怎样适应现代农业规模化发展，怎样长期稳定农民工惦念的家里的土地承包经营继承权等，看来她平时就关注农民工问题，听课前也对所提问题做了“功课”。当时我觉得同学们的提问很深入也很具体，多是农民工融入城市的热点难点问题，随即和熟悉学生工作的校党委副书记史宗恺沟通，他告诉我，清华大学7%的学生来自贫困农村，来听报告的学生多数家在农村，他们是为外出打工的父母、兄弟姐妹或亲戚朋友提出在城市享受基本公共服务方面的政策问题。来听报告的也有来自城市家庭的学生，他们利用假期在农村搞社会调查，也了解了一些农民工的诉求。静静听讲反映出青年大学生对劳动一线的农民工的关注，踊跃提问反映出当前大学生针对农民工发展需要解决问题的思考。清华大学环境工程学院刚刚赴美读研究生的吴致轩同学，从校网上看到“时事大讲堂”中以往很少讲的中国农民工发展问题，就将自己放假回家乡调研时的感悟和到美国斯坦福大学学习时的所想——农民工中能否出现有些有本事的人向中产收入群体发展的问题，进行了“网络提问”。

2014年7月，我在北京大学调研时说，精英和普通劳动者同在一个屋檐下，谁也离不开谁。北京大学约有2000名农民工为学校提供餐饮、保洁、保安等服务，校领导告诉我还有在北大当保安的农民工“旁听”考上了大学，这虽然是个案，却也反映了农民工进城看到生活差异后受到激励而奋起学习的意识。农民工持续不断转移进城的动力之一是子女能接受城市教育，这也是阻断贫困代际传递最现实的途径。

2015年11月，我在首都经济贸易大学作农民工问题专题讲座时，劳动经济学院的教授纪韶告诉我，她对农民工随迁子女接受义务教育和农村留守儿童进行了长达10多年的跟踪调查。多达200例的调查结果显示，随父母进城上学的农民工子女基本都进入了技工行列，有的还考上了大学，没有跟着父母进城留在农村上学的农民工子女大都仍从事较简单的普工劳动。

● 作者与首都经济贸易大学师生研讨中国农民工问题

近年来以县城为主的农民工聚集成为发展新趋势。一方面就近务工经商农民工到县城作为落脚点，不仅落户便捷，还有子女上学等公共服务都在发生着明显改善，由于“乡乡通油路、村村通公路”，使农忙季节兼顾务农也很方便，县城里水电气暖网等公共设施的服务也吸引着农民工就近到县城落户；另一方面，在外打工的农民工愿意在县城购房，房价合理买得起，还可将父母接到县城养老，甚至新生代农民工都将婚房买在县城，呈现出新型城镇化的新亮点，反映出农民工市民化的新动向。据中国劳动学会课题组调查，到2021年年底就地就近农民工50%以上落户到县城。“县城住楼房，乡间有农房”正成为新时代农民工的标配，也是新时代、新征程中农民工发展的特色之一。

解决农民工子女随父母进城上学问题的教育改革也是渐进的，首先解决农民工子女的义务教育问题，紧接着解决农民工子女参加中考的问题，之后就是解决农民工子女在城市里连续接受初高中教育后就地参加高考的问题。中国的优质教育资源大都集中在大城市，越是一线城市教育资源越好。许多农民工受苦受累也要让孩子上个好学校，免得子女因为没有专业知识再和自己一样，不让贫困代际传递是农民工早早埋在心里的愿望。大城市需要农民工，但一下子容纳不了大批随迁子女接受教育，加之其他因素，现在义务教育阶段农民工子女随父母在城市上学的只占 40%，解决的基本出路是渐进式地增加农民工子女到大城市上学的数量，加快提升城市对农民工子女义务教育的能力。北京市近年来已允许农民工子女就地报考职业技术院校，虽还不能尽如人意，但在就地报考大专、大学上迈出了一步。但愿教育公平能尽早惠及为大城市做出重大贡献的农民工子女，使其可以就地参加中高考。

国家关于城市落户和居住证的制度安排也使得农民工实现渐进转移。我国新型城镇化战略作出了总体部署，既结合城市发展又适应农民工实际特点，坚持分阶段促进农业劳动力转移就业和逐步融入城市，使农民工发展从就地就近就业到跨省转移就业，从东部集聚到东中西部合理流动，从

● 农民工领取居住证

开始以输出地为主的劳务输出到现在以输入地为主的市民化进程，从城乡之间大规模双向流动到大部分被吸纳在城镇稳定就业。国家新型城镇化规划发布后，又出现了大城市落户门槛高和小城市鼓励落户而进展迟缓的难题。目前多数大城市采取“积分制”落户政策，落户后可以享受包括低保在内的21项公共服务；未能落户的农民工可以办理居住证，保障农民工享受城镇职工社会保险、劳动技能培训、工资保障、购房买车、子女接受义务教育等11项基本公共服务。随着农民工在城镇就业趋于相对稳定，以及城市经济发展和财力增长，中央推进农民工市民化有了顶层设计，渐进转移也将进入加速期。国家新型城镇化规划提出到2020年户籍人口城镇化率要加快提高，使1亿左右的农民工和其他常住人口在城镇定居落户的目标已经实现。

城市生活成本大大高于农村，这也是农民工渐进转移的现实原因。大城市农民工聚集度大大高于中小城市，而大城市的房价也远远高于中小城市，农民工在大城市买不起房，也不习惯通过租房定居城市。这既有经济的因素，也有选择在哪儿定居生活的因素，打工收入的不确定性和房租的刚性支出都构成了农民工渐进转移的现实考虑。目前不少地方出现了盖房的买不起房而开发商又空置房的状况，这需要通过从“购”转“租”的创新加以破解，农民工租购房也将成为房地产去库存的重要推手，这也有利于农民工融入城市。重庆、沈阳等不少城市已由以“购”为主转向以“租”为主，先行试水。大城市要发展适合农民工特点的小户型租赁住房列入“十四五”规划后正在迅速升温。

第二节

对农民增收、城市发展和改革开放的卓越贡献

农民工在中国经济崛起中功不可没，在中国工业化、信息化、城镇化和农业现代化建设进程中做出的卓越贡献涉及方方面面。形象地说，有麻雀成群飞过的地方，就有农民工的足迹。农民工最主要的贡献体现在：为农民增加了收入，为城镇创造了财富，为改革发展增添了活力。

一、为农民增加了收入

农民工的务工收入成为农村家庭收入的主要来源，也有力地改变了千百年来以农牧为主的收入结构，大大提升了农民工及其家庭的消费水平。2017 年，农民工工资占农村居民收入的 50% 以上，老一代农民工消费占收入的 20% 左右，而新生代农民工将收入的 40% 以上用于消费。2017 年，新生代农民工的调查结果显示，新生代农民工中年消费在 3 万 ~5 万元的大约占 63%，成为拉动内需不可小觑的力量，尤其是外出农民工为精准扶贫立了头功，被称为“城归”的返乡农民工给乡村振兴注入了活力。

扶贫是我国改革开放以来缩小贫富差距，力争避免基尼系数扩大，减少两极分化的最主要举措。党的十八大以来，开启了以上率下的人力、物力、财力的外部支持与扶技能、扶产业的内生动力相结合的史无前例的新一轮精准扶贫。2015 年 4—5 月，我和调研组先后到集中连片贫困地区的延安市志丹、洛川、安塞、吴起等地和大同市灵丘县，以及深度贫困地区的怀化市芷江县、凉山州普格县、定西市安定区、天水市秦安县和甘谷县实地考察；2018 年 5 月又去江西省赣州市兴国县调研。经过调研形成共识：集中连片深度贫困地区的短期脱贫靠打工，中期脱贫靠产业，长期脱贫靠教育。打工一人、脱贫一户，创业一人、脱贫一拨，精准就业、精准脱贫，外出打工成为精准扶贫取得最明显成效的精准措施。

2014 年 12 月，我列席国务院会议，当研究讨论扶持和培育新型农业经营主体、促进农业农村创业创新和扶贫攻坚有关文件时，我建议也要重视和扶持那些经过城市打工磨炼有能力的农民工返乡创业。为通俗易懂，便于更多的人知晓和称呼，可类似于“海归”，将其称为“城归”。这个建议得到主持会议的国务院领导的肯定，也使我更有信心研究“城归”，并在中央有关会议和国务院有关工作层面提出大力扶持“城归”返乡创业政策的意见建议。2014 年中央农村工作会议简报还摘要编发了我在发言中讲到的要大力扶持“五有”（有点技术、有点资金、有点营销渠道、有点办厂能力、对农村有感情）农民工返乡创业。长期关注农民工问题的农业部部长和人民日报社社长也很赞成这个提法。2017 年 7 月 7 日《人民日报》在新观点栏目里刊登了我写的文章《大力扶持“城归”创业》。近年来，中央文件和工作部署中都对农民工返乡创业给予了有力支持，实践中

人民日报
17—20 民生周刊
“儿童酌减”，这药咋吃？
小儿用量酌减
儿童药品？
成人药品
儿童用药剂量难以确定，说明书信息模糊不清
专门生产儿童用药的企业仅占0.1%
大力扶持“城归”创业
人工智能，不只需要技术

● 2017年7月7日《人民日报》刊登作者文章《大力扶持“城归”创业》

也有越来越多的“城归”如雨后春笋般冒了出来，干得红红火火。但“城归”要像“海归”那样众人皆知还需付出更多努力和进行广泛宣传。

近年来，“城归”发展很快。据农业农村部数据，2021年年底全国返乡创业农民工为780多万人，约占农民工总人数的4.43%。吸引“海归”是中国政府人才战略的主动作为，而现在“城归”的出现则更多的是市场配置资源发挥的作用，也是中国农业劳动力转移中一个独特的亮点。即使在转型初期的经济下行中，“城归”也逆势上行。“城归”有像热带雨林那样聚集生长的趋势，安徽、贵州、江西等地顺势而为，发挥政策集成优势，扶持一批返乡农民工建立了创业园区。当年的乡镇企业和眼下的“城归”创业都可以说是异军突起，农民工返乡创业既是有效解决当前农村实用人才短板的现实选择，更是农业现代化进程中工业反哺农业难得的人才支撑。

“城归”创业异军突起

武陵山集中连片贫困地区的深度贫困县芷江有“滇黔门户、黔楚咽喉”之称。镇上像供销社一样的沿路小店里，本地产品还是鸡蛋、花生居多，外来的中低档日用品充斥市场，而朴实的民风和精制的侗楼也衬出这里独特的风土人情。当地能人胡应祥注意到山里百姓泡的野生古茶有自然甜味后，在县里的支持下送到上海药物所化验，居然是天然甜味剂的理想资源，于是他带领乡亲和上海药物所合作，在蒋华良院士的帮助下办起了甜茶厂。过去杂乱零星的甜茶树，如今已是规模化种植，集中连片，郁郁葱葱，加工后的甜茶走俏市场。胡应祥这个“城归”办厂吸纳了当地 26 名农民工就地就业，增加了 383 户种植甜茶农民的收入，带动了精准脱贫。

在大山深处的芷江县碧涌镇，我还看了“城归”杨建平在哨田村开办的黑山羊养殖场。在当地回收的百户农民工统计调查表显示：76% 的农户靠家里有人到东莞、深圳、广州和温州、上海等地打工增收脱贫，93% 的人干的是苦累岗位的普工，说明越是贫困集中片区，因传统农业收入低，外出打工的比例越高，越因贫困上学少、文化水平低，普工比例越高。新一轮精准扶贫加大了技能培训投入，搞乡企对接，打造扶贫车间，直接将农民工培训成初级技工。近年来芷江县返村的老一代农民工数量在上升，已占到外出农民工总数的 15%，也说明珠三角和长三角地区加快产业升级，一些文化水平低、没有掌握技能且只靠体力干活儿的农民工正在回流乡村。

农村贫困劳动力转移就业台账

乡镇名称：碧涌镇

序号	姓名	性别	身份证号码	家庭住址（村、组）	转移就业时间	就业/创业地点			就业单位名称	年收入（万元）	联系方式
						县内	省内县外（市、县）	省外（省、市、县）			
1	杨春连	女	4330271972082	碧河村大岩冲	2017			浙江	超市	2.4	15574
2	付华元	男	433027196901	碧河村大岩冲	2017			浙江	超市	2.4	15697
3	杨文俊	男	431228198603	碧河村大岩冲	2015			浙江	玩具厂	3.6	155807
4	杨安	男	431228199312	碧河村大岩冲	2015			浙江	玩具厂	3.6	155807
5	杨朵	男	431228199109	碧河村大岩冲	2017			浙江	玩具厂	3.6	1378
6	杨学珍	男	431228198911	碧河村长田	2017			浙江温州	玩具厂	3.6	180355
7	杨海刚	男	431228198403	碧河村长田	2017			湖北武汉	建华管厂	3.6	185745
8	杨仁兴	男	43302719680	碧河村壋上	2017			浙江	饭店	3.6	177759
9	粟伍妹	女	43302719740	碧河村壋上	2017		衡阳		玩具厂	2.4	177759
10	杨滨武	男	431228199803	碧河村进宝冲	2017		长沙		冲床厂	2.8	189745
11	杨志作	男	43302719740	碧河村进宝冲	2017	县内			打零工	1.5	189745
12	吴小妹	女	43122819791	碧河村洋溪塘	2014			浙江	木条厂	3.6	150745
13	杨成林	男	43302719720	碧河村老师屋	2017			浙江温州	滑轮厂	3.6	15574
14	杨婉	女	43122819970	碧河村罗家湾	2017			上海	超市	2	13061
15	杨建平	男	4330271974	碧河村毛坪段	2017			广东广州	养殖场	3.8	181742
16	杨小敏	男	43122819	碧河村元湾	2015			福建	鞋厂	3.8	15580
17	杨武松	男	43122819	碧河村长田	2017			福建	鞋厂	3.6	1857456
18	杨铁岩	男	43302719610	碧河村长田	2015	县内			打零工	1.6	186925
19	杨志军	男	43302719710	碧河村长田	2017			衡阳	电子厂	3	185745
20	杨顺秀	女	4312281975	碧河村长田	2017			衡阳	电子厂	3	182747
21	杨全章	男	431228199	碧河村冲王	2017			浙江杭州	室内装修	4.2	15343
22	杨建平	男	43302719	碧河村大岩冲	2017			海南	电子厂	4.2	18217
23	杨铁强	男	4330271	碧河村叉口坳	2017			福建	制衣厂	4.4	1894
24	杨求生	男	43302719	碧河村进宝冲	2017	县内			泥工	1.5	1767
25	杨河北	男	433027196	碧河村洋溪塘	2017		长沙		自由业	3	18390
26	杨全成	男	43122819940	碧河村冲王	2017			浙江黄岩	电子厂	3.5	183745
27	杨志国	男	433027195201	碧河村冲王	2017			广东	自由业	3.4	173755
28	杨静	男	4330271982	碧河村冲王	2017	县内			打零工	1.2	1378959
29	杨勇	男	433027198	碧河村大岩冲	2017			广东广州	自由业	3	1827458
30	杨必武	男	43122819960	碧河村冲王	2017			长沙	电子厂	2.4	1538
31	杨彬	男	43122819871	碧河村冲王	2017			浙江	电子厂	4	15974
32	杨群	女	4312281996	碧河村冲王	2017			浙江瑞安	鞋厂	3.6	18257
33	李福岩	男	4312281991	碧河村长田	2017			广东	玩具厂	4	15807
34	龙甜美	女	43302719670	碧河村长田	2017	芷江			打零工	1.8	13762
35	杨安安	男	43122819860	碧河村长田	2016	县内			自由业	1.8	18174
36	杨勇	男	43122819831	碧河村壋上	2015			海南	打零工	4.2	1337
37	杨文波	男	4312281987	碧河村大岩冲	2017	芷江			开饭店	3.6	1807
38	杨志岩	男	43302719751	碧河村老师屋	2015			浙江温州	鞋厂	4	1595
39	王桂英	女	43302719770	碧河村老师屋	2015			浙江温州	鞋厂	3.4	1595
40	杨平	男	43122819840	碧河村台田	2017			江西	玩具厂	3.6	1817
41	李桂荣	女	43122519851	碧河村台田	2017			江西	玩具厂	2.8	1817
42	杨全洲	男	43302719680	碧河村元湾	2017			广东东莞	玩具厂	4	678

● 湖南省芷江县碧河村外出农民工就业台账

山西省灵丘县“城归”企业家刘迎宾兴办超纯铁精粉公司积累资金后返乡创业，在晋西北山沟里建起东田有机精细果蔬工厂，建设了 1.6 万平方米的现代自动化温室，引种的日本小西红柿受到京津市场青睐，就地吸纳 315 名农民工就业，企业营业收入超千万元，人均年收入达到 4 万元，不仅增加农民收入帮助精准脱贫，而且其绿色产业园已初具规模，正朝着建设“北欧式”生态小镇方向发展。

不少深度贫困地区开发生态农业、搞生态旅游，通过农业合作社的形式将土地流转并集中起来，由能人承包，进行企业化经营，给农民分红。企业里多是就地就近招收的农民工，他们反映本地打工虽然工资不高，一个月差不多2000元，但离家近，方便照顾老人、小孩。每当在电视里看到大城市有雾霾的时候，就想到他们这里有蓝莹莹的天、清凌凌的水，能享受这么美丽的居住环境，感觉很惬意。当问到他们有什么诉求时，他们说也没有什么大的奢望，就是一辈子待在山沟沟里，希望有机会出去走一走，哪怕是打工或者旅游，也要到大城市看一看。

● 山西省灵丘县“城归”企业家开发生态农业

江西省兴国县是有名的将军县，在新一轮扶贫攻坚中兴办了劳动密集型的电子配件厂，吸纳了一批建档立卡的贫困户劳动力。政府给予企业每人400元的技能培训补助，由企业进行技能培训。农民工经过企业技能培训后，人均月收入达到3700多元，相当于务农时的全年收入。看着车间里一批批贫困户打工就业，我深切感受到，打造扶贫车间是实现集中批量精准脱贫的有效方式。

● 江西省兴国县打造扶贫车间

2021 年，贫困地区农民工为 3200 万人，成为巩固脱贫成果最现实、最主要的保障。

二、为城镇创造了财富

目前，农民工已成为中国产业工人的主体，是我国制造业、建筑业和一般服务业的主力军，约占制造业就业人数的 76%，占建筑业就业人数的 80%，占一般服务业就业人数的 50% 以上。农民工是中国人口红利的主要承载者，劳动力低成本和较低成本使中国制造业在国际竞争中至今保持着比较优势，支撑了中国建筑业的长足发展，并在国际上保持了强劲发展势头，促成了第三产业尤其是一般服务业的快速发展。可以说，农民工建设了纵横交错的道路桥梁、星罗棋布的高楼大厦，制造了畅销国内外的优质产品，支撑了城市的基本生活服务。农民工在中国工业化、城镇化进程中做出的贡献有目共睹：中国高铁发展成为世界之最（运营里程 2022 年突破 4.2 万公里），公路通到了乡村（总里程 2022 年达到 520 多万公里），高速公路基本通到县城（总里程 2022 年突破 17.7 万公里），全国每年开工建设的桥梁 1 万余座，高 150 米以上的摩天大楼占全球总数的近 1/3。这些铁路、公路、桥梁、高楼等现代化的非凡业绩，都洒满了农民工的辛勤汗水。农民工建设城市、服务城市，为城市的繁荣和二、三产业的发展提供了宝贵的人力资源，立下了丰功伟绩。他们在农村种地是好把式，在工地干活儿是多面手，迎着初升的太阳，伴着乍暖还寒的晨风，以工作台为餐桌，或站立，或游走于钢筋缝隙，这就是建筑农民工的真实写照，他们的骨子里透着一股不怕苦、不怕累的韧劲，风餐露宿，为早日完成项目加班加点。

上海中心大厦建筑工地

有一个建筑农民工的浪漫故事，“魔力之都”的地标建筑上海中心大厦的顶部刻有农民工的名字。一名参与大厦建筑的安徽籍农民工，在工程完工时，从家乡来上海的未婚妻问他这几年来干了些什么活儿，小伙子带着未婚妻来到浦东陆家嘴，指着632米的最高楼说："这是我们建的，我没那么多钱领你去买大厦里贵得离谱的奢侈品，但我在楼顶上刻下了你的名字。"财经作家吴晓波在主题为"致敬改革开放四十年"的演讲中也讲了这个浪漫而深刻的故事，将农民工作为40年来最值得纪念的奋斗奉献群体之一。2010年5月，我在上海世博会工地检查劳动合同法实施情况时，看到在建筑工地干活儿的也都是安徽籍农民工，一二十人围坐在一起倒班轮休吃快餐盒饭，喝的是早已打好却因放置时间过长而变凉的水，一问才知道打热水要跑一段路才行，我就和工地管理人员讲，要能让农民工就近喝上热水。再问他们有什么需求时，他们说，生活上有困难好克服，就是想世博会工程竣工后，能在标志性的"红鼎"楼前正式给他们拍张"官方照"，作为纪念，好给老婆、小孩和乡亲们说，电视里看到的世博会展馆是由他们参与建造的，有他们的一份贡献。在场的世博管理局负责人当即说没问题，每个人都会有一张盖上世博会印章的纪念照。我当时想到的是，向所有建设超级工程的农民工致敬！向所有为城市建设发展付出血汗的农民工致敬！

2015年11月，我应邀在深圳股票交易所（以下简称深交所）讲中国农民工发展问题时说，从一定意义上讲，农民工劳动创造了财富，资本市场积聚了财富。主持会议的深交所负责人宋丽萍告诉我，90%的深交所上市企业与农民工都联系紧密。

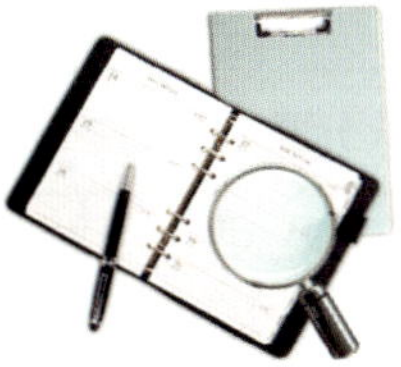

上市企业与农民工联系紧密

国家统计局《2021 年农民工监测调查报告》显示，2021 年农民工总量中，从事制造业和建筑业的农民工比重为 48.6%，从事一般服务业的农民工比重为 50.9%。

从沪深股市的行业板块来看，2017 年，以下 22 个板块的市值占据了整个市值的 3/4。而从这些板块所对应的行业分类来看，除金融业、信息技术业、传播与文化产业外，主要分布在农民工就业集中的制造业、建筑业、批发零售贸易业，以及以农民工为主要从业人员的采掘业，电力、煤气及水的生产和供应业。

排名	板块名称	总市值（亿元）	对应行业分类
1	银行	52 844	金融业
2	医药制造	21 737	制造业
3	房地产	20 210	房地产业
4	石油行业	19 606	采掘业
5	券商信托	14 620	金融业
6	机械行业	14 022	制造业
7	电子元件	13 692	制造业
8	工程建设	12 826	建筑业
9	汽车行业	12 521	制造业
10	保险	10 955	金融业
11	化工行业	10 499	制造业

续表

排名	板块名称	总市值（亿元）	对应行业分类
12	软件服务	10 123	信息技术业
13	酿酒行业	9354	制造业
14	输配电气	8781	电力、煤气及水的生产和供应业
15	电力行业	8645	电力、煤气及水的生产和供应业
16	有色金属	8158	采掘业
17	电子信息	8021	制造业
18	文化传媒	8005	传播与文化产业
19	煤炭采选	7591	采掘业
20	家电行业	7033	制造业
21	商业百货	6370	批发零售贸易业
22	通信行业	6341	信息技术业

三、为改革发展增添了活力

人力资源是经济活动中最活跃的要素，农民工是中国人力资源的重要构成部分。如果说开放是风、改革是浪，风起浪涌，那么在改革开放的风浪中农民工就业是最先接受市场化配置的，以至于现在中国已经形成了世界上最大的劳动力市场。农民工从市场中走来，他们对市场配置资源的改革和国家重大经济战略的实施抱有积极态度，与新型城镇化和新型工业化的导向往往高度契合。农民工跑遍千山万水、吃尽千辛万苦、劳作千店万厂、服务千家万户，在激烈的市场竞争中迎难而上、吃苦耐劳、坚韧不拔，丰富了新一代产业工人勤劳、坚韧、进取的优秀品格。种种因素造就了农民工成为中国非公经济就业的主力军，改革开放中非公经济的快速发展在很大程度上也得益于农民工承载的人口红利。亿万农民工离开家乡去就业创业打拼，汇成支持改革的一股洪流，换来了从贫穷走向富裕。

改革伊始，东部地区率先发展，包括劳动力在内的诸多资源和优惠政策向东部地区聚集，来自中西部地区和东部欠发达地区的农民工追随着这些投资、技术和资源一同涌向了长三角、珠三角和环渤海地区，为推进改革开放提供了强有力的人力资源支撑，也成为劳动就业领域市场化改革的“先遣部队”。全国第五次和第六次人口普查数据显示，东部地区流动人口占全国流动人口的比重约为 2/3，而全国农民工监测数据表明，跨省流动的农民工中超过 80% 流向了东部地区。2015 年 10 月，我到腾讯总部调研，上午 10 点钟在大屏幕上看到全国即时使用微信数量和分布的显示时，企业负责人介绍

繁荣发展的中国农民工劳动力市场

说，东部地区约占 2/3，中西部地区约占 1/3。我说这和全国农民工在东中西部地区的分布基本吻合，说明农民工远离家乡，又没有办公室的固定电话和其他便捷的通信手段，当下最多只能是使用手机，他们也是微信用户的最大群体。长三角、珠三角、京津冀三大城市群的人口占全国的 1/4，经济总量占全国四成，农民工最多的深圳、广州、上海、北京、天津、杭州、苏州均位于这些城市群中。规模庞大的农民工为这些大城市、特大城市的经济快速发展提供了充裕的、低成本的人力资源，创造了改革开放初期发展外向型经济的人力资源优势，也是最先承载人口红利的劳动者，有力地支撑了开放地区率先发展。

进入 21 世纪，充满活力的农民工率先跟上国家相继实施的区域发展战略，大批农民工“东进”中也有相当数量流向了中西部城市群和东北地区。从 2000 年到 2010 年，重庆、成都、武汉、郑州、西安、长沙、太原、兰州等中西部城市吸纳的农民工总数持续大幅增长，年均在百万人以上，长江中游、成渝、长株潭、中原、关中、兰白金、哈长、辽中南等中西部和东北地区的主要城市群快速发展。2014 年 5 月，我到湖南长沙劳动力市场看到发展势头很猛的长株潭城市群的企业纷纷用帮助解决落户、提供集体宿舍等优惠政策吸引农民工，从中可以窥见区域发展中生机勃勃的中西部城市也在快速聚集农民工。与东部地区不同，中西部地区农民工主要来自本省，省内流动的特征明显。

今天，中国高铁已成为享誉世界的一张闪亮名片，参加建设的劳动者主要是农民工，高铁建设到哪里，农民工就干到哪里。高铁的“神速”发展改变了人流、物流、资金流，最明显的效果之一

2014年5月，湖南长沙劳动力市场中农民工参加中小企业招聘

就是中西部地区的崛起，这也正在吸引着越来越多的农民工就地就近就业。中国区域发展战略开始时是非均衡的，20世纪80年代中后期实行的是沿海率先发展战略，大批农民工和大量专业技术人才被吸引到沿海地区，而中西部地区已有的人才也是“孔雀东南飞”，就连中西部地区每年考进北大、清华等重点院校的少量人才也回不到本地，因为北上广深和沿海发达地区有更好的就业机会。但近年来高铁的快速发展有效地改写了运输版图，中西部城市中涌现出来一批经济增长很快的城市，也有人将郑州、武汉、成都、重庆、西安看作最有希望的中西部“新一线城市”，今天中国最大的云存储基地就在贵阳。中国未来基本建成现代化国家的进程中，吸纳农业劳动力转移的主阵地将会是中西部城市和其他发展快的地方。

农民工具有“劳动力、资金、技能双向流动”的特点，农民工从进城务工经商到有条件的“城归”返乡创业，为城市经济改革提供了市场配置生产要素的有力支持，为振兴乡村带来了多年来少有的活力。农民工发展作为改革冲击波的一部分，也开辟了工业反哺农业、城市带动农村、发达地区帮扶落后地区的有效途径。

改革开放进程中农民工在城乡间大规模就业流动蕴含着深刻的体制变革因素，率先冲破了城乡二元体制的束缚，直接推动了传统劳动用工制度的变革，由计划经济下“一厂定终生”的难以流动向市场经济下“一技养一生”的自主择业转变，快速实现市场配置劳动力资源，有力推动了跨地区、跨城乡、双向选择的全国劳动力大市场的形成，促进了城乡劳动力双向选择的自由流动。劳动力市场化的改革对国有企业改革乃至经济体制改革发挥着先行突破的作用，产生着相关联动的影响，显示出改革才有活力、才有出路的真谛。至今，每年春节后南下进城的劳动力大军和春节前蜂拥回乡过年的劳动力大军，构成了世界上劳动力高度集中流动的奇观，既自发流动，又生机勃勃。农民工匆匆赶路，带着农村稀罕的商品回乡，又带着家乡难以割舍的土特产进城，往往成为媒体跟踪报道的热点。农民工平时淹没在城市和大项目建设工地，到了此时仿佛有无形的命令指挥他们统一行动，成为世界了解中国农民工流动的窗口。

第三节

为中国企业“走出去”给予人力资源支撑

适应经济全球化的发展，中国有战略眼光的企业家和有技能的农民工正在组合起来，构成“一带一路”中国企业“走出去”的新优势。在中国企业“走出去”的建设大军中，中国农民工也占据一席之地，可以说哪里有中国经济，哪里有合作建设项目，哪里就有中国农民工技工大显身手。

2013年9月，习近平总书记访问哈萨克斯坦时提出共同建设“丝绸之路经济带”的构想，“一带一路”倡议自此开始生根发芽，巴基斯坦卡洛特水电站、斯里兰卡港口、印度尼西亚雅万高铁、德黑兰至马什哈德高铁等投资数亿美元的重大项目都有中国农民工作为技术工人参与建设。截至2022年，上百万名有技能的中国农民工活跃在“一带一路”上，展示着中国技能人才的形象，发挥着“中国专家”的作用，他们带着领先的技能前往世界各地，为构建人类命运共同体添砖加瓦。和外国承包商签下项目才“招兵买马”相比，中国农民工技工肯干又出活儿，很少有劳动争议，成了中国企业“走出去”承揽海外工程敢拍胸脯、说话算数的高效建设的一大法宝。时光流转，当代走出国门的中国农民工技工受到的尊重和待遇与19世纪华工受到的歧视和凌辱形成了鲜明对照，强烈的对比反差折射出中国农民工的自信和中国道路的自信。

2015年7月，我代表人力资源社会保障部访问阿尔及利亚时对此深有感受。我和阿尔及利亚劳工部长签署社保互免协议后举行记者招待会，有记者问阿尔及利亚劳工部长为什么给中国人发放那么多工作签证，阿尔及利亚劳工部长直接回答，这有利于解决他们的就业问题。我也讲道，在阿尔及利亚的建设项目中，来的都是中国技术工人，平均每个技工带动当地 10 个人就业，既建设大工程项目又帮助阿尔及利亚工人掌握新技能，一举两利。“一带一路”给中国农民工技工走出国门开辟了宽广道路。

在阿尔及利亚，中国铁建的农民工技工带领阿尔及利亚市国工人施工

连霍铁路是连云港直通霍尔果斯的欧亚大陆桥主要通道，2011 年 9 月，我参加西部大开发调研时常到与哈萨克斯坦接壤口岸的西边那头看看，2018 年 5 月，我和调研组又到东海的这头看看。连云

港在苏北地区发展较快，但还是农民工净输出地，所辖东海县更是有 20 多万名农民工从事水晶石的开采加工运输，创出世界有名的“水晶县”，来往观看购买的人络绎不绝，也带出旅游热点。随着中国企业“走出去”，东海的上万名农民工技术工匠（“海工”）到世界著名天然水晶产地巴西、乌拉圭等国家参与开发，在国内练就的好本事到国外大显身手。他们对水晶矿石的鉴别之准、加工之细、雕刻之美等大受称赞，不仅开发成艺术品增值很多，而且开发成天然水晶实用品也受到欢迎。中国农民工就是这样，给他一片空白地，就能结出好果实。

农民工技工真正是国内国外两种资源一起开发，两个市场一起利用。如今，世界各地优质天然水晶原石无论是在东海县还是在产地国，只要经过“海工”分类开发就可放射出流光溢彩，简直让人陶醉，被外国人称赞为“中国功夫”，雕刻的人物山水花鸟更是栩栩如生，让人爱不释手，销往世界各地颇受欢迎。这就是“海工”的潜力释放，可以说，凝聚着农民工“新工匠”心血的一款款中国制造的天然水晶产品正在走向世界各地成为国际品牌。

● 东海县农民工出品的水晶石雕塑

第四节

在构建和谐劳动关系中的独特作用

一、总体稳定的中国劳动关系

和谐劳动关系是中国和谐社会的基石。“和谐”一词在中国古来有之，早在春秋时期，齐国名相管仲就提出“和合故而能谐，谐故能辑”。“和谐”是指各种事物之间配合有序、相互协调。“劳动关系”一词在不同的国家有不同的称谓，日本称为劳使关系，欧洲称为劳资关系、劳管关系、劳工关系等，我国称为劳动关系。劳动关系是指劳动者与劳动力使用者以及相关组织为实现劳动的过程所构成的社会经济关系。构建和谐劳动关系本身就含有开放、协调、共享的发展理念。我国从1995年施行的《中华人民共和国劳动法》，到2008年施行的《中华人民共和国就业促进法》《中华人民共和国劳动合同法》《中华人民共和国劳动争议调解仲裁法》，2011年施行的《中华人民共和国社会保险法》，以及国务院及有关部门出台的实施这些法律的法规规章及规范性文件，形成了构建和谐劳动关系的法律框架，有力推动了企业和劳动者依法构建和谐劳动关系。劳动关系状况是衡量一个国家社会和谐程度、投资环境与企业竞争力的重要指标，农民工快速发展的40多年间，尽管农民工劳动争议时有发生，甚至发生过影响劳动关系和谐的一些重大事件，但有不同于西方国家的具有中国特点的解决办法，有快速处置的创新实践，使亿万农民工在中国经济快速发展过程中保持了劳动关系总体稳定，得到国际社会的普遍认可。

20 世纪是继工业革命后世界劳动关系发生转折的时代。第二次世界大战之后，国际劳动关系总体上形成了从冲突对抗、双方互损走向谈判合作、博弈互利的潮流，无论是 20 世纪后半叶日本经济快速发展和“亚洲四小龙”的经济崛起，还是进入 21 世纪“金砖五国”的经济发展加快，都非常注重劳动关系协调。韩国当时有不断发生的行业性罢工，日本有工人要求加薪的“春斗”，世界上工会组织最多的巴西平均每年发生上百次罢工。而在我国，由于农民工的发展道路具有自身特色，农民工在构建和谐劳动关系中发挥了独特的稳定作用。

农民工依法签订劳动合同，构建和谐劳动关系

从深层次看，农民工对一部分人先富起来有“容忍度”，农民工从受益中理解和接受了“先富带后富”的非均衡发展。中国改革开放打破了平均主义大锅饭，在相当长时间内保持了外资企业的优惠待遇，当农民工涌向沿海发达地区，在经济特区、开发区、自贸区等的发展中看到了先富裕起来的人日益增多，看到了一批批企业家和企业高管人员抓住机遇，勤劳致富，创业有成。农民工在自己能够充分就业、工资收入不断增长、劳动条件得到改善、社会保障从无到有以及获得自身发展中理解了这些非均衡发展。国际劳工组织认为，在中国经济快速发展中，虽然劳资矛盾时有发生，也出现过激烈的劳资冲突事件，但总体是稳定的，创造了“中国经验”。

农民工的流动性和日渐显现的供给有限性在一定程度上促进了和谐劳动关系的构建。我国东部沿海经济发达地区和中西部欠发达地区的发展存在较大差距，这有利于农民工在中西部欠发达地区承接发达地区产业转移中双向流动。往往是此处就业饱和还可以到别的地方找工作，偌大的中国自有用人处，正所谓“东边不亮西边亮，此处不亮别处亮”。劳动力这种双向合理的动态流动，有利于亿万农民工保持就业持续增长，也促进了有眼光的企业家想方设法留住农民工，形成劳资两利的和谐劳动关系。产业转移中在不同产业间劳动收益差异和相同产业因劳动生产率不同所产生的收益差异等因素的影响下，第一产业收入长期保持在低水平。农民工由第一产业向第二、第三产业转移的过程中，一方面提供较低的用工成本，为经济起飞创造了机会；另一方面农民工对工资收入增加、劳动条件改善的期望是逐步提高的，因而劳动关系趋于协调稳定，支持了企业提高竞争力，有利于在产业转移中促进劳动关系总体和谐。

二、应对危机的抱团取暖

2008年，世界金融危机给国际和中国劳动关系带来严重影响，在这场冲击力强、波及范围广的危机中，不仅是以华尔街为代表的一批金融企业倒闭和资产大幅缩水，更有上亿劳动者失去工作岗位，工资收入大幅下降。国际劳工组织2009年全球就业趋势报告显示，全球新增贫困人口主要是低收入劳动者，至少有5000万人以上。中国受世界金融危机冲击，首先是以农民工为主的企业职工就业稳定性下降。2008年10月，东莞合俊玩具厂一夜倒闭，致使6500名员工突然失去岗位，工资也被拖欠。金融危机对我国劳动关系的冲击主要集中在外向型企业，尤其是外向型中小企业，这些企业被迫减员，裁员或变相裁员现象迅速增多。其次是企业工资增长大幅下降，2009年上半年在岗职工工资增幅回落5.05个百分点，其中农民工集中的制造业同比回落8.1个百分点。最后是企业改善劳动条件的能力降低，执行国家加班工资标准、劳动保护标准以及带薪年休假制度的困难骤然加大。这些都造成了劳动争议案件数量成倍增长，2008年年底立案69.3万件，同比增长了近两倍，虽然有2008年5月开始施行的《中华人民共和国劳动争议调解仲裁法》规定免收仲裁费的因素在内，也有经常说的“有枣没枣打一竿子”的现象，但这都不是主要因素。由于世界金融危机对我国企业的影响，部分企业生产经营困难，就业压力迅速增大，失去工作岗位的农民工日益增多，就业形势十分严峻。

自1994年以来，中央每年在11月或12月召开一次给经济把脉定调的会议，也被称为判断中国经济形势和宏观经济政策调整最具权威的风向标。2008年12月初召开的中央经济工作会议发出信号，重点帮助受金融危机冲击的企业渡过难关，为鼓励困难企业尽量不裁员或少裁员，稳定就业局势，必须采取积极的措施，切实减轻企业负担，保就业、保增长、保稳定。按照中央要求，国务院农民工工作领导小组办公室迅速调研起草了“做好当前农民工工作的六条措施”，即广开农民工就业门路、加强农民工就业能力培训、扶持有条件有能力的农民工返乡创业、确保农民工工资按时发放、做好农民工社会保障和公共服务、切实保障农民工土地承包权益等。这些措施上报后，国务院于2008年12月召开常务会议专题研究做好当前农民工工作并及时向全国作出部署，印发《国务院办公厅关于切实做好当前农民工工作的通知》。人力资源社会保障部商财政部、国家税务总局迅速联合发文，采取“五缓四减三补贴”的有力措施，即允许困难企业在一定期限内缓缴养老、医疗、失业、工伤、生育五项社会保险费，阶段性降低医疗、失业、工伤、生育四项社会保险费率，使用失业保险基金向困难企业支付社会保险补贴和岗位补贴，使用专项资金补贴困难企业开展职工在岗培训，减轻企业负担，稳定就业岗位。我参与了这些政策措施的研究，并具体组织研究了和农民工利益密切相关的“两协商”[①]，充实了这套政策“组合拳”。“两协商”的目的是让困难企业和职工在金融危机冲击下有减少裁员的协商空间。这些政策一直执行到2010年年底。

受世界金融危机冲击影响，中国近2000万农民工突然失去工作岗位，但没有出现持续的群体性事件，他们以极高的容忍度和企

① “两协商”，即企业和职工两方可以协商解除劳动合同经济补偿金支付办法，引导职工与企业平等协商，采取多种措施共渡难关。对于困难企业经过多方努力仍不得不实行经济性裁员的，可在与企业工会和职工代表平等协商后，分期支付或以其他方式支付经济补偿金。

业抱团取暖，有1140万人回乡干活儿，其余留在城市的多是新生代农民工，约有700万人接受由政府、培训机构和企业组织的技能培训，对渡过难关起到了缓冲作用，也对以后技能提升有促进作用。当时失去岗位的农民工数量相当于一个中等国家的劳动力总量，往哪里去、干什么成为重大问题。失去岗位的农民工没有消极地坐在那里等待政府救济，何况农民工也没有城市低保可以享受，只能面对现实，靠那点平日里积攒的微薄的劳动工资和中国人的勤劳基因，或回村干活儿，或打零工，或参加各种培训。在应对危机这一段时间里，困难企业多以“开三停四”弹性上班来稳定就业岗位，尽量减少大批裁员。企业也清楚，一旦形势转好，技术好的工人被裁减后，再需要时很难一下子招回来。平时不常使用的“劳动用工不定时工作制”也派上了用场，有活儿干就加班，没活儿干就等待，加了班的工人也不要求企业支付平日里的双倍工资，共同缓解企业困难。企业和工人原本存在追求利润最大化和自我价值最大化两方面的矛盾，但在最困难的时候，体会最深的却是劳资两利、同舟共济，保企业就是保就业、保工资；反之，保就业也是为了保企业竞争力，待危机过后，合作共赢的成果会像莲花开放般出现。中国农民工这种务实的态度和忍耐力，使他们面对危机能够保持冷静，积极想办法，为中国企业率先企稳向好发挥了抱团取暖的积极作用，做出了共克时艰、走出困境的难能可贵的贡献。

在应对世界金融危机中，人们都有这样的体会：越是处在低谷，越需要挖掘自身潜力，增强抗跌能力；越是遇到严重困难，越需要革除体制机制弊端，提升自我改革意识和能力。在外部冲击和内部压力的作用下，政府、企业、工人办了多年来想办而未办的事情。政府有机会将储备的“政策工具”拿出来，那些平日里难以做到的现在可以派上用场，通过降费来给企业减负，动用社会保险基金结余向困难企业支付社会保险补贴和培训补贴，一改以往社会保险缴费只能增不能减的思路。农民工以前忙于挣加班费顾不上参加技能培训，现在变为有时间参加，还有政府补贴，这也成为稳定岗位的措施。工会平时帮助工人和老板商谈如何给工人福利，现在变为说服引导工人和企业进行合作，共渡难关。企业和劳动者看似利益不同的双方却因外部经济形势发生变化而转为互相合作的对象和共克时艰的力量。

突如其来的这场危机使中国劳动关系经受住了考验。在政府有力度、有“真金白银”的支持下，劳动者和企业抱团取暖成为中国劳动关系最值得总结也是最为珍贵的经验。中国劳动关系与宏观经济形势密切相关，既有经济危机冲击下给劳动关系带来不稳定的极大影响，也有危机渐去过程中劳动者利益诉求发生的新的变化。随着经济形势企稳向好，2009 年 10 月农民工数量恢复到世界金融危机发生前的水平，协调劳动关系逐渐从共渡难关的“三保”（保就业、保增长、保稳定）转向分享成果的“三提”（提高劳动岗位的稳定性、提高工资收入、提高社会保险水平）。劳动关系中的企业和工人双方既有各自相对独立的利益，又在同一利益体内相互作用。面对经济危机的外部冲击力和内部就业不稳定的压力，工人与企业抱团取暖，在困难中体悟合作的可贵，在寒冷中感受拥抱的温暖，就像石榴籽那样紧紧抱在一起，才能共克时艰。这种遇到危机时政府出政策出资金，企业和工人出资出力，工人与企业抱团取暖、共克时艰的做法，为中国以后遇到重大经济风险时如何应对提供了可资借鉴的经验。

改革开放以来，劳动关系实现了市场化的运行，从以政府直接管理为主转向以市场调节为基础，但遇到经济危机和重大风险时，政府发挥的作用必不可少，往往使企业和工人有了主心骨，丰富了中国特色劳动关系的实践内容。从公有制经济一统天下到多种经济共同发展，从 20 世纪 80 年代乡镇企业异军突起到 2 亿多农民工进城务工经商，从 20 世纪 90 年代后期应对亚洲金融危机冲击下大批农民工失去工作岗位到应对世界金融危机冲击下上千万农民工回乡干活儿，虽然中国农民工人数众多，在重大风险冲击下，劳动关系冲突也有过上升和回落，但保持了总体稳定，丰富了应对经济危机中构建和谐劳动关系的中国经验。

三、中国协调劳动关系的特点

市场经济国家劳动关系发展历程表明，无论是美国的自由多样化模式、德国的劳资协议自治模式还是日本的家族管理模式，劳动关系协调只靠劳资双方自治是有局限性的，发挥政府的作用十分必要。中国的社会经济制度决定了国家、企业、劳动者三者的根本利益具有一致性。在发生劳动关系冲突时，党和政府作为企业和劳动者根本利益的维护者，能够充分发挥其居中协调的主导作用，组织协调各方力量，快速介入处置。很多快速处置劳动争议的案例说明，只要我们正视问题，发挥优势，把握特点，加快化解，就能控制劳动关系冲突，进而达到企业得效益、职工得实惠、经济得发展、社会得稳定的目的。

2011 年 8 月，中央召开了新中国成立以来第一次全国构建和谐劳动关系先进表彰暨经验交流会，会上交流了许多处置劳资冲突、协调劳动关系、促进劳资两利的鲜活事例和经典案例，浙江萧山区、天津滨海新区等率先创建了和谐劳动关系示范园区。

浙江传化集团董事长徐冠巨讲述了企业艰苦创业的故事：从 20 世纪 80 年代“一口大缸”干起，滚动做大，一路走来，时刻不忘农民工，得到的回报是企业几乎无劳动争议，竞争力不断上升。甘肃奇正集团董事长雷菊芳讲述了关爱少数民族农民工的动人故事：奇正集团在西藏、青海、甘肃等高海拔地区办药厂，无论企业起起伏伏，从不亏待少数民族农民工，得到当地农民工的支持和理解，加快了特色中草药资源的就地取材。少数民族农民工干活儿踏实，按标准操作不偷懒，使产品质量 20 多年来保持了全合格无次品，劳资两利、和谐互信成了企业质量取胜的法宝。企业对少数民族农民工

● 作者听取构建和谐劳动关系先进企业浙江传化集团董事长徐冠巨介绍情况

如春风化雨般地呵护，农民工就会对企业如润物细无声般地负责。2016 年 9 月，我和中国电建集团有关负责人到雅鲁藏布江的上游实地走访了正在建设水电工程的农民工，他们虽然月收入能达到万元，比内地高一倍，但在高原缺氧的情况下坚持劳动，一干就是大半年也是非常难能可贵的。高原农民工那种特别能吃苦、克服生活困难、攻克施工难关的精神令人钦佩。

● 西藏林芝奇正藏药厂的少数民族农民工

需要注意的是，中国有 200 多万名县乡基层党政干部，他们身处一线，面对集体劳动争议冲突，勇于协调，敢于快速处置，所体现的责任心和发挥的作用也是难能可贵的。从每年近百万件劳动争议案件看，多数是农民工劳动争议案件。由于农民工具有勤于干活儿又肯于忍耐的特质，大部分基层劳动争议会进入调解仲裁的渠道，调解是沟通、劝导、说和，是一门值得研究的处理农民工劳动争议的工作艺术，很多案件可以通过简易仲裁实现及时处理。劳动争议是劳动关系不和谐的一种表现，劳动争议调解仲裁是一项准司法制度，鼓励和解，加强调解，快速仲裁，裁审衔接，显示出中国特色劳动争议处理有快捷、灵活、低成本的优势。面对众多经济小额案件时，这种处理方式往往被形象地称为“两头摆平就是水平”，这也是中国特有的“说服学”的经典应用。

农民工众多而劳动关系又总体稳定，这被世界上许多国家认为是中国协调劳动关系的独特之处，事实上这是中国党政主导、多方协同、快速处置的劳动关系协调机制的独特优势。2008 年后，中国解决了大量的农民工劳动争议案件，特别是一些有影响的农民工集体劳动争议事件得到快速妥善处置，不仅回应了社会的关切，而且丰富了解决劳动关系冲突的实践经验。例如，世界金融危机后，比较突出的是 2010 年的富士康事件和广东、大连等地的加薪事件。2010 年 1—5 月，富士康公司在深圳生产园区内连续发生了 13 起一线工人坠楼事件，在社会上引起轩然大波。2010 年 5 月，国家有关部委按照中央的要求组成联合调查组，和广东省深圳市及周边城市熟悉劳动关系的 1200 多名干部，以及用工居多的河南、四川、湖南、湖北、贵州、安徽等 10 省市的 1500 多名“乡情关爱”工作人员一起，进厂进车间，富士康公司总裁也带领公司中高层管理人员一起研究解决措施。通过加强对农民工的人文关怀、培训“线长”、协商增加工资以及增加必要的防护措施等，联合调查组快速处置所发生的事件，特别是制定职工技能纵向提升方案以及今后侧重于在农民工聚集的地方建厂等创新发展方式，不仅有效化解了劳资矛盾，还快速协调了劳动关系。

2010 年年底，富士康公司向人力资源社会保障部报告，虽然其五六月份的经营受到影响，但是全年营业收入仍然保持了意想不到的10%的增长。中央调查组、广东省深圳市和“乡情关爱”工作人员的细致工作，富士康公司中高层管理人员的积极配合，外部解决问题的帮助和内部改进管理的动力，共同形成快速妥善处置的合力，尤其是富士康公司深圳两个厂区43万名农民工给予的理解和支持，使富士康事件得到快速有效处置。这些还促进了富士康公司自身管理改革和科学谋划中长期发展，不但没有像某些境外媒体所说的富士康公司这艘航空母舰要沉下去，反而使富士康公司从“泰勒式”的严苛管理走向富有人文关怀的现代管理，形成了更有竞争力的企业文化。2021年，富士康公司位居世界500强企业第22位。从中也可体会到，当非公有制企业尤其是合资企业、外资企业遇到劳资冲突时，当地有关方面负责干部勇于作为、靠前帮助、下沉一线，和老板充分沟通国家有关政策、深入分析真实情况，掏真心、讲真话、出真招，让老板充分理解员工（包括农民工）诉求，主动想办法，一起解决问题，让老板从思想深处真正理解在处置劳资冲突中维护劳动者权益和谋求企业发展从根本上是一致的，以此形成相向而行的鼎力合作。小合作解决小问题、大合作解决大问题、缺少合作难以解决问题，互相信任事半功倍，缺少信任事倍功半。我后来学习中央领导讲的新型政商关系时更进一步体悟到，政商之间应相互支持又恪守底线，形象地说就是，沟通情况“亲密”而又不失“清白”，搭建联系“热线”，有信任交往而又不搞利益交换。富士康事件得以快速妥善处置，落实了中央的要求，加强了对农民工的人文关怀，改进了企业一线管理，增强了企业家信心，协调了企业劳动关系，支持了企业可持续发展，回答了社会关切，可以说是在特殊情况下卓有成效解决问题的经典案例。

2010年夏，广东佛山南海本田公司发生工人要求加薪引发的集体停工事件，进而广东40多家企业发生类似事件，全国14个省份也先后发生企业集体停工事件。紧接着，大连经济技术开发区和大连高新技术产业园区的集体停工企业达到70多家，创下了改革开放以来集体停工的地区纪录，也引起了社会各界的广泛关注，有的外媒甚至称中国出现了“加薪潮”。这些发生集体停工事件的企业大都是外资代工企业，在外资代工企业的员工中，绝大多数是农民工。例如，上海浦东新区昌硕公司的8万名员工中，99.63%属于跨省务工农民工；浙江省16家大型外资代工企业的一线生产工人中，跨省务工农民工占95%以上；广东省20家大型外资代工企业中，这一比重为85.52%。

这些事件反映出发展外向型经济过程中农民工劳动权益保护不能因外商或我国港澳台商而放松监管，其中有不容忽视的问题，主要表现为：农民工超时加班现象突出，劳动强度过大；一线劳动的农民工收入总体偏低；基层管理简单、粗放、高压，少思想疏导；农民工工作紧张、重复、枯燥，不利于身心健康；一些岗位受粉尘、噪声、高温、有毒有害气体等因素的侵害，劳动保护不足；员工之间、生产工人与管理人员之间、员工与社会之间缺乏沟通和交流。这些因素叠加在一起，很快使劳动纠纷升级。人力资源社会保障部会同广东省和大连市政府及时进行总结，分析了这些事件发生的原因，研究提出解决问题的办法，形成了许多可以借鉴的做法，主要是分析事件发生“五集中”的特点和把握“四不”的处理原则。“五集中”：一是群体集中，主要是以新生代农民工为主的青年群体；二是诉求集中，基本聚焦于要求“加薪”；三是企业集中，大都是我国港澳台资、韩资等企业；四是地域集中，都是沿海发达地区；五是时间集中，前后集中在一段时间里，互相影响。“四不”原则：第一，定性不升级，定性为集体劳动争议，而不是维稳问题；第二，处置不激化，经济问题通过协商对话解决，依法管控那些不负责任的媒体集中炒作和放大，防止其进行扩大事端和与事实不符的渲染，防止诱发像“传染”一样的从众效应；第三，事态不扩大，调解仲裁在厂内就地进行，不出厂门化解矛盾；第四，协调不过头，综合考虑企业的承受能力和职工要求加薪的幅度，争取双方都可接受。例如，广东佛山南海本田公司的职工代表聘请了中国人民大学劳动人事学院常凯教授作为劳资谈判顾问。常凯是国内知名的研究劳动关系的专家，他给职工讲，集体工资谈判要设置底线，这也是国际上通行的做法，底线要分析企业效益和可承受的能力，不能一上来就说要增加一倍工资。当时职工代表商议后，将底线设置为工资增长 30%，企业老板与职工代表经过几个回合的紧张谈判，最终双方

作者到广东省东莞市汽车零部件厂就农民工劳动权益维护进行专项调研和督查

都接受了提高工资 30% 的结果，实现了劳资两利和理性维权。

许多案例说明，协调劳动关系要实，处置突发性事件要快。如果忽视对劳动关系协调的平时积累，长期集中的问题遇到经济环境的变化和外来冲击，就容易从个别事件转化为群体性事件。注重劳动关系协调的积累，“厚积”可以不发，“薄积”易于多发，“不积”难免要发。将劳资矛盾化解在基层和萌芽状态，就可以避免大的集体劳动争议事件发生，如果平时不注重劳动关系协调，双方矛盾积累日久且对冲突处置不及时，大的集体劳动争议乃至冲突事件是很难避免发生的。不是“黑天鹅”的出现让人惊讶，而是“灰犀牛”本身就存在。很多案例也说明，凡是政府有力协调的、老板开明的、工会和工人配合的，劳动关系就和谐；凡是基层工作疏忽的、老板抠门的、工会和工人有意见的，劳动争议就难免。这些都给有关各方深刻地上了一堂课，至今都产生着深远的影响，时刻给人们以警醒。事非经过不知难，事后须悟其中道。经过近两年的世界金融危机冲击，企业经营困难，裁员现象增多，集体劳动争议频发，劳动关系受到严重影响，在这种情况下，很多党政领导、三方参与、平等协商、共同应对的成功事例出现，更反映出劳资是共生的，合作是双赢的，和谐劳动关系是宝贵的。

认识和把握构建和谐劳动关系的规律，从根本上建立起维护广大农民工利益的机制，还得深入基层，从调研做起，提出意见，出台政策措施并加以推动。2011 年 4 月，人力资源社会保障部会同全国总工会、全国工商联、中国企联等协调劳动关系三方深入到浙江省就构建和谐劳动关系需要解决的突出问题和建立长效机制开展实地调研并写出报告。2011 年 8 月，中央召开了全国构建和谐劳动关系先进表彰暨经验交流会，中央领导发表重要讲话，国务院领导作了工作报告，深刻阐述了中国特色和谐劳动关系，对当前和今后一个时期构建和谐劳动关系的目标、原则和措施进行了总体部署，对构建和谐劳动关系的先进企业和集体进行了表彰。在会议上，先进单位生动地交流了新鲜经验。这次会议规格高、分量重、产生的影响大，从理论上对新的实践进行了总结，从加强党政领导上对工作进行了推动，成为构建和谐劳动关系的里程碑。

党的十八大以后，构建和谐劳动关系有了新的发展。2015 年 3 月，中共中央、国务院印发了《关于构建和谐劳动关系的意见》，根据文件精神，各地因地制宜进一步夯实构建和谐劳动关系的基础，形成了自上而下构建和谐劳动关系和快速处置集体劳动争议冲突事件的机制。一系列政策措施的出台和完善，使农民工总量逐年增长而劳动争议逐年下降、集体劳动争议逐年减少，企业和劳动者形成劳资两利、合作发展的新局面。党的二十大报告中提出，完善网格

全国构建和谐劳动关系先进表彰暨经验交流会（2011 年）

化管理、精细化服务、信息化支撑的基层治理平台，健全城乡社区治理体系，及时把矛盾纠纷化解在基层、化解在萌芽状态。

四、实施“彩虹计划”

工资是劳动关系的核心问题，也是最易引发劳资冲突的焦点问题。瑞典斯德哥尔摩大学鲍威尔教授认为，工资增长存在一个两难的选择，工资过高会削弱企业的成本优势，工资太低则与体面劳动和有尊严的工作方向相悖，而找到二者的平衡点，堪称一个可比肩诺贝尔奖的难题。中国按照“提低、扩中、调高”的总体思路，进行了颇有成效的探索，使一线农民工工资收入随着企业劳动生产率提升逐步提高，这也是构建和谐劳动关系的关键节点。

2010 年 5 月，人力资源社会保障部、中华全国总工会、中国企业联合会、中国企业家协会印发《关于深入推进集体合同制度实施彩虹计划的通知》，对实施“彩虹计划”进行了部署安排，明确了实施“彩虹计划”更好搭建企业与职工沟通协调虹桥的指导思想、目标任务和工作措施。文件强调，要继续以工资集体协商为重点内容，以非公有制企业和劳动密集型企业为重点对象，推动企业和职工就工资水平（计件单价）、劳动定额等涉及劳动报酬的事项开展集体协商并订立专项集体合同，推进建立完善企业工资分配共决机制、职工工资正常增长机制和支付保障机制。生产经营正常、经济效益较好的企业，要实现职工工资随企业经济效益的提高相应增长；生产经营遇到困难的企业，要努力稳定工作岗位、保障工资支付，促进职工和企业共同应对困难、稳定劳动关系。要针对劳动关系中存在的女职工权益保护、劳动安全卫生等突出问题，推动开展集体协商，签订专项集体合同。“彩虹计划”的实施，对于促进企业发展、维护职工特别是农民工的权益、构建和发展和谐劳动关系起到了稳定作用。

2010年9月，人力资源社会保障部商有关部门，及时起草了《关于进一步促进劳动关系和谐稳定意见的通知》，国务院常务会议进行专题研究后，当天的《新闻联播》以摘要形式进行了报道，国务院办公厅也将文件予以转发。尽管这时世界金融危机冲击的影响还未过去，但集体劳动争议相对集中发生的问题已基本消除，它深深地反映了企业要善待农民工，不能马虎，政府构建和谐劳动关系的“弦”一刻也不能松。

五、三方协商机制

1919年，根据《凡尔赛和约》，国际劳工组织作为国际联盟的附属机构成立。国际劳工组织确立了解决劳工事务和劳工立法的三方性原则，其成员方代表团由政府、雇主组织和工人组织的代表组成，参加各种会议和活动，三方代表有平等独立的发言和表决权。中国借鉴国际有益做法，特别是总结近年来有效应对世界金融危机冲击的新鲜经验，拓展了三方机制，发挥了独特作用。党政在协调劳动关系中发挥的是主导作用，劳动关系双方在解决大量的一般性问题中发挥的是基础作用，三方协商是平等的，在研究解决普遍的、复杂的劳动关系问题上相向而行、协商一致。由人力资源社会保障部代表政府，全国总工会代表职工，中国企联和全国工商联代表企业，组成国家层面的协调劳动关系三方机制，及时总结应对世界金融危机冲击，进而实现稳员增效、职工与企业同舟共济的做法，联合印发文件，提出应对当前经济形势、稳定劳动关系的指导意见。

2008 年，我率中国政府代表团参加在瑞士日内瓦召开的国际劳工组织大会，会场布局也是代表三方的三个方阵，中间是政府代表，左边是工会代表，右边是企业代表（有人称，看来“左翼”代表工人也有出处）。我在大会发言中着重介绍了中国特色的劳动关系。大会选举智利人胡安·索马维亚连任总干事，我在与他进行会谈时讲道，中国两亿多农民工获得了总体稳定的就业和逐年增加的工资收入，以及明显改善的劳动条件，这其中亿万农民工的贡献最为突出，企业的努力最为明显，中国政府的协调最为有力，这些因素的聚合构成了被国际上称为“超稳定”的劳动关系和谐状态。索马维亚十分感谢中国政府对他连任投赞成票，虽然一国一票，但是拥有世界上最多产业工人的国家的投票分量是很重的，对其他国家的影响也

日内瓦国际劳工组织大会现场（2008 年）

是很大的。国际劳工组织副总干事瓦恩斯到人力资源社会保障部会谈时曾问道，中国协调劳动关系有什么“秘密武器”？我告诉他，中国赞成国际劳工组织提出的体面劳动目标，制定了适合自己国情的协调规则，建立了强有力的协调机制与劳动监察“两网化”（网络化、网格化）的向下延伸体系，再加上众多基层干部有效协调的工作艺术，更有亿万农民工在企业和自身快速变化发展中体悟到和谐的宝贵，珍惜合作带来的共赢，这一切形成了中国特色的劳动关系，保障了亿万农民工的劳动权益，提升了企业的竞争力，对维护中国社会稳定起到了难以估量的独特作用。

● 作者会见国际劳工组织副总干事瓦恩斯一行，并介绍中国和谐劳动关系情况

第五节

成长为技能劳动者的主体

实践证明，政策“接地气”，落地见效才能“冒热气”，要勇于探索富有操作性的政策措施，要敢于探索突破现有路径的有效办法。例如，构建人才高地中“两才”[①]支点，将实施就业优先政策和人才强国政策融合共进，将中等城市急需人才与大城市人才过度集聚共同研究，促进“外溢”与“吸纳”的合理流动，同时也要探索高端人才愿在一、二线城市就业落户，派到三、四线城市工作的“长臂就业”方式。

第一，就业优先政策与鼓励技术技能提升政策融合发展。

高质量充分就业需要有加快技能人才尤其是高技能人才发展计划支撑（2019—2021 年国家从失业保险金结余资金中拿出 1000 亿元用于技能提升培训），政府就业创业补贴与技能提升培训补贴统筹，鼓励技工向技师、高级技师、特级技师、首席技师、享受国务院特贴专家的高技能人才提升发展，依托技能大师工作室形成高技能人才聚集的“小集群”，辐射带动大批技能人才成长。

第二，发挥大企业开发技术技能人才的主体作用，超大型企业建设“技工航母”。

发挥头部企业在产业技能和数字技能提升中的引领作用，让掌

① 高水平工程技术人才，高技能人才。

握先进技术的大企业成为创新型技术技能人才培训基地，有条件的率先创办技师学院，达到水准的给予大学本科学历证书和技师证书。头部企业建设成为“数字人才航母”，引领一大批专精特新中小微企业快速走上数字化新路。

第三，建立以赛促学新机制。

比照“全运会”，建立“全技会”技能竞赛机制，通过世界技能大赛和国家、省、市技能竞赛，发现实践中掌握高技能的杰出优秀人才。挖掘现有高技能人才存量，探索突破传统的职业技能鉴定路径，对因种种原因错过了上职业技术院校的农民工，采取技能竞赛等方式依实评定技术职称，使不少“无学历”却在实践中勤学苦练“有技能”的能工巧匠人才脱颖而出，有效解决不少地方存在的“有技无证”问题。

第四，贯通提升职业技术院校“双证制度”的透明化和获得感，避免“玻璃门”耽误人才。

加快职业技术院校毕业生“学历+技能”“双证制度”落地，使一大批“科班出身”的新工匠逐步成为中国技工大军的“中坚力量”。在职业技术院校中设立优秀农民工和退伍军人免试高技能人才培训班，对基础较好的中青年农民工给予技能人才成长的便捷通道。

第五，打造高技能“人才雁阵”，引领新八级工匠队伍建设。

对各级技能竞赛获奖者可直接授予相对应的技能人才技术职称。鼓励有条件的职业技术院校和有影响力的企业联合设立技师学院，围绕培育特色产业集群需要，加快普通技校向技师学院发展。

第六，鼓励先进制造业大企业设立新型学徒制。

采用“先招岗，再培训”“工学交替”的新方式，创新高技能人才开发。推进先进制造企业与职业技术院校的深度融合，加快新型学徒制实施，鼓励高级技师、名师、特贴专家到职业技术院校兼职、传授“绝活”等中国优秀传统技艺。

深度推进“产教融合”，鼓励大企业和技师学院建设数字经济技术学院，培育数字人才“科班出身”的骨干力量。鼓励数字技能“一线”实战的高水准人才“进校园”“登讲台”“传真经”。

第七，构建技能人才发展“立交桥”，提升高技能人才收入和社会认可度。

人力资源社会保障部、工业和信息化部深化工艺美术专业人员职称制度改革，增设正高级工艺美术师，建立职称评审向优秀人才倾斜机制，对做出重大贡献的工艺美术专业人员，可直接申报评审正高级或副高级职称。对在国家级工艺美术职业技能赛事中成绩优异者，适当放宽资历、年限等条件限制。

加快贯通高技能人才和专业技术人才评价，使高级技师和高级工程师、技师和工程师、高级工和技术员享受同等待遇，创新不问“出身”，技能可以折股、入股、持股。

第八，大规模多层次开展新职业开发和新技能培训。

近年来列入国家职业分类大典的新职业，顺应了新生代劳动者的择业兴趣。加大新职业技能培训力度，可将防疫与复工稳岗中“以工代训”“留岗培训”等行之有效的办法上升为中长期的技能培训政策创新，加快吸引新生代劳动者进入先进制造业和新型建筑业，逐步扭转部分制造业、建筑业技能人才“青黄不接”状况。推动新职业列入各级技能竞赛项目。

第九，建立全国性、数字化的技术技能人才开发平台。

构建“中国工匠网”，举办国家层面的高技能人才高峰论坛，带动影响全国活跃技能创新的研讨。在主流媒体和新媒体开设技能频道、技能网站、技能公众号、技能专栏、技能论坛等，播放技能竞赛实况，讲授技能知识，释放技能乐趣，制作高技能人才成长的故事片等，遍布世界的新华社《参考消息》开辟“世界工匠”栏目，激励产业工人学习技能、提升技艺，在全社会树立起高技能人才标杆。

第十，在技术技能人才集中的城市打造“匠都”。

大企业、大集团头部企业率先创新，“专精新特”成长性好的中小企业踊跃创新。在制造业城市打造技术技能人才聚集的“匠都”，激活蛰伏的人力资源市场潜力。从总体上看，建设“匠都”（百万技工、十万技师、百个技能大师工作室），打造城市工匠品牌是重要而紧迫的战略任务。

农民工虽然不知进城能否安居，却清楚兴业方能建设城市和共享成果。从“摸着石头过河”到市民化的顶层设计，40多年风风雨雨、砥砺前行，中国农民工在大潮中奋进，思想引领与实践探索使农民工发展始终有道路自信的底气。

第四章

数智化转型中的农民工

中国农民工发展与经济发展共生。2012 年以来，中国经济进入新常态，增速换挡、结构优化和动力转换，由高速增长阶段转向高质量发展阶段。经济发展质量变革、效率变革、动力变革、提高全要素生产率正在加速，正处在优化经济增长方式的关键阶段。这种宏观经济的发展趋势给改革开放以来伴随经济增长而发展的农民工带来深远的影响。

面对新冠肺炎疫情以来经济恢复中诸多不确定性，构建双循环新发展格局和建设中国式现代化给予了确定性指向。经济高质量发展需要一大批应用型、创新型、技能型人才支撑发展。实践证明，实施“两才”并重、“两归”[①] 并用是激发农民工人力资源活力、推动数字技能转型发展的战略性措施。我们已进入数字化、智能化的

① 海归，城归。

万物互联时代，正处于加快数字赋能、催化跨界融通的新阶段，数字经济让实体经济突破时空约束和算力局限，成为新经济增长点。着力提升人力资本，才能提高全要素生产率。谁先聚集“两才”，谁将占有高质量发展的先机。中国劳动学会课题研究显示，我国将进入“两才”引领的“数智时代”，将从“人口红利”向“技能红利”跃升，从人力资源向人力资本跃升。

新冠肺炎疫情引发全球网络在线活动的热潮，数字经济及其衍生的生产性、生活性服务业借势崛起，从一定意义上说，几乎没有什么纯粹的传统产业，每个行业或多或少都有数字化的身影，数据这个新的生产要素嵌入经济转型，尤其是农民工数字技能提升将产生超乎想象的效果。

第一节

劳动领域三大趋势性变化

新技术革命推动新业态“无中生有、层出不穷”和传统产业“有中出新、日新月异”，交织演进，新技术催化的产业变革与经济高质量发展合力推动劳动领域出现三个趋势性变化。

一、劳动力供给由无限供给向有限供给转变

农民工就业已从总量压力为主向就业招工“两难”的结构性矛

盾突出转变。从中长期看，招工难将成为主流。目前这种“两难”是市场选择的结果，劳动一线的普工招工难反映的是农民工供给的有限性，技工招工难反映的是企业转型升级过程中技能人才的短缺。农民工招工难正从东部地区向中西部地区扩展，从季节性向常年转变。中国人力资源市场信息监测中心的数据显示，一直以来，市场对具有技术等级和专业技术职称劳动者的需求均大于供给，特别是对高技能人才的需求更加旺盛。

从根本上看，我国农业转移劳动力正从无限供给向有限供给转变，这和著名的“刘易斯拐点”经济理论既有相近之处，又有不同之处。相近的是，由工业化率先吸引大批劳动力转移进城（第一拐点）；不同的是，由于我国地域广阔，东中西部地区发展差异性大，农业转移劳动力的聚集从发达地区开始，再到次发达地区，乃至不发达地区，是个较长的历史过程，“城归”和就地转移加快不完全是农业收入效益吸引（第二拐点），而是就地就近就业多因素的综合效益吸引（离家较近、便于兼顾家庭生活和农忙务工），对冲了在东部地区就业的收入差距，使新增农民工主要在省内流动。

二、劳动力需求由数量型向质量型转变

我国进入注重技术密集型和技能密集型融合发展的新阶段。农民工正在从我国产业工人的主体向技能劳动主体发展。中国是个“技工大国”，技能劳动者超过 2 亿人，其中，高技能人才 5800 万人，占技能人才总量约 30%，这与德国、日本等制造强国高技能人才占 50% 尚有较多差距。差距就是潜力，缩差就是动力。大规模多层次开发技能人才将成为经济转型的战略性措施。

我国经济结构转型和发展服务业需要大量农民工到第三产业就业。农民工正面临着由原来总量不断扩大的人力资源优势向技能素质不断提升的人力资本优势转变。2002 年到 2012 年经济扩张的黄金十年中，农民工大量进城的外溢和城市大量用工的内需交错在一起，这种供需耦合的突出特点是大批农民工来不及学习技能就被吸引到中低端岗位中去，但这种状况已经过去，2013 年以来，经济增速放缓，新增农民工数量下降，与经济转型中出现的新业态以及技能提升要求交错在一起，这次交错恰恰是产业升级倒逼农民工技能提升和从事新业态，而不能简单看作产业转换间的就业需求平衡。农民工不是简单地由“二产”为主转向“三产”为主，也不是原有“三产”的规模扩张，而是伴随着互联网的快速发展，不断催生出现代服务业的新业态，吸引着大量农民工从制造业、建筑业为主的第二产业，转向从事快递、家庭服务、农村电商等第三产业新兴业态。据 2021 年新生代农民工调查，经济转型促进了农民工参加技能培训。

三、一大批新生代投身现代服务新业态

数据驱动、网络协同、平台支撑的新业态兴起。防疫复工中快递、外卖、网约车服务、寻呼服务、家庭服务、网络营销服务和平台服务等率先“飘红”，即使疫情多点散发仍逆势增长。近年来，网约劳动发展迅速，成为我国经济转型的新动能，灵活用工、众包用工、弹性用工、共享员工等新型用工迅速成为数千万人乃至将发展成上亿人投身其中的劳动新业态。

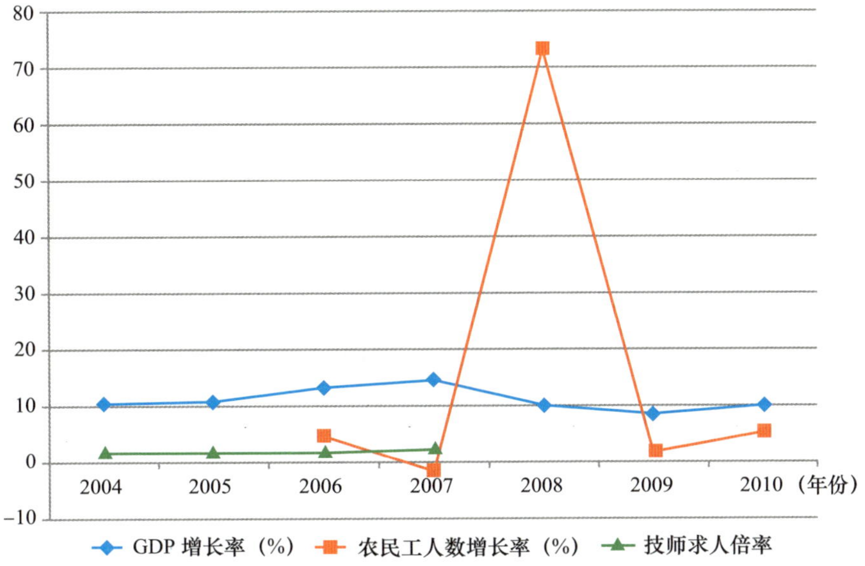

2004—2010 年 GDP 增长率、农民工人数增长率和技师求人倍率情况

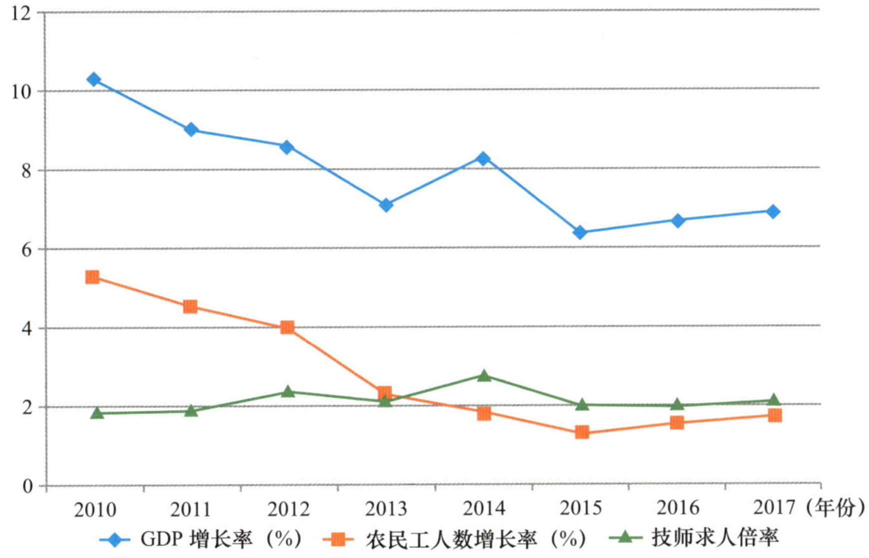

2010—2017 年 GDP 增长率、农民工人数增长率和技师求人倍率情况

第二节

农民工工资收入步入稳步增长阶段

“十二五”到“十三五”前期，外出农民工人均月收入从年增长 20% 左右，逐渐下降到个位数，2013 年农民工人均月收入增长 13.9%，2014 年增长 9.8%，2015 年增长 7.2%，2016 年增长 6.6%，2017 年增长 6.4%，2018 年增长 6.8%，2019 年增长 6.5%，2020 年增长 2.8%，2021 年增长 8.8%，2022 年增长 4.1%。

从行业情况来看，交通运输、仓储和邮政业，建筑业的农民工收入相对较高；居民服务、修理和其他服务业，批发和零售业，住宿和餐饮业的农民工收入相对偏低。

分不同地区来看，在东部地区就业的农民工人均月收入水平始终略高于中西部地区。2012 年之前，中西部地区农民工收入增速较快，而 2012 年以后的 3 年，东部地区农民工收入增速超过中西部地区。2015 年，在东部地区务工的农民工人均月收入增速也高于在中部地区和西部地区务工的农民工。

分行业农民工人均月收入水平 单位：元

年份	2009	2010	2011	2012	2013	2014	2015	2016
合计	1417	1690	2049	2290	2609	2864	3072	3275
增幅	5.7%	19.3%	21.2%	11.8%	13.9%	9.8%	7.2%	6.6%
制造业	1331	1582	1920	2130	2537	2832	2970	3233
建筑业	1625	1946	2382	2654	2965	3292	3508	3687

续表

年份	2009	2010	2011	2012	2013	2014	2015	2016
批发和零售业	1443	1716	2024	—	2432	2554	2716	2839
交通运输、仓储和邮政业	1671	1956	2485	2735	3133	3301	3553	3775
住宿和餐饮业	1264	1511	1807	2100	2366	2566	2723	2872
居民服务、修理和其他服务业	1276	1520	1826	2058	2297	2532	2686	2851

农民工在不同地区务工的人均月收入水平　　单位：元

年份	2009	2010	2011	2012	2013	2014	2015	2016
全国	1417	1690	2049	2290	2609	2864	3072	3275
东部地区	1422	1696	2053	2286	2691	2966	3213	3454
中部地区	1350	1632	2006	2257	2533	2761	2918	3132
西部地区	1378	1643	1990	2226	2552	2797	2964	3117

20 世纪后半叶，“亚洲四小龙”经济崛起也曾经历三个阶段：低工资拉动经济起飞，工人要求加薪和企业进行转型，产业升级和工资增长良性互动。中国似乎正处于第二阶段到第三阶段的演进过程中。

从 20 世纪 60 年代开始，新加坡走上了劳动力密集型工业化道路，为了发展生产力、推进工业化进程、降低已经高达 10% 的失业率，职工工资的增长被置于国家经济发展的整体战略之下，新加坡全国职工总会的力量也被限制。在低工资政策的支撑下，新加坡经济得到了快速发展。1972 年，新加坡成立了全国工资理事会，专门研究职工工资增长的原则和幅度。整个 20 世纪 70 年代，新加坡的平均通货膨胀率大约为 5.8%，职工工资年均增幅只有 1.7%，远远落后于经济增长率。[①]20 世纪 70 年代末，随着新加坡经济的发展，高投资、高技术、高生产力形成了高工资。为了促使企业高效使用劳动力，新加坡调整了工资政策，将稳定有序但缓慢的工资增长改为高工资，导致了企业人工支出的大幅增长。20 世纪 80 年代后期，新加坡全国工资理事会不再确定普遍适用的量化工资指导线，只提出非量化的加薪建议，使各行业工资都能保持相当的灵活性。

2021 年中国前三季度农民工月均收入 4454 元，同比增长 10.4%，两年年均增长 6.2%。中央提出“在高质量发展中促进共同富裕”和 2022 年扩大内需战略，促进消费持续恢复。调查发现，农民工技能提升直接关系到经济高质量发展、人力资源支撑、收入持续增长、提高劳动在初次分配中的占比，农民工收入增长直接影响着我国中等收入群体的扩大，农民工消费变化直接关联着我国激活蛰伏着的巨大消费潜力，三者“连接”构成新阶段农民工发展最核心问题，是推动农民工市民化最需研究解决的事情。

一、农民工收入持续增长，经济增速直接影响农民工收入增幅，东中西地区农民工收入增速差距逐步缩小

经济发展对农民工的需求增长，从而加快带动他们的工资水平有较大幅度增加。2000 年以来，农民工平均工资收入基本呈逐年上升态势，除 2002 年相对 2001 年略有 0.6% 的下降外，其余年份均是逐年上升，经济扩张中 2003—2012 年增幅达到两位数，经济增速放缓后呈个位数增长，2020 年达到 4072 元 / 人。2015 年起农民

① 郑振清．新兴工业化中的混合型统合主义——考察新加坡工会运动与劳资政三方代表协商机制 [J]．中国非营利评论，2009（1）．

工工资增速放缓，年均增速基本维持在6%左右，而同期私营或非私营单位从业人员平均工资增速均高于农民工群体工资增速，社会劳动生产率增速也高于农民工群体工资增速。但新冠肺炎疫情期间因“招工难”问题凸显使农民工工资收入仍保持增长。2016年以来，中西部农民工工资收入增速与东部地区趋近，目前中部地区收入水平相当于东部地区的90%左右，而西部地区相当于东部地区的88%左右。2021年前三季度，外出农民工月均收入中东部地区增加528元，增长12.6%；中部地区增加328元，增长8.3%；西部地区增加255元，增长6.8%；东北地区增加348元，增长9.6%。这也说明，东部地区应对中西部地区就近就地就业增多的“招工难”中提升收入在起调节作用。

二、农民工收入增长直接增加了农村居民可支配收入，有力缩小了城乡居民收入差距

农村劳动力非农就业以及工资水平提升，推动农村居民人均工资性收入和可支配收入增长。农村居民人均可支配收入和工资性收入分别由2003年的2690.3元和904.9元增长到2019年的16 020.7元和6583.5元。与此同时，农村劳动力非农就业及工资水平提升，将农村居民收入结构由以经营性收入为主转变为以工资性收入为主。工资性收入占农村居民收入比重由2003年的24.5%上升到2019年的41.09%。农村居民工资性收入和转移性收入增长推动城镇与农村居民收入比下降，由2009年最高点的3.33下降到2020年的2.56。城镇和农村居民收入比下降进一步推动我国居民收入差距缩小。因此，农民工回流中返乡创业为大多数，其余仅是老一代农民工退出城市劳动力市场和极少数家庭因素形成，根本原因是进入城市务工

经商和农村务农的收入相差近10倍。脱贫地区农民工工资收入占到农村家庭收入一半以上。

三、农民工工资结构最突出的问题是民营企业大多数以城市最低工资标准确定基本工资，和延长劳动时间加班工资一起构成工资增加的决定因素

调查发现，很多用人单位习惯于依照本地区最低工资标准确定农民工的基本工资，特别是现在有大量农民工的工资水平仍然徘徊在略高于本地区最低工资标准的范围内。农民工提高收入需要付出更多加班劳动时间。问卷调查显示，农民工工作时间相对较长，近77%的受调查农民工平均每周工作时间超6天，近70%的农民工每天工作时间超8小时。电子产品制造业中每天平均加班2小时，每周加班一天的情况较普遍。这也是许多新生代农民工不愿意甚至增加工资也不愿意进入制造业的主要因素。

四、农民工收入按年龄呈现倒U形分布，不少老一代农民工打工多年收入仍然较低

年龄作为人力资本的重要因素，对农民工工资收入的影响具有阶段性特征。从人力资本一般意义上看，由于劳动者个人阅历、知识和经验的积累，收入会随着年龄的增长而增长，但也有当年龄达到一定阶段后，由于体力、观念及知识更新速度等方面与年轻人相比处于劣势，收入会随着年龄的增长而减少。问卷调查显示，26~35岁的农民工中，收入在4000~5000元的占比较高，36~45岁以及46~55岁年龄段的农民工收入分布中，3000~4000元的占比较高，而56~60岁年龄段的老一代农民工群体中，收入在3000元以上的

占比相对较高。这在一定程度上反映出对老一代农民工技能培训有“短板”，由于没有及时提供技能培训，没有进行体力型向技能型转换，也有不少是种种因素错过上职业技术院校，虽勤学苦练掌握技能但没有及时评定技术职称，形不成技能职称和收入增长的纵向提升，根据抽样调查推算，这一群体目前有1000万人以上。

五、数字经济下农民工收入出现新变化，新就业形态使农民工收入增加，但就业的不稳定性使收入不连续风险随之而来

数字经济所孕育和创造的多数就业岗位有进入门槛低、工作时间灵活的特点，成为农民工就业的新选择，特别是吸引了越来越多的新生代农民工进入。数据驱动、网络协同、平台支撑的新就业形态在坚持多劳多得的同时，也体现技高多得，按单计酬使工作和收入联系更为直接，为农民工增收开拓了新空间，但因没有劳动合同或劳动协议的因素，就业企业发展波动的因素，以及众包等人力资源服务的出现，使就业多以流动性、兼业性居多，一旦需求中断，就会出现收入不连续的情况。从总体上看，虽然收入较高，但往往是以更多的工作时间投入、未缴纳社会保险费等付出所取得的，目前个人往往要承担一定运营成本，且要承担职业安全风险。

六、后疫情时期就业不确定性影响收入不确定性

经济恢复中的不确定因素，经济转型过程中一些矛盾和问题的显现，外部经济环境的不确定性，都会使农民工就业受到冲击，从而带来收入的不稳定。特别是劳动密集型企业和外向型企业受到的冲击和波动更多，如新一轮新冠肺炎疫情冲击、拉闸限电等，都给农民工就业带来阶段性的“失岗”和收入减少。

七、技能劳动者增加，但相当数量的普工仍然缺少技能导致收入增长乏力

农民工技能人才尤其是高技能人才一直处于供不应求状况，目前我国技能劳动者总量约2亿人，其中高技能人才5800万人，约占技工总量的30%。农民工中高技能人才比例更低，参加过职业技能培训的约占40%，高技能人才约占农民工技工的20%。劳动力总量大、技能人才比例低，直接影响着农民工收入持续稳定增长，尤其是随着产业转型升级、智能制造发展，从事中低端劳动岗位和低技能农民工工资收入增长空间有限。

八、农民工租住房等刚性成本支出较大，可支配收入相对较低

随着农民工收入不断增长，绝大多数农民工的收入均超过了所在城市的最低生活保障线，大大高于输出地农民，但由于租房、小城市（县城）购房、子女教育等高额费用的刚性支付，使农民工的实际可支配收入往往远低于其名义收入，大病医疗个人支出部分往往使其陷入困境。问卷调查显示，超37%的农民工群体在就业地租房居住，超88%的农民工月租房支出在1500元以下，购房农民工中53.10%有商业贷款。

九、农民工工资收入增长放缓，疫情期间的不确定性更降低了农民工的消费意愿

农民工收入高低直接决定消费多少。新冠肺炎疫情以来，农民工预期收入的不稳定使其在消费上更趋谨慎，据农民工“就业过年”调查，希望假期期间能有加班机会和物价保持稳定、政府给予网络

通信补助等居前五位，自办年货快递回家也是不得不支出的亲情消费。失业风险对农民工家庭的人均消费更具有显著的负向影响，主要表现在休闲旅游、文化娱乐等方面。疫情期间，农民工失去一天岗位即失去 200 元收入，2020 年疫情肆虐时晚复工一个月农民工工资收入损失达一万亿元（去除加班生产口罩、熔喷布等防疫物资和必要的物流快递等）。2020 年年初，广大农民工从面对突如其来的新冠肺炎疫情怕受感染感到恐惧，到 2 月上旬没有复工消息、收入没着落又感到心里恐慌。

十、相当数量的农民工未参加城镇职工基本养老保险，因担心“老无所养”也导致消费谨慎

预防性储蓄理论认为，风险厌恶者的预防性储蓄随着未来收入不确定性的变化而变化，未来收入的不确定性越大，预防性储蓄越多。良好的社会保障制度是社会消费环境的安全网和减震器。虽然农民工已经被纳入城镇社会保险体系，但由于城镇职工基本养老保险按照城市社平工资一定比例缴纳，显然不适应相当的农民工收入实际情况，由于农民工的实际收入也仅相当于社平工资的一定比例，因此实际进入城镇社会保险体系的农民工不仅数量有限，较多是由新农保转换而来的城乡居民基本养老保险，不少“40”“50”大龄农民工由于未能达到缴纳社保的年限等原因只能将打工收入更多用于储蓄来保障养老和医疗。

十一、农民工正由老一代节衣缩食攒钱回乡盖房，向中生代精打细算城市租房、县城买房，新生代在线消费日渐增多转变

问卷调查显示，农民工在购买大额商品时，67.56% 的人消费

支付倾向是存钱购买，18.22% 的农民工选择通过贷款方式购买，还有 8.01% 的农民工通过借钱的方式购买。当有借款需求的时候，61.53% 的农民工选择向身边亲人朋友借钱。但分年龄段看，年龄越小，选择“没有计划、想花就花”消费观的比例越多。16～25 岁和 26～35 岁的新生代农民工选择该消费观的比例分别占 19.13% 和 16.32%。而随着年龄越大，选择“精打细算、能省就省”消费理念的人群越多。

十二、农民工市民化进程中大量集中在大城市务工经商，但因未能落户使其归属感不强，影响在城市消费

农民工消费问题不仅是一个经济问题，更是一个身份认同问题。老一代农民工多数选择回到县城而不是回到乡村，既能够回乡养老，也能够改善居住条件，同时有机会就近在乡村把打工学会的本领发挥出来。新生代农民工和大部分中生代农民工在城市享受公共服务的呼声日渐强烈，租住小户型租赁房和小孩上学需求日益成为刚性消费，也逐步增加城市文化和生活消费支出，期盼城镇职工基本养老保险和医疗保险。据调查，新生代农民工将有无企业集体宿舍或小面积单间作为就业的优先选项，超出老一代农民工收入选项。目前农民工市民化进程中的突出问题主要集中在大城市“同工同保”“同城同待遇”上，农民工希望融入城市，但较长时间不能享受大城市基本公共服务，很多只能选择回县城买房，而在城市只有维持性的基本消费支出。

农民工期盼进入新发展阶段享受政府或企业技能培训，通过技能提升实现从自身承载着的“人口红利”向“技能红利”转变，从人力资源向人力资本提升转变，在收入稳步增长的同时，从租住房、

在线购物、小孩上学等的主要消费向城市高品质生活转变，进而从充分就业走向高质量就业。

第三节

融入大城市面临的“三难”

农民工融入城市面临着一些障碍，总括归纳为“三难”。

一、一难：缺乏技能，稳定就业难

农民工缺乏技能是成为现代产业工人的主要障碍。中国农民工进城时没有多少积累资金可带，进城之后主要依靠自身劳动力，这在20世纪80年代农民工初进城、经济刚刚开始起飞的阶段是适应的，但是在产业升级中农民工缺乏技能的弊端逐渐凸显。当前，农民工的技能水平总体偏低，多数从事中低端劳动，就业稳定性差，合同期短，流动性大，难以融入城市。2016年和2017年，接受过政府补贴的技能培训的农民工人数约占农民工总数的33.1%和32.9%，其中接受非农职业技能培训的比重都是30.7%，加强农民工职业技能培训成为经济结构战略调整的需要。

不少大城市尤其是特大城市实施积分落户政策，“高技能先落户、低技能后落户、少技能难落户”，缺乏技能的农民工往往成为城市过客。当前，农民工发展总体上已进入以技能促进就业、以公共服务促进融入城市的阶段，解决农民工特别是新生代农民工的技能缺乏问题是当务之急，是解决农民工问题的关键所在。一旦农民工掌握了技能，他们在城市面临的诸多问题就“全盘皆活”。

提升农民工技能，也是弘扬中国工匠精神和复兴中国工匠文化的重要内容。

从旗袍大师褚宏生
看“将就”变“讲究”的工匠精神

他只需看一眼照片就能知道一个人的身材尺寸，并做出完美贴身的旗袍，引得无数人登门拜访。从 18 岁一举成名到耄耋之年，他凭借一针一线和一把剪刀跨越了整个世纪，2015 年他又以 98 岁高龄在上海举办了旗袍高级定制秀，蜚声中外。80 年时间里他只做了一件事，便是手工缝制旗袍，他被誉为旗袍之神，也是“最后的上海裁缝”，他就是褚宏生。

最绝的手艺是“量体裁衣”

褚宏生被公认为最绝的手艺便是“量体裁衣”，他的眼睛就是标尺，无论顾客高矮胖瘦，一看身形便知尺寸，这种绝活儿，恐怕中国也只有很少的人能做到。在褚宏生看来，旗袍的精髓就在于对人体尺寸的准确把握。

坚守匠心独具的手工缝制

改革开放后，旗袍再度走红，但手工缝制逐渐被机器缝制取代。而褚宏生则认为，一件旗袍需要量体 26 个地方，而测量时又不能太精准，旗袍讲究的是合身，用手一针一线牵进去的都是情丝，正是这样才使旗袍有了生命，才能完整地表达出东方的韵味。

时代变迁，传承需要追随潮流

褚宏生也不是一味守成，他借鉴西式服装风格和利用多样面料，在中式旗袍中融入新的元素，使色彩和造型更加多样化。他深知手工缝制的精华要融入时尚潮流之中，推陈出新才是旗袍永葆青春的传承发展之路。

资料来源：长江商业评论微信公众号。

中国工匠精神，狭义地讲，是指工匠们对自己的产品精雕细琢、精益求精，以忘我劳动而追求极致的精神；广义地讲，是指中国工匠在传承中不断吸收现代营养成分，推陈出新的精神。中国工匠精神不仅有制造，还有创造。20世纪经济学家熊彼特的“创新理论”中，第一次将发明和创新区别开来。他讲道，新材料、新工艺、新产品等属于发明的范畴，而进行商业化后，将分散的生产要素重新组合产生新效益的活动都可以称为创新。中华民族精耕细作的基因和中国人的勤劳智慧，孕育出中国深厚的工匠文化。工匠们的创新发明犹如一颗颗明珠镶嵌于历史长河中，不仅出现过鲁班这样的大师级工匠，也有绘制敦煌壁画、建造故宫等世界级杰作的众多民间工匠。伴随着历史文化旅游资源的开发，从明清时期建造的一个个气势恢宏的大院到一座座著名的现代精美建筑，无一不折射出工匠精神。这些都印证着，在中华民族的基因里有工匠精神代际相传的潜质，我们今天要做的就是将其挖掘出来并发扬光大。加强已成为产业工人主体的农民工的职业培训，加快提升其技能，不仅是解决农民工就业稳定性问题的需要，而且对于传承和发扬中国工匠精神具有特别重要的作用。

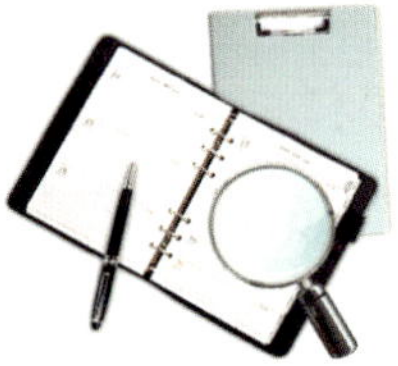

国礼体现中国工匠精神

2015 年，中国领导人访问英国，送给英国的国礼中就有浙江东阳木雕大师马光军创作的“寿比松龄”，木雕精湛的技艺和美好的寓意得到英方赞赏。

中国送给联合国的国礼——“和平尊”，出自北京工美集团技能大师张同禄之手。“和平尊”以中国非物质文化遗产景泰蓝工艺精制而成，传递和平发展、合作共赢的理念。

世界工业革命兴起时，人们已开始反思，机器可以代替劳动，但不能抛弃优秀的手工制作。20 世纪初欧洲工业革命中，机器制造的猛烈冲击使欧洲家具制造的传统手工工艺体系不复存在，以机器和流水作业生产出来的家具充斥着市场。但一些优秀的设计师很快意识到农业文明时代千锤百炼的手工艺中包含着杰出的设计思想和精湛的手工制作技艺，是现代工艺生产所不能取代的。受欧洲文艺复兴时期批判与创新思想的影响，在法国和比利时等国家出现的“新艺术运动”就主张在家具与室内装饰设计方面，艺术应与技术结合，这样更能富有生命力。创立于 1919 年的德国包豪斯设计学院就是世界现代工艺设计的发源地，对世界艺术与设计结合的推动有着独特而卓越的贡献。包豪斯设计学院家具细木专业的实践基地培养学生精准的实际操作能力，在欧洲乃至世界产生了久远影响。鉴于此，欧洲博物馆开始将手工制作精品作为艺术品进行收藏。无所不在的机器制造和快速消失的精制手工艺唤醒了人们对经典传统手工艺的保护与传承意识，从而促进了非物质文化遗产的挖掘和保护。

科学家产生创新想法，工程师设计图纸，工匠制造出产品，三者缺一不可。工匠作为将设计转化为实物产品的执行者至关重要。一些复杂的结构可能用先进的机器也难以实现，而人是最具柔性的，可以发挥创造力来解决复杂问题。尽管技术发展不断升级，拥有高技能的工匠仍不可或缺。如果机器取代了旧工种，那必然产生操作机器的新工种，能够驾驭机器的高级技工将更加珍贵。事实上，拥有工匠精神的劳动者，能够在制造中不断改进工艺，在改造中努力突破极限，既承担“制造”的功能，更具备“创造”的可能。在中央电视台播出的《大国工匠》纪录片中，大家可以看到，即使像火箭发动机这样的高精尖产品，它的焊接精度也需要通过工匠的高技能来保证。

二、二难：改善住宿条件，大城市落户难

农民工缺乏住房保障是难以融入城市的突出问题。2010 年，上海市一老式里弄发生重大火灾后，北京市部署开展火患排查，发现北京市地下室住着近百万农民工。农民工不仅希望增加收入，还强烈要求被城市所接纳。大量农民工，包括相当数量的新生代农民工居住在地下室、工棚、集体宿舍或者城郊小产权房中，居住条件差，生活质量低，极易引发卫生、安全等问题，同时也存在着夫妻两地分居带来的家庭和婚姻问题。到 2015 年，仍有近 16% 的农民工住在工棚和生产经营场所。外出农民工中，雇主或单位不提供住宿也没有住房补贴的比重为 46%，农民工住房困难问题仍然比较突出。

农民工在城市住宿情况 %

年份	2008	2009	2010	2011	2012	2013	2014	2015
单位宿舍	35.1	33.9	33.8	32.4	32.3	28.6	28.3	28.7
工地工棚	10	10.3	10.7	10.2	10.4	11.9	11.7	11.1
生产经营场所	6.8	7.6	7.5	5.9	6.1	5.8	5.5	4.8
与他人合租	16.7	17.5	18	19.3	19.7	18.5	18.4	18.1
独立租赁居住	18.8	17.1	16	14.3	13.5	18.2	18.5	18.9
在务工地自购住房	0.9	0.8	0.9	0.7	0.6	0.9	1	1.3
乡外从业回家居住	8.5	9.3	9.6	13.2	13.8	13	13.3	14
其他	3.2	3.5	3.5	4	3.6	3.1	3.3	3.1

当前，多渠道解决住房问题已成为新生代农民工融入城市的基础工程，需要纳入政府住房保障体系，建立政府、企业、个人成本分担机制，使他们从“地下”走到“地上”。可考虑借鉴国际上一些成功的做法，例如新加坡的组屋制度，日本的“团地”等。

新加坡的组屋制度是面向低收入家庭提供廉价住所的制度，其初期也是建造低标准、小户型住房以解决低收入群体住房问题。根据新加坡政府1966年颁布的《土地征用法令》，负责组屋总体规划、设计建造和经营管理的建屋发展局可以以远低于市场的价格从土地局购买土地，保证了大规模公共组屋的建设。公共组屋的建设资金来自建屋发展局从中央公积金局获得的贷款、居民的购房资金贷款和政府补贴。组屋的分配对象必须是收入在一定额度以下的无私有房产者，新建组屋的申请者一般需形成“核心家庭”，即夫妻双方家庭。对于不同收入水平的分配对象，组屋通过租赁或者出售的方式予以分配。

20世纪50年代，日本大量年轻人从乡村组织起来，到东京、大阪等大城市打工，刚开始也是由纺织厂、建筑公司、机械厂以及商店等为初来乍到的打工者安排宿舍。这些打工者到了成家的年龄后，再由都市再生机构建设大规模的高层小户型住宅提供给他们居住，这些小户型住宅被称为“团地”。现在在东京博物馆的一角，还可以看到按照1∶1的比例还原的典型团地“一户建”（供一家人居住的公寓），虽然面积不大，但小巧紧凑。根据东京博物馆展出的资料，这些在公营团地生活的外来务工家庭都是住出租屋，入住顺序不再像之前公屋一样排队，而是由抽签决定，虽然有年薪和储蓄的门槛，但如果提前付清并不昂贵的1年以上的房租和押金，都可以入住。

在解决农民工住房问题方面，还应更多关注增加农民工居住地探亲房、夫妻房数量问题，这关系到留守妇女的生活质量。中国农业大学的一项研究显示，全国有1700万留守妇女，因丈夫长期在外打工，留守妇女长期处于性压抑状态，很容易连锁产生烦躁、抑郁、焦虑等负面情绪。浙江省绍兴市卫生局张文卫的首份农民工性报告中也有相关的调查结论。这也是不少农民工选择就地就近就业以解决夫妻因长期两地分居和缺乏思想沟通而造成感情疏远的问题。

我国现有的户籍制度带有深深的身份烙印，与之捆绑在一起的还有养老、教育、医疗、住房、低保等制度及福利的城乡差异。农民工由于没有在城镇落户，影响他们在城镇安居乐业，他们更多的是往返于城镇与农村之间，加大了社会成本。目前，国家进一步推进户籍制度改革，实施差别化落户政策，在全面放开建制镇和小城市落户限制的基础上，积极推动中等城市落户进度，合理确定大城市落户条件，严格控制特大城市人口规模。而事实上，进城务工经商的农民工大都在大城市尤其是特大城市，受现行政策约束而一时难以落户。这些都需要加快提高户籍人口城镇化率，积极推进农民工市民化实现新突破。从供给看，在劳动年龄人口总量减少的情况下，这在稳定劳动力供给和工资成本、培育现代产业工人队伍方面具有重要作用。从需求看，这在扩大消费需求、稳定房地产市场、加大城镇基础设施和公共服务设施投资方面具有重要作用。从根本上看，这也是全面建成小康社会、践行共享新理念、缩小城乡差距、惠及更多人口的基本要求。

（一）农民工住房新需求

新生代农民工已越过老一代农民工“进城就业、积累资金、回乡盖房”的阶段，进入“提升技能、改善住房、融入城市”的新阶段。老一代农民工住地下室、住城郊小产权简陋住房已成为过去，能够在城市稳定就业、有尊严地生活居住已经成为新生代农民工日益强烈的要求。他们对企业招工不仅要看收入水平，还要看能否提供住宿和子女就近上学的条件。当前企业面对招工要付人力资源中介 1000～4000 元的高额成本，建或租职工宿舍也成为降成本、稳队伍的重要之策。近年来，约 20% 的农民工在中小城市买房，在大城市“干一二十年也买不起房”已是普遍现象，而在中小城市房价相对较低，可以买房养老，孩子可以进城上学，也可以就近照顾父母。根据中国劳动和社会保障科学研究院 2020 年外出务工及返乡人员问卷调查，农民工在大城市务工地主要是以租房为主，占到全部调查样本的 48.7%，还有 30.6% 的农民工住在企业职工宿舍，只有 8.9% 的农民工在务工地购买了住房，住公租房的比例有 2%。调查还发现，44.2% 的农民工对所在城市缺乏归属感，主要原因是收入较低、购房难、无亲朋和工作不稳定。其中，56.5% 的农民工是因为收入低、生活压力大，46% 的农民工也选择了因为买不起房子而缺乏归属感。

新生代农民工对城市稳定居住的需求上升。目前，新生代农民工在长三角、珠三角城市群流动人口的比例已经超过 60%。与第一代农民工外出打工的诉求有所不同，新生代农民工已经逐渐从“经济型”向“经济生活型”转变。他们当中的大部分没有务农准备，往往对城市的认同超过了对农村的认同，他们不再是暂居城市，而是倾向于在城市长期居住，并且有举家迁移的愿望（从现实条件出发，大城市租房、中小城市购房已成为大多数农民工收入消费需优先考虑的问题），这些都使得他们对获得城市稳定居住的需求更加强烈。

（二）农民工对小户型租赁住房的需求逐步增加

新生代农民工大多通过租房解决住房问题。据全国流动人口动态监测调查和 Wind 数据库数据，79.22%的农民工通过租房解决住房问题，只有 20.78%的农民工通过买房解决住房问题。分年龄段来看，“70 后”“80 后”“90 后”及以上群体是当前农民工的主体，其中“90 后”及以上群体通过租房解决住房问题的比例高达 86.42%。如浙江珠岙童装制造基地 175 名外地农民工中 34 人在县城购房，占比 19.4%，其中 19 名有房贷。在大城市打工的“80 后”“90 后”和“00 后”新生代农民工成为租房主体。

小户型租赁市场更受年轻一代的青睐。贝壳研究院数据显示，

2020年第三季度租赁成交中60平方米以下的户型占比为34.2%，同比上涨了1.7个百分点。这表明租客租住面积呈现下降趋势，60平方米以下的户型占比同比增加。同时，租客群体也呈现年轻化，“90后”“00后”租客增加。2020年第三季度北京租赁成交中18~29岁租客占比29.1%，同比增加5.2个百分点，相比于2018年第三季度增加10.6个百分点。据58同城、安居客发布的《2020年中国住房租赁报告》，2020年全国租赁房源访问量同比增加26%，其中30~66平方米平层的公寓受欢迎。调查中新生代农民工反映，“不愿意被打扰，享受一个人的自在时光”“房子是租的，但生活不是租的”“哪怕面积小，只要有单间就受欢迎”等理念影响着年轻人的住房选择。

（三）发展城市小户型租赁住房的先行做法

适应农民工新需求，部分农民工相对集中的大城市积极建设小户型租赁住房，取得初步成效。

重庆持续深化改革、完善以公租房为主体的住房保障体系，着力解决中低收入家庭和农民工新市民的住房困难问题。从增加小户型公共租赁住房入手，给予中低收入困难户每月租房费用60%的补贴。现有公共租赁住房54万套，直接惠及约140万农民工和住房困难群众。在构建住房保障体系过程中，重庆率先打破城乡内外的差别和户籍制度的藩篱，破除户籍和收入对公租房申请的准入限制，确保农民工与本地城镇居民同等享受政府提供基本住房保障的权利。

武汉积极探索盘活存量房源、增加租赁房源、培育市场主体、规范租赁市场的租赁住房体系建设。针对农民工住房问题，将符合条件的农民工纳入住房保障实施范围。鼓励农民工集中的开发区、产业园区可以按照集约用地的原则，集中建设职工宿舍型或单元型小户型公共租赁住房，面向用人企业或农民工出租。同时，将在城镇有稳定就业的农民工纳入住房公积金制度实施范围，支持农民工使用住房公积金购买（租赁）住房。2019 年，公共租赁住房约为 12.22 万套，武汉面向城镇中低收入住房困难家庭和新就业职工的住房规模达到 9.16 万套。

上海公租房 2020 年试点拆套使用，通过拿出部分公租房拆套后提供合租、加强宿舍型房源筹集等方式，为快递小哥、环卫工人、家政服务人员等加强“一间房”乃至“一张床”的精准供应，租金定价适当从优。按照公租房“略低于市场租金”原则，统筹考虑入住职工租金承受能力等因素，合理确定租赁价格。鼓励用人单位尽责，通过补贴部分租金等方式，进一步减轻入住职工租金负担。

杭州积极推进“蓝领公寓”，敞开大门欢迎从事物业、餐饮、保洁、保安等服务性行业的外来务工人员，缓解农民工租房困难，优先满足物业服务等服务行业农民工租房需求，逐步向其他行业放宽，租金价格不高于同类地段同等居住水平市场租金的 70%。同时，将城市公共交通和环卫系统住房困难农民工纳入城市公共租赁住房保障体系，解决了 3000 多名环卫工人的住房困难。

三、三难：维护农民工合法权益，解决“两低两多”问题难

近几年，侵害农民工合法权益的突出问题得到了有效遏制，由

于市场经济的趋利性和维权意识的渐进性，侵害农民工合法权益的突出问题仍有发生，集中表现为“两低两多”。

（一）一线农民工工资收入总体偏低

近年来农民工收入虽比城镇居民人均可支配收入高，但与城镇单位就业人员平均工资相比，农民工收入只占城镇单位就业人员平均工资的大约60%。

（二）参加城镇职工社会保险的比例较低

2019年年末，农民工参加城镇职工养老保险、失业保险、工伤保险的人数分别为6155万人、4958万人、8616万人。随着农民工已成为一线劳动者主体，同工同酬已基本解决，同工同保问题更为突出。2014年东莞裕元鞋厂因员工社保缴费问题发生了集体停工事件，据职工反映，工厂在为员工缴纳社保时，以远低于员工实际工资收入的标准计算缴费额，损害了职工社保权益。一位员工表示他的月工资收入为3000余元，但是工厂缴纳社保的工资基数为1810元。

（三）在高危行业中工伤事故和灵活就业中劳动争议发生较多

城市中苦、脏、累、险的岗位上主要是农民工，在煤矿、非煤矿山、易爆易燃、危险化学品、建筑施工、道路交通、爆破拆除等高危行业中，农民工伤亡事故时有发生。在高危行业中发生工伤死亡事故的多数是农民工。2009年，河南农民工张海超因怀疑自己在工厂干活儿得了尘肺病，多方维权和检查无果后做出要开胸验肺的惊人之举，这曾是中国农民工维权的极端案例，后经省级有关部门检查认定后妥善解决。湖南张家界27名搞建筑的农民工到深圳要求治疗尘肺病，他们尽管没有留存劳动合同凭证，但经有关部门调查确认有事实劳动关系存在，深圳市有关部门及时给予人文关怀，妥善处置了这一事件。

国家卫生健康委的数据显示，2021 年共报告新发职业病 1.54 万例，有职业性尘肺病 1.18 万例，约占 76%，其中绝大多数尘肺病患者享有工伤保险待遇，医疗和生活有相应保障，但由于一部分尘肺病农民工因历史形成的多种原因未取得与企业存在事实劳动关系的证明，未享有工伤保险待遇。一方面，由于早前农民工在外务工期间频繁更换用人单位，未及时与用人单位签订劳动合同，以致不能依法进行职业病和工伤认定；另一方面，由于一部分尘肺病农民工的就业企业属于乡镇企业和小企业，这些企业没有主动为其缴纳工伤保险费，致使这些农民工通过工伤保险基金得到医疗保障受阻。

农民工尘肺病患者多为中年人，是家庭的主要收入来源，患病后逐渐丧失劳动能力，往往使家庭陷入贫困。2018 年 3 月，中国工程院王辰院士在“推动解决尘肺病农民工问题研讨会”上说：“尘肺病农民工是社会上最弱势、最值得关心的一个群体，因为没有谁家条件很好会舍得让家里人到高粉尘的作业现场工作。同样面临健康问题，人们得了其他病后，不会像尘肺病患者一样要经受这样大的痛苦。最难受的不是瘙痒、疼痛，而是在意志力面前都难以抗拒的憋气，而憋气是和濒死的感觉联系在一起的。”尘肺病问题是世界工业化进程中很多国家都难以避免的问题，也在农民工关注并期待解决的突出问题之列。随着中国特色社会主义进入新时代，解决发展不平衡不充分问题的力度加大，解决农民工尘肺病问题不仅有全国人大代表、政协委员的关注和建议，更有政府有关部门将其纳入工伤保险和社会救助的范围。2017 年 11 月修订的《中华人民共和国职业病防治法》，也扩展了对农民工尘肺病患者的鉴定途径。

在维护农民工合法权益的进程中，时有发生的工资拖欠现象正在大幅减少，总体来看，顽症正在攻克。近几年政府大力清理农民工工资拖欠，农民工工资支付得到有效保障，恶意欠薪事件得到快速处置，在经济增速放缓的情况下，曾经出现的堵门、围老板、爬塔吊等讨薪极端事件已经很少，但在经济下行压力较大的情况下困难企业拖欠农民工工资现象仍有发生。2003 年，国务院领导在走访三峡库区腹地的云阳县时帮助当地农民熊德明讨薪；2012 年，中央电视台以基层蹲点讲故事的形式讲述了四川籍建筑工人杨立学在西安讨薪的经历。这都给“清欠”赋予了正能量。2017 年 1 月，国务院领导来到地震后重建的云南鲁甸甘家寨村民甘永荣家，得知小伙子在外打工养活一家六口人，却被拖欠一年多工资时，当即表示这违背市场规则，更违背道德良心，绝不能让农民工背井离乡流汗又流泪，强调解决农民工欠薪问题必须反复抓、抓到底。紧接着，国务院及人力资源社会保障部、住房城乡建设部等部门采取了更有力的措施帮助农民工“清欠”。2020 年，《保障农

作者带领国务院督查组在江苏督查农民工工资“清欠”情况

民工工资支付条例》出台，使农民工维护工资权益有了利器。2012年，人力资源社会保障部等有关部门积极开展“智慧监察”，有力维护了网约劳动者工资权益。

第四节

大批新生代农民工投身新业态

中国历史上从来不缺乏变化中奋斗的人群，中国农民工中从来就有一批逢山开路、遇水架桥、迎难而上的开拓进取者。面对经济新常态的种种变化，农民工与生俱来的市场经济特质与政府宏观经济导向契合，在适应新常态方面做出了诸多努力，在经济转型的创新驱动下出现了新的发展趋势，大批新生代农民工投身新业态。

快速兴起的家庭服务、快递快送、无线寻呼等现代服务新业态，从 2013 年开始在应对经济下行中逆势上行，2013 年到 2022 年连续 10 年每年吸纳农民工百万人以上，呈现出方兴未艾的发展势头。2022 年，家庭服务业吸纳 3000 多万农民工就业，快递业吸纳约 4600 万农民工就业，外卖快送业吸纳约 6400 万农民工就业，网约车服务吸纳约 600 万农民工就业，无线寻呼业吸纳约 200 万农民工就业。

一、家庭服务业——农民工家政服务员

家庭服务业是传统与现代相融合的朝阳产业。在北京等特大城市，硕士易求，好的家政服务员难找，月嫂月薪万元就是市场选择。中国家庭服务业服务需求大、就业容量大、提升空间大、发展潜力大，因行业门槛低，计时计件收入较高，吸引着大批农民工进入。

在中国经济快速发展中，人口大量向大城市、特大城市聚集，中等收入以上群体消费的家庭服务日渐增多，给家庭服务业发展创造了巨大空间。据有关研究，中国城镇化率每提高 1 个百分点，就会增加约 40 万户的家庭服务需求，特大城市和一线城市比例更高。到 2035 年，家庭服务业还可以创造出上千万个就业岗位，老年陪护和小孩照料的刚性需求带动家庭服务需求量日益增长，并呈现出多样化、个性化和优质化的态势，服务拓展和升级中蕴藏着极大的发展潜力。

由于家庭服务业从业人员绝大多数是农民工，国务院农民工工作联席会议办公室同时也是国务院发展家庭服务业促进就业部际联席会议办公室，因此我近年来有机会前往崭露头角的家庭服务企业走一走、看一看，听取一线呼声，也留下了深刻印象。

（一）领军企业的前行

2017 年 4 月，我在北京爱依家政服务公司调研时了解到，员工最为满意的是爱依家政不仅给她们提供初次技能培训的机会，从业后还可以根据新业务的要求给予新的培训，使她们可以获得较高收入。爱依家政与北京职业技能培训院校合作，由院校对新来的家政服务员进行封闭培训，考核合格后由爱依家政与客户对接分配上岗。

爱依家政通过筛选，将家政服务员分为提供劳务型服务和提供技能型服务两种。劳务型服务主要是照料小孩或照顾老人、做家务、担任家庭杂活儿辅助帮手等，技能型服务主要有育婴员（师）、月嫂、家庭助理、老人高级护理员等。从向客户提供一般家政服务，到通过技能提升为高收入家庭提供高端家政服务，爱依家政为每位有志于从事家政服务的从业人员制定职业生涯规划。在岗期间，员工可参加爱依家政每月两次的免费岗中培训，这也让员工感受到了家政服务是社会需要和有向上发展空间的职业，和制造产品、盖大楼的其他农民工一样，都可为社会发展做出自己的贡献，也能在发展中实现自身的价值。爱依家政通过滚动式的培训，开阔员工的眼界，提升员工的素质，有很多家政服务员都把爱依家政当成了她们在北京的家，把爱依家政的老师当成了在北京的亲人。

● 凤凰卫视著名主持人吴小莉采访参加家政服务技能培训的山西姑娘白雪

来自山西省吕梁市临县的高中毕业生白雪讲，她来爱依家政接受月嫂和老年陪护服务的技能培训，培训期间就不断有客户前来问询招聘，从中她看到了“一老一小”（老人和小孩）这两个人群服务潜力很大，想在北京干一段时间积累一些经验后，回家乡办个小型家政服务公司，自己创业。当我们问她是不是想当个小老板时，她有点不好意思，但笑着说：“可以试试看，路都是人走出来的。”

当问到家政服务员有什么困难和需求时，她们回答：“刚来到大城市，楼房高、电器多，有点不适应，总感觉雇主对自己干的活儿不是很满意，有时也免不了磕磕碰碰，但要想出来闯一闯，当然主要从自己身上找一些原因。在这儿收入比在家乡时多得多，一个月差不多是在家乡一年的收入，所以有问题我们也会积极克服。现在主要是想和城镇职工一样，有社会保险。另外，当不小心碰坏东西或自己上班不注意造成伤害时，能有保险就更好了，这样家里也放心。”我在随后与爱依、三替、管家帮等大型家政企业高管人员座谈时，他们表示可率先提供低缴费的财产和人身保险。

董事长穆丽杰向作者介绍爱依家政发展情况

2013 年，我来到位于西子湖畔颇有名气的杭州三替集团调研，他们同样是从注重家政服务员的精细化培训入手，建起了 3 万平方米的现代化三替培训学院，总结实操新需求，分析经典案例，借鉴国际先进经验，编写家政服务规程，使农民工入职后受到规范系统的严格训练。一批批受到市场欢迎的家政服务员都是在“高师”指点和严格训练下成长起来的。对于近年来需求旺盛的月嫂，从制作月子餐、催奶服务、产妇保洁按摩、衣物分类清洗和房间保洁整理等，到新生儿护理的喂奶、带睡、洗澡、更换尿布、抚触和清洗衣物等，再到中国的、外国的各类保洁用品，都在培训课程里进行重点介绍。细致入微又时尚健康的培训使一大批女性农民工通过勤奋学习上岗后得到高收入的回报。三替集团近年来也将培训运用到通过劳务输出实现精准扶贫上。2014 年，三替集团作为浙江精准扶贫的重点企业与深度贫困地区的贵州黔东南州政府合作劳务输出，每年给 100 个贫困家庭的孩子提供免费学习机会，开展对口精准帮扶，实现“就业一人、脱贫一家”。

精明干练的董事长陶晓莺介绍，三替集团是从一个小小的家政服务部开始，发展到经营规模在全国率先超亿元，涵盖家政服务、老年服务、病患陪护以及家政管理人才培养等众多项目的大型企业集团。为从根本上解决“雇主用得不放心、保姆干得不开心”问题，走出家政服务高需求、低认可的怪圈，大力推进家政服务标准化，给全国连锁经营的家政企业提供标准化的实操系统，三替集团制定了全国最早的两个家政行业标准——搬家标准和家政标准，还参与了国家级家政服务员教材的编写，成为国家家庭服务标准化试点企业。

董事长陶晓莺向作者介绍三替集团发展情况

三替集团员工最满意的是，到三替培训学院可以接受先进的家政服务设备操作培训和精细化的家政服务技能培训。来自安徽淮北正在接受培训的学员告诉我，以前从未见过在家用机器扫地，这次在培训学院学会了家庭清洁机的使用方法，使她们可以给有条件的雇主提供更优质的服务。

2016 年 4 月，我来到福州树人家政公司调研。树人家政敏锐地看到市场的新需求，开拓和发展了小学生托管的新业态，解除了家长的后顾之忧，吸纳了农民工就业。树人家政倾力打造小学生托管服务品牌，服务 30 万个家庭，在托小学生约 3 万人。树人家政连锁遍及福建、上海、浙江、宁夏、山东等全国 16 个省区市，拥有近 600 家直营及加盟托管服务站点，员工达 3000 余人。树人家政抓住改造提升小饭桌的机遇，快速将小学生托管服务发展成为家庭服务业的一种新业态。目前，树人小学生托管中心吸纳了上千名贫困山区农村妇女劳动力转移就业，并从中选择了上百名有头脑、肯吃苦的保育员转型为小学生托管中心的合伙人，帮助她们实现由就业向创业发展的梦想。

我在调研中看到，树人家政正在培训市场短缺而紧俏的月嫂，从闽西山区来的近百位女性农民工正在学习婴儿护理全流程，她们虽然大都有带孩子的经验，但那是山区陋屋的经历，现在要重新学习都市现代家庭的护婴必备实操技能。看着她们一个细微动作要重复上百遍，尽可能做到最好，我更深切地感到要想多挣钱就要吃得苦中苦，新生代农民工继承下来的吃苦坚毅精神正丰富着我国现代服务业工人的品格。虽然难以算上科班出身，但新一代育婴员（师）将在她们勤学苦练中产生，她们将承担起千万家庭里极为重视而因种种原因不能亲自做的“育儿”重任。

我和正在接受培训的学员交流，了解到她们大多是初高中毕业，60%是初中文化，上过高中的有20%多。她们大多因孩子到县里、市里或更远的地方读书或打工，丈夫也到外面打工，为了多挣点钱，为了在村里盖起“像样”的房子，现在来到树人家政学习家政服务。她们首选的是收入高的月嫂，初级月嫂主要是学会保洁、使用尿布等，中级月嫂则要懂得1~3岁婴幼儿的奶粉如何冲泡等，高级月嫂还要能够听懂婴儿哭声，是受冷、受饿、受热、受噪声、受外来惊吓等影响都要从哭声中分辨出来，使抚婴达到好的效果。看来想挣高薪，就必须要有高级技能。

2018年5月，我来到苏州颇有名气的金管家家政服务有限公司调研，她们用10年时间就发展成为从月子中心、育儿嫂到家庭保洁、老年陪护、小区照料的“全科”家庭服务企业，进入全国家庭

● 树人家政员工职业生涯规划培训课堂

服务业百强行列。从名称上可以看出，金管家有将蓝领变白领再到金领的愿景，有将优秀家政服务员培育成金管家的愿景。金管家董事长张银燕说，有愿望就会去奋斗，去主动捕捉商机，现在金管家在南方已站稳脚跟，正筹划着“北进”行动。

后来居上的北京唐顿家政创立者——大学毕业的陈哲、董忻渊瞅准家庭服务的市场正在上升期的机会，从育儿嫂、小学生课后托管到居家保姆、小时工以至老年照护，全链条开发市场潜力，在全国 20 余省开设连锁经营，发展的势头仍在上升。

透过这一个个生动的家庭服务企业的故事可以看出，随着经济新常态下 2600 多万农民工投身家庭服务业，在这个古老而又年轻的产业中开创了我国家庭服务社会化的新景象。

（二）“五轴联动”的发展

家庭服务在我国古来有之，管家、丫鬟、书童等可以说是早期家庭服务业中出现的职业形态，当时主要是服务于大户人家。新中国成立后，由于劳动价值观念的作用，中国家庭服务业发展基本处于停滞状态，家庭服务市场处于空档期。改革开放后，随着经济社会的发展和人民生活水平的提高，家庭服务已由“王谢堂前”进入寻常百姓家。中国家庭服务业的发展经历了 20 世纪 80 年代至 90 年代先发展后规范，进入 21 世纪边发展边规范的阶段。随着国家政策制定和标准实施，中国将进入以规范促发展的新阶段。从中国家庭服务需求与发展趋势来看，中国家庭服务业将成为农民工拓展就业、服务大众、提升自身价值、利国惠民的大产业。

改革开放以来，一批批农民工进城务工经商，为家庭服务业提供了丰富的劳动力资源。与此同时，中等收入乃至高收入家庭的数量不断增长，他们购买家庭服务的理念催生了家务劳动社会化，改变着传统的依靠父母亲戚进城帮忙的习惯，衍生出大量的家庭服务需求。这些都推动了家庭服务进入社会化，为家庭服务业的兴起提供了必要的社会条件，为其发展开辟了广阔的空间。21 世纪以来，随着中国工业化、城镇化的加速和数字经济崛起，现代服务业进入快速发展时期，伴生的家庭服务业迎来了快速扩张阶段。2022 年，发展家庭服务业的专题研讨认为，这种大容量吸纳农民工就业的扩张是多因素促成的，有人称为“五轴联动”。

1. 市场拉动

家庭服务业的兴起是市场配置资源要素的结果，家庭服务需求催生了家庭服务的新业态，量的扩张与质的提升合力推动了其快速发展。如今中国人口老龄化、家庭小型化、家务劳动社会化和“二孩”政策全面化等诸多因素使家庭服务业发展进入了旺盛期。众多城市居民家庭对家务料理、照顾老人、看护婴儿、护理孕妇、陪护

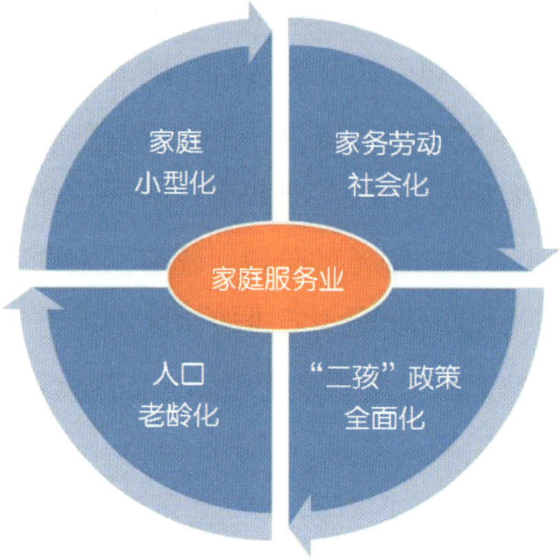

推动家庭服务业发展的“四化”因素

病患、家庭教育等家庭服务需求呈现快速增长趋势。2015年“二孩”政策实施以来，新生儿数量连年递增，造成月嫂需求“井喷”。家庭服务业是个国际化产业，有关研究显示，发达国家家庭服务使用率为30%，中国妇女勤于持家，家庭服务使用率为15%，即使这样，预测到2020年也将有3000万个家庭需要提供家庭服务。家庭服务业的市场细分比预测来得更快，从家庭管家、家庭教师到钟点保洁等有26个业态。家庭服务业这种旺盛的市场需求将激活企业、中介组织以及亲朋好友介绍等促进农民工就业的活力，市场在配置家庭服务业资源过程中的决定性作用日益凸显。

2. 政府推动

发展家庭服务业，上有中央重视，下有百姓需求，既是提高人们生活水平的客观需要，也是政府改善民生的现实要求。

2013年11月，中央领导在视察济南农民工综合服务中心时指出，家庭服务大有可为，要坚持诚信为本，提高职业化水平。2017年3月6日，国务院领导在参加十二届全国人大四次会议山东代表团审议政府工作报告时专门讲到家政服务：在我们进入中等收入国家的过程中，新的需求会产生，千万不要小看家政服务、养老服务，这些都是朝阳产业，将来带动的就业比传统的行业、重化工业还要多。这是大产业，属于经济新动能。只要把阻碍行业发展的问题突破了，效益会比大企业都好。2009 年，国务院常务会议专题研究发展家庭服务业，这是新中国成立以来第一次将发展家庭服务业列入国家议事日程，当时我列席了会议，与会各位领导对家庭服务业的关心和重视让我有切身感受。为了更有效地在国家层面协调发展家庭服务业，2009 年建立了国务院发展家庭服务业促进就业部际联席会议制度。由人力资源社会保障部牵头，国家发展改革委、民政部、财政部、商务部、全国总工会、团中央、全国妇联等部门（单位）参加，并成立了发展家庭服务业促进就业部际联席会议办公室（以下简称家服办），将家庭服务业作为重点行业加大了支持力度。为了使联席会议制度有效运转，人力资源社会保障部农民工工作司设立了家庭服务业处，负责家服办的有关工作。有公务员专司其职，能更好地发展家庭服务业促进农民工就业。2010 年 9 月，国务院办公厅印发《关于发展家庭服务业的指导意见》，指出大力发展家庭服务业对于增加就业、改善民生、扩大内需、调整产业结构具有重要作用。这是第一次专门针对家庭服务业发展出台的中央政府文件，具有权威性。该意见提出了发展家庭服务业的基本原则以及到 2015 年和 2020 年的家庭服务业发展目标，并从统筹规划家庭服务业发展、实行发展家庭服务业的扶持政策、逐步规范家庭服务业市场秩序、提高从业人员职业技能、维护从业人员合法权益和加强发展家庭服务业工作的组织领导等方面，对家庭服务业的发展进行了全面部署。按照党中央、国务院有关精神，各省（区、市）以及大部分地市都建立起了便于上下衔接的协调机制，有些地方还将工商、税务、金融等密切相关的部门增加为联席会议成员单位，共同在促进家庭服务业发展的平台上发力，也有利于打破“中梗阻”。各地加紧研究出台促进家庭服务业发展的行业管理和税费减免、财政增支、人员培训、金融支持、社会保险补贴、就业援助等扶持政策，在政府行政运作层面很快使家庭服务业有人管起来、忙起来，初步形成了联席会议统筹协调、各成员单位分工负责、行业协会自律互助的促进家庭服务业发展新格局。2018 年成立由国家发展改革委、商务部牵头的家庭服务业领导小组，应需而起、顺势而为、自上而下的推动家庭服务业大发展的局面业已形成。

3. 环境松动

家庭服务业的兴起越来越受到社会各方关注，需要解决的问题也越来越被强烈反映并得到重视，这里有来自高层领导的讲话，也有全国人大代表、政协委员参政议政的坦诚建言。2014 年 8 月，我参加全国政协组织的发展家庭服务业专题调查组深入东中西部大城市调研，提交了优化家庭服务业发展环境报告和建议。2015 年 12 月，全国政协领导主持专题会议讨论素有“小切口、大问题”的“促进家庭服务业发展”问题，得出的结论是，发展家庭服务业涉及的方方面面需要形成合力，不能靠政府或哪一个方面的力量包打天下。同时建议国务院将家庭服务业作为重点发展的服务产业列入国家“十三五”规划。我参加了这次座谈会，也见证了这项建议在国家“十三五”规划中得到体现。

中国经济快速发展中，哪一方面赋予的优惠政策多，哪个地方给予的“真金白银”扶持多，哪一方面的发展就在这个地方产生

“洼地效应”，人流、资金流、技术流源源不断地涌来。不少地方已经意识到家庭服务业对带动现代服务业发展、转化经济动能的“短平快”作用。国务院家服办经过调研分析，认为现阶段中国应重点扶持占到家庭服务总量5%以上的家政等4个基本业态，写入2010年国务院指导意见并明确了发展基本业态的目标和政策措施。紧接着，各地区、各有关部门围绕基本业态制定实施了一系列扶持发展的政策措施，普遍认为含金量高的政策措施主要有：对员工制家政服务企业营业收入给予3年免征营业税优惠；对家庭服务业从业人员培训给予政府补贴，有条件的城市对员工制家政服务员给予社保补贴；对企业和从业人员提供免费就业服务，加强农民工输出与输入的劳务对接；组织开展“千户百强”家庭服务企业创建活动，推动1000户有代表性的中小企业做专做精，扶持100家有实力的企业做大做强，重点对家庭服务业集中的72个中心城市加大信息建设和人员培训投资力度，在164个地级以上城市设立信息服务平台，向下延伸到街道、社区设立家庭服务站点。北京市作为家庭服务最为集中的特大城市，利用其财力雄厚和先行示范的优势，率先对员工制家庭服务企业的从业人员由政府给予50%的社保补贴，之后成都等大城市纷纷跟进，免税、减费、补贴等降低经营成本的扶持政策，吸引着越来越多的家庭服务企业和从业人员。2010年，国务院家服办会同全国妇联和中央电视台共同举办了首届家庭服务技能竞赛，厨艺展示、插花收纳、育儿技能等引起很多农民工的兴趣，特别是邀请了20名农村留守儿童现场观看母亲进城做家政服务练就的精湛技能，让孩子们体悟母亲进城务工的不易，也让家庭服务业从业人员感到自豪和欣慰。

4. 企业带动

有日益扩张的市场需求，有数量充裕的农民工，又有政府的政策扶持和各地的宽松环境，一批新的家庭服务企业应运而生，一批中小型家庭服务企业迅速扩张，一批集聚能量的家庭服务企业迅速做大，形成了前有标兵后有追兵、慢进则退、群优争先、竞相发展的态势。从数量扩张看，2016 年中国家庭服务企业共计 66 万家；从质量提升看，“千户百强”企业迅速崛起。家服办每年委托第三方机构进行统计调查分析，形成了“千户百强”企业每年动态发展的通报机制，“谁先进谁英雄，全国排名比比看”，以杭州三替、北京唐顿和爱侬、济南阳光大姐、福州树人、管家帮、金管家等为代表的一批有实力的企业纷纷从地方名企走向全国知名的大企业，成为推进家庭服务业规模扩张和发展方式转变的中坚力量。其中一个突出的现象是女企业家引领发展的独特优势十分耀眼。中国家庭服务业的领军企业大都由女性引领，这似乎和美国“家政女王”玛莎引领美国家庭服务业有相似之处。这些女企业家精通家务，熟悉家庭服务业，又善于和从业人员沟通，特别是本人具有将分散的生产要素重新组合在一起产生新效益的能力，也就成为创新产品、创新服务、创新管理以及给人们带来创新享受的女企业家。家庭服务企业中女企业家具有的独特优势，使她们这些“掌门人”成为中国家政巾帼英雄。她们大都在 20 世纪 90 年代初离开国有企事业单位，下海创办企业，20 多年来像滚雪球一样由小到大，现在进入营业收入过亿、员工上万的旺盛期，并迅速朝着做大做强做优迈进。无论是执掌三替、爱侬的领军人物，还是现在兴起的唐顿硕士搞家政、树人公司大学生做家政，一个个艰苦创业的精彩故事就像现代版的

《新儿女英雄传》那样丰富感人。

进入三替集团大楼门厅，首先映入眼帘的是“替人受苦、替人受累、替人分忧”的服务宗旨；同样，在爱侬家政大楼里也写着“您有所需，我有所助”的服务宗旨，让人既感到有温情的服务来迎接你，又能看到有熟悉自己需求的人在服务你。这些企业已对巨大的服务需求进行了精细划分，将原来统称的保姆细分为月嫂、育儿嫂、催乳师等。富有经验的教师有“一把催”的绝活儿，将现代母婴护理知识和实践经验结合起来，在京城走红；树人家政将小学生课外小饭桌提升为包括写作业、育兴趣、搞活动等内容的综合性的小学生校外托管中心，这种后发优势使先行企业也对其另眼相看。市场需求带来企业扩张，市场细分带来企业提升。有需求就有供给，有竞争就有提高，湖南金领、苏州金管家、北京唐顿这些新兴的家庭服务企业正借助“互联网 +”推动家庭服务业线上线下融合发展，快速占领市场。

5. 科技驱动

市场细分和劳动力成本上升催生了先进的应用技术在数字经济兴起中快速进入中高端家庭服务领域，人工智能正在逐渐替代苦、脏、累的操作，移动互联网的进入解决了供需双方信息不对称的问题，云计算正在变为云服务。著名的谷歌公司也投资进入家庭服务领域，试图运用大数据的优势解决信息不对称问题。美国是世界上对家庭服务科研投入最多的国家，有 100 多所大学开设了家庭服务专业；德国的福维克保洁智能机器人在中国市场受到欢迎，它能够实现擦地、吸尘的全方位清洁；芬兰的助浴机给年龄较大和行动不便的老人带来了福音。替代擦洗的清洁机械和绿色环保的洗涤用品，以及从婴儿护理到老年护理分段设计的家庭服务用具都纷纷上市，折射出市场对家庭服务相关配套产业的看好和跟踪家庭服务市场的技术创新。随着电子商务的触角伸向家庭服务业，家庭服务企业普遍利用移动互联网发布、获取家庭服务供求信息。城市采用现代信息和三网融合技术，建设家庭服务网络中心，建立供需信息自带匹配系统，提供智能化的家庭服务订单管理。一些第三方机构搭建家庭服务供求信息对接平台，为家庭服务企业提供全方位的信息服务。以 O2O 模式为代表的家庭服务电子商务爆发式增长，通过云技术将线下的家庭服务企业与线上的技能鉴定、供求对接、满意度评价、奖惩机制、支付结算等贯通起来，实现家庭服务的商业模式、经营模式、管理流程再造；出现了云家政等一批互联网家庭服务平台和服务机构，同时激发了社会资本的大量投入。如果说家庭服务是有限的，那么科技开发则是无限的。未来，科技带动家庭服务业拓展和提升将给人们带来一个又一个惊喜。

（三）经济转型中的独特作用

乘经济转型之势快速发展的中国家庭服务业对促进就业、拉动消费、惠及民生的突出作用正在显现。

1. 打造新经济增长点

家庭服务是居民生活服务不可或缺的一部分，家庭服务业的兴起直接拉动居民消费。据测算，2021 年全国家庭服务企业营业总收入约为 7000 亿元；企业总资产为 3143 亿元，同比增长 8.7%；利润总额为 248 亿元，同比增长 27.8%，利润率为 7.1%；人均营业收入为 1.4 万元，同比增长 16%。

2. 助力经济转型

发展家庭服务业所需的资金、资本和资源相对较少，主要依靠家政服务员自身的劳动付出，对资源、环境的消耗少，有利于促进中国服务业的持续发展。中国家庭服务业在供给侧改革过程中尚有很大作为的空间，目前发展的瓶颈不是需求不足，而是供给不足，难以满足人们日益增长的多元化的家庭服务需求。有需求就有市场，就会有服务很快跟上，在供给侧改革过程中，伴随着家庭需求和服务质量的提升，家庭服务业将释放出更大的潜力、更多的光和热。

3. 增加农民工就业和收入

家庭服务业服务门类全、服务范围广、服务项目多，对从业人员文化素质、技能水平的要求相对不高，一般不受文化程度和受教育年限等限制。“低门槛高收入”反映的是现阶段市场信号，10 年来每年都有百万女性农民工新进入家庭服务市场。近年来，北京、上海等一线城市家政服务员平均薪酬快速增长。2022 年，一线城市月嫂、母婴护理等岗位的平均月薪已经超过 10 000 元，比 2021 年同期上涨 1000 元左右，居家保姆的平均月薪也从 2021 年的 6000 元左右上升到 7000 元左右。国内二三线城市家政服务员薪资涨幅也达到 70% 左右。一些地区通过打造家庭服务品牌，帮助农民工实现了脱贫致富。例如，天镇县位于山西省北部，地处晋冀蒙交界处，是国家级贫困县。近年来，在被誉为“保姆县长”的县领导带领下，积极打造手勤、腿快、人踏实的“天镇保姆”品牌，积极推进劳务输出。天镇县的妇女从山村走进京城当保姆，尤其是一批批从职业院校毕业的新生代农民工来到京城，凭借自己的优质服务成为京城交口称赞的服务名品牌。

4. 释放人力资源的潜能

现代家庭服务业的发展，既为众多农民工拓展了容量大的就业渠道和开辟了可持续发展的就业市场，又提高了购买服务的家庭的生活质量。家庭服务业发展促进了社会分工的精细化，帮助那些中高端人力资源从繁重、琐碎的家庭事务中解脱出来，以更大的热情、更集中的精力投入事业中，为提升全社会人力资源效能做出更多的贡献。因此，家庭服务业是人力资源链条中释放高端人才能量不可或缺的支撑。著名的物理学家霍金，若不是有精细的家庭服务，恐怕很难有精力去发掘宇宙的奥秘。还有中国当前出现的“月嫂难寻”现象，找好的月嫂要排档期，要提前半年预约，这无不折射出家庭服务业在当今社会有不可或缺的作用。联系家庭服务的号码像城市黄页（电话号码簿）那样，也正在成为城市服务的“蓝页”，犹如“台风”般快速登陆城市公共服务。

种种因素表明，家庭服务业是农民工就业的大产业，家庭服务业需求升级与农民工转型发展交错在一起，推动着服务新业态的发展。由于中国大学绝大多数还未设立家庭服务专业，职业技术院校大都未“掉头”跟上发展的需要，依靠大中专院校培养科班出身的中高端家庭服务人才尚需过程，传统观念也束缚着城市青年投入家庭服务业。因此，现实的选择是一大批新生代农民工来到门槛易进且有很大自主选择余地的家庭服务业，这一行业收入相对较高也有保障，几乎未曾发生过像老一代农民工那样的欠薪问题，虽然岗位苦累，却有上升通道，易入、易学、易自主，需要的是勤学、守信、踏实。这和新生代农民工融入城市的期望融合在一起，促进了一大批农民工尤其是女性农民工从一般保洁护理向掌握一定家政技能特别是成为高收入月嫂的快速发展。月嫂的育儿技能和知识储备关系到未来一代的成长，高素质的月嫂也是许多家庭不惜重金聘用希望找到的。

（四）“三缺”的短板制约

近年来，家庭服务业的快速扩张中也凸显出软肋和短板，2017年10月的家庭服务专题研讨显示，中国家庭服务业的突出困难主要体现为“三缺”的制约。

1. 缺员工

虽然家庭服务需求正在升级，但农民工也正从无限供给转向有限供给，尤其是国有企业下岗女工逐渐退出劳动力市场，居家保姆也正在向钟点工、小时工转变，小区内的“一对多”服务正逐渐成为主流。这些转变都需要吸引新生代家庭服务人员加入，但受社会传统观念的影响，新生代农民工中有一部分适合的人未将家庭服务作为就业的第一选择。从我国新增劳动力变化情况看，15～59岁的劳动年龄人口从2012年起开始负增长，到2025年农民工也将走到新进入和退出劳动力市场人数基本平衡的历史拐点，而实施全面“二孩”政策后家庭服务的刚性增长、老年人口的快速增长、中等收入群体的扩张增长，以及城镇化发展中城市家庭的基数扩大增长，致使家庭服务需求将保持10～15年的持续较快增长。家庭服务人员后备资源有限供给，将形成从业人员供给趋紧，缺少服务人员的状况进入常态化，需要进行人力资源结构性调整来实现新的平衡。

2. 缺技能

实践证明，缺技能是家庭服务人员很难成长为新型家庭服务人员的主要障碍，不掌握技能就只能在城市中匆匆一过。当前家庭服务人员文化程度普遍较低，初中及以下学历的占到 2/3，接受过政府补贴培训的占到 1/3，相当部分人员缺乏严格的技能培训，服务水平一上手就不高，家庭服务纠纷时有发生。随着人们对家庭服务质量要求的提高，家庭服务人员技能不足问题愈加凸显，也反映出中国技能人才培养与市场需求有不相适应之处。中高档家庭服务的需求上升较快，但受到没有成批的、素质较高的和科班出身的服务人员供给的约束，未能得到有效开发和快速发展。

3. 缺品牌

家庭服务业正从产业规模化向企业龙头化、服务品牌化发展，目前员工制企业约占 20%，中介制企业占 40%，亲朋好友介绍占 40%。品牌是企业形象，更是信誉的象征，支撑品牌的是标准、技能和诚信服务，家庭服务业标准虽有新的发展，但尚不能满足市场细分的要求，技能培训虽在加大力度推进，但目前仅靠输出地和家服企业短暂的引导性培训还远远不足，仍是短板。近年来，社会上出现了广州“毒保姆”案、杭州保姆纵火案、苏州保姆盗窃案等，在媒体曝光后引发社会对“保姆乱象”的热议。虽然这些是极端个案，但也暴露出行业中存在的问题，个别害群之马必须清除，业内必须吸取教训，痛定思痛，可以说，家庭服务业到了必须在提升素质和加强诚信体系建设上下大功夫的时候。许多家庭服务人员长期住在雇主家，在封闭的环境中工作，照护的往往是老人、小孩等弱势群体，这种特殊情况对家庭服务人员的素质和诚信有很高的要求。但是，家庭服务人员的上岗审核却比较简单。多数家服公司还未建立全面评估考查家庭服务人员个人情况的制度。而家服公司之间对各自的从业人员的管理也是割裂的，致使一些有严重不良记录的家庭服务人员能从 A 家服公司离职，很快在 B 家服公司重新上岗。国外的经验值得借鉴，美国家庭服务业从业人员都有从业经历和培训情况的记录，在新的公司被新的雇主聘用时都是主要依据，这就从制度上堵住了有严重不良记录的人员跳槽后仍在这个行业从业的漏洞。

（五）可借鉴的国际经验

中国发展家庭服务业要有国际视野。为什么菲佣会成为国际品牌？菲佣是指来自菲律宾的高级佣工，也是从事家庭服务的专业人员。菲佣有文化、懂英语，素有世界上最专业的保姆之美誉，在家庭服务业领域中，菲佣算得上一个世界知名品牌，知名度可以和那些著名的时装品牌相媲美。菲佣的足迹可以说是遍布全球，这与菲律宾政府多年来下功夫进行家庭服务的中高级培训密不可分。菲律宾人非但不会瞧不起女佣，相反还觉得一个家庭有女性到海外务工挣回很多外汇是件很光彩的事情，国家也积极鼓励菲佣到国外开拓就业，大力宣传菲佣对解决就业的作用和赚取外汇的功绩，这使许多受教育程度较高的女性都愿意外出当菲佣。菲律宾的家庭服务教育十分普及，几乎所有的中学和大学都开设家政课，菲佣大多是中专以上学历，其中不乏教育学、心理学、财会专业毕业的大学生，部分菲佣还持有护士、医师和教师执照，能说一口流利的英语，往往会受到发达国家中等收入阶层和新兴国家富裕阶层的青睐。菲佣有一个很突出的特点，她们很明白自己的工作性质和与雇主的关系，面对与雇主生活上的差异，不会产生心理上的不平衡。菲佣一般有较强的责任心和自尊心，不会和雇主发生正面冲突，在受到当面批评的时候，虽然她们有时也会稍作解释，但最后都会说一句对不起。当然，如果长期遭受不公待遇，她们也会主动提出辞职，冒着失业风险而另寻人家。菲佣目前有700多万人，占菲律宾全国劳动力的10%左右，她们分布在全球140多个国家和地区，每年寄回国内的外汇约占菲律宾外汇总收入的1/4。据英国《金融时报》报道，2015年菲佣总收入已达到100多亿美元，平均每一个菲佣养活着5位家乡的亲人，她们被视为国家的英雄。圣诞节她们集中回国探亲时，政府会在机场铺红地毯迎接她们，有时菲律宾总统也会亲自接见她们。它山之石，可以攻玉。中国妇女的勤劳持家也是世界有名的，

菲佣教师在三替集团现场演示技能操作

但诸如在大学开设专业培养科班家庭服务人才上，在家庭服务所需的医护、教育等方面的技能提升上，在柔和处理与雇主关系的和谐服务上，都需要我们借鉴菲佣等国际经验，使中国家庭服务业由从业人员到企业，直至政府管理都有新的提升。

中国家庭服务业是发展中的大产业，每年家服办都要向国务院报告家庭服务业发展的新进展、新趋势和需要解决的新问题。2016年3月，国务院有关领导提出要求：肯定成绩，总结经验，问题导向，逐一攻克，久久为功，做好这项利国利民、一举数得的事业。经过“十三五”期间的努力，已逐步减少家庭服务业无技能上岗的现象，使大多数家庭服务业从业人员都接受专门的职业技能培训，提高家庭服务的质量。经过一段较长时间的努力实现家庭服务的愿景，那就是让愿意从事家庭服务的人找到满意的岗位，让愿意购买家庭服务的人购买到满意的服务，让愿意发展家庭服务的企业得到满意的回报。

二、快递业——农民工快递小哥、外卖骑手

农民工具有与生俱来的市场经济特质，与服务业中新业态的契合还体现在电商发展中。虽然农民工就业以往很难涉足大中城市的商业，但农民工从事快递业和开办乡村网店却发展得很快。根据阿里研究院的数据，近年来中国县域和农村的电子商务发展迅猛。2015年网店销售额超过1亿元的县城数在350个以上，其中超过120个县位于中西部地区，浙江、河北和江苏是电商创业县最密集的省份。县域农产品电商发展迅速，2015年销售额较2014年同比增长超过65%。在阿里巴巴零售平台上，位于全国贫困县的网店总销售额2015年超过了215亿元，有34个贫困县的网店销售额超过

● 农民工快递小哥

1亿元[①]，这其中多数网店是农民工开办的，有不少是快递员在送货中看到商机，也看到在城市开网店有大学生参与竞争，因此就返乡创办网店。富士康公司就鼓励员工开办了上万个乡村电子产品网店，意在抢占农村电商的先机；不少阿里巴巴集团的快递员也回到乡村开办网店，卖枣、卖农副产品，成了小老板。

继发展家庭服务业促进农民工就业后，促进农村电子商务加快发展也得到国家重视。2015年10月，国务院办公厅印发《关于促进农村电子商务加快发展的指导意见》，对发展农村电子商务制定了路线图，确定了促进发展的政策着力点，开拓了农民工就近就业的新渠道。未来，中国将大力发展农村电子商务，搭建农村交易网络平台，建设县级、乡镇级、村级电商服务机构，为农民工从事农村电商提供培训、供货、配送、销售等各类服务。

① 数据来源：阿里研究院2015年中国县域电子商务研究报告。

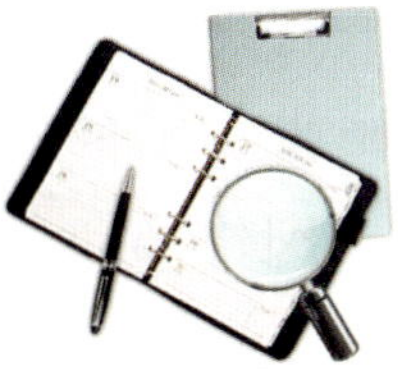

中国电子商务市场发展带动了农民工就业

2016 年，中国电子商务市场交易规模达 22.97 万亿元，网络零售市场交易规模达 16.7 万亿元。

2016 年，电子商务服务企业直接带动就业人数超过 305 万人，间接带动就业人数达到 2240 万人。

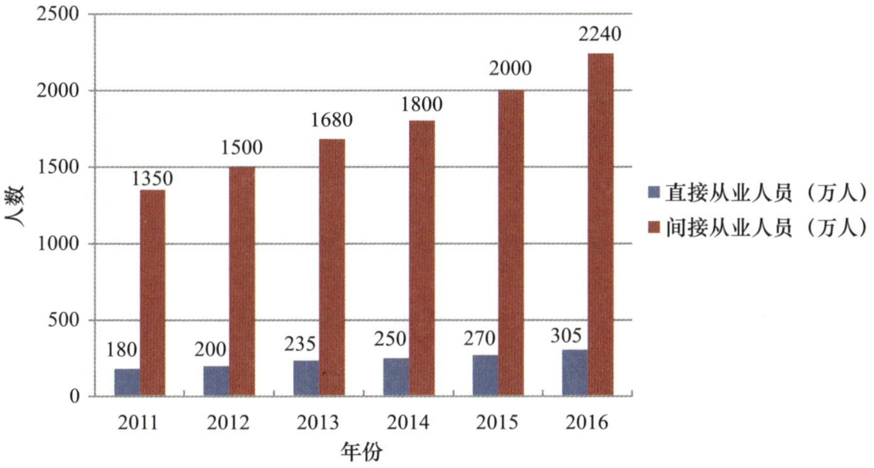

● 2011—2016 年电子商务带动就业情况

随着“互联网 +”的落地，新兴电商企业直接带动了从业人员规模的增长，传统企业的“触网”也新增了许多岗位需求，围绕电商产业链延伸出来的物流间接带动了大量的农民工就业，快递规模与电商发展互促共增，电商新兴需求催生的新业态也给大量农民工快递员带来了新的就业机会。

资料来源：2016 年度中国电子商务市场数据监测报告。

中国电子商务的迅速发展，直接带动了快递业的兴起。2014 年全国快递业务量首次突破 100 亿件；2015 年全国快递业务量突破 200 亿件，超越美国成为世界第一快递大国；2016 年全国快递业务量突破 300 亿件；2017 年全国快递业务量突破 400 亿件……2022 年全国快递业务量达到 1105.8 亿件。近年“双 11”和京东“618”活动当天，农民工快递员在计件提成的激励下，当天送件大都在百件以上，几乎达到极限，创出震惊世界的“超级快递”。在经济增速放缓的情况下，中国快递业务量连续 4 年每年迈上一个百亿件台阶，实现业务收入连续 4 年同比增速约 30%，这里面包含着农民工快递员的非凡贡献。

也因电子商务的发展，快递业从业人员与工资收入也快速增长。快递业从业人员从 2000 年的 60.3 万人增加到 2020 年的 300 万人。

鲜活的数据说明，快递业的发展吸引了大量新生代农民工投入新业态。快递业等新业态拓展了农民工的就业空间，而如果没有农民工快递员的辛勤付出，也就没有今天快递业等新业态的快速发展。

2016 年，我到阿里巴巴集团调研时，虽然与其企业管理层观察快递的角度不同，但对快递造就的事实达成了共识——电商快速发展带动了快递扩张，而 400 万农民工造就的“超级快递”支撑着电商新业态的崛起。穿过阿里巴巴集团 20 多年时间的发展隧道，墙上大屏幕显示的是阿里快递穿越全球的即时数字，更有快递包裹送到世界屋脊珠穆朗玛峰的镜头吸引着人们久久驻足。农民工技能蕴藏着新人口红利或技能红利，经济转型将开启技能新时代。谁能聚集技能提升的农民工，谁就将占领先机、拥有新优势，富士康是这样，

快递包裹送到珠穆朗玛峰

中建集团是这样，阿里巴巴集团成为快递“大鳄”也是这样。现代电商在交易支付后应有现代物流及掌握现代技能的快递“劲旅”来支撑。

作者听取阿里巴巴集团总经理介绍企业快递发展情况

当我来到杭州的跨境电子交易区和义乌的小商品城时看到了另外一番景象，亚洲名吃泰国榴莲干店、非洲名产乌木雕品店线上线下都开得红红火火。在我前往义乌幸福里电子商务产业园等新生代农民工集中的地方调研时，幸福里董事长邵宝林说，这里是以包吃、包住、高工资来吸引青年网军创业，让梦想变为现实的幸福里。我了解到幸福里的网店收入还不错，店主月收入一般都在一两万元，店员月平均工资为4000元。参加座谈的农民工说，从网上看到了国家实施农民工培训计划，他们这里也有农民工技能培训机构，但培训课程大都是十几年延续下来的，更新比较少，建议开设电商快递等新业态方面的课程。

京东的崛起同样离不开农民工快递员。2018年1月，我到北京顺义的京东总部调研，看到从京东商城到“线上京东”等业务板块，屏幕上的即时数字显示着京东这个典型的也极具代表性的中国电商是由难以估量的大市场和吃苦勤劳的农民工快递员支撑着。为兑现“不管你在哪里买，货真价优送得快”的服务承诺，京东自办物流、自建快递、自购货机，如今又购“无人机”，载30公斤的中小件直接投到边远地区道路崎岖的网店，手机一点货就“降”下来，路再远也能“快递”。

“4·28配送员日”京东物流集团总裁与快递小哥合影

在京东望京快递站调研时，12名快递员中有一半来自河北保定。他们反映，北京房租比较贵，虽然在北京月收入能有6000~8000元，但房租就要支出2000~3000元/月，占到了工资的1/3左右，所以现在只能是合租，希望能像大型国有企业职工一样有住房补贴，房租占到月收入的1/4左右就好接受了。有的快递员希望能够带小孩来北京上学，如果夫妻俩都在北京干活儿，房租就可以接受。他们平时主要是上午10点左右和下午2—3点集中送货，遇上“双11”和京东“618”等活动时，晚上还得加班加点干活儿。

支撑京东电商的10多万名快递员基本上都是农民工，这也是经济新常态下大批农民工投身新业态的缩影，新业态正推动着中国服务业的升级。

建设绿色快递时不我待

建设绿色快递是电子商务、快递业高速发展中人们很关注的一个问题，但说起来简单做起来难。近年来，我国电子商务领域既有阿里巴巴、京东、苏宁等龙头企业，也有便捷城乡的电商网络，还有快速发展的跨境网购，这些都起着推动消费创新的作用。货新、价优、快到的便捷服务已成消费时尚。2016年，我随全国政协“优化电子商务监管”调研组到阿里巴巴、京东等有代表性的龙头企业实地调研，深感中国电商发展随着《中华人民共和国电子商务法》的颁布进入了以规范促发展的阶段。监管寓于扶持之中，在发展中完善监管，抑制“野蛮生长”，促进健康发展。

当前，电商快递业需要解决的问题集中反映在“四乱”上：一是运输车乱，多是三轮车改装的“蹦蹦车”，安全隐患多；二是过度包装乱，多是四层包装，尤其是最后多缠的胶带纸难降解；三是货物堆放乱，多是在单位收发室外、门外乱堆放；四是劳动保护乱，快递员少有保险，缺少劳动保护用品，超时加班较多。北京、杭州等电商大城市在解决这些突出问题上创出了新鲜经验，对全国各地有可资借鉴的地方，加强电商快递物流监管，建设绿色快递时不我待。

第一，制造电动新能源绿色快递车；第二，制造绿色包装箱，有效解决过度包装、过分包装、废弃物再包装问题；第三，建立绿色快递接收站，避免造成乱堆乱放的环境污染；第四，快递员要绿色着装和健全劳动权益保护。

想当年，二十世纪五六十年代我国绿色邮政就在百姓生活中产生了很大的影响力，绿色的邮车、绿色的邮筒、绿色的邮递员服装，在一代又一代的儿童心中留下了让人羡慕的美好印象。现在，随着我国快递业的崛起、快递员队伍的壮大，提升农民工快递员技能，培养绿色物流人才，也应是现代服务业供给侧改革的内容。

现代服务业中，新的需求和互联网的融合，使创新消费方式层出不穷。近年来，外卖叫餐逐渐成为相当数量人群的常规就餐方式，由此，和农民工快递小哥相伴而生的外卖小哥开始进入人们的视野，受到越来越多的关注。有人这样描述：在城市里有这样一群人，他们穿梭在大街小巷、高楼小区中，戴着头盔，穿着红黄蓝制服，或骑摩托车，或驾电瓶车，车后总载着一个大大的方形保温箱，这就是来来往往抢时间送外卖、不愿多停留的农民工外卖小哥。他们满足了无数人不用上下楼就能享用美食的愿望，也撑起了一个年交易额超 2000 亿元并且还在增长的外卖大市场。据有关调查，目前仅百

农民工外卖小哥

度外卖、饿了么、美团外卖这全国前三名的外卖企业，就有超过 400 万名注册的外卖小哥从事接送单业务。这些外卖小哥在计时计件的约束下，挣钱不少，也无拖欠，平均每天送三四十单，月收入近万元。由于耽误送达时间就会被罚，因此他们总是快速从人们身边驶过，以至于人们总是不自觉地要为他们的“拼命”担心。根据中国外卖大数据调查，2016 年消费外卖的人群每周消费 3 次以上的占到 63%；2020 年，中国外卖市场的用户规模已达到 5.21 亿人次，交易规模达到 11 000 亿元。农民工外卖小哥自身的技能提升和外卖企业的车辆装备，尤其是城市交通管理都需要有新的发展。从中不难看出，新业态为农民工提供了广阔的就业空间和融入城市的机会，我们要做的是维护外卖小哥的合法权益和促进他们工作条件有效改善。

2018 年，京东“618”创造 1600 亿元营业额新高后，京东向外释放了重磅消息，飞行可超 1000 公里的重型无人运货机正式下线，智能无人送货车也在北京正式上路。那农民工超级快递员的作用怎样发挥？我随即和京东副总裁兰烨沟通，他告诉我，无人运货机主要是在往边远山区送货中发挥作用，它可以飞直线，避开公路运输需要绕山区弯道兜圈子；而在北京试行的智能无人送货车，主要是一车送多个小区，减少了快递员直线往来，也减少了送货车多次往返，有利于缓解交通拥堵。送货车到达小区，还是由快递员送货到家，这个连接称为“短波”，“短波”只是大大提高物流效率，改变一人一小区来回跑的现状，并不能取代快递员进小区上楼层的服务。未来社会是个智能社会，即使生产和服务智能化，也仍有现代产业工人的用武之地。

疫情产生危机，抗击疫情也出现商机，为满足人们餐饮便捷化、个性化、定制化的需求，外卖骑手顺势做大，既满足防疫期间居家办公的需求，又满足南北风味各不相同的需求，还联结了餐饮公司与客户“一对多”的需求，创造了上百万的就业机会。美团成为互联网大厂，其重要的密码是借助网络技术优势，与发挥众多新生代骑手勤劳配送进行有机融合，使其成为中国乃至世界最大的外卖“平台”，2023 年进入世界 500 强企业。饿了么既是个能够“吸睛”的企业名称，也是个快速发展的订餐平台，十分注重每逢节假日人们的餐饮需求，开发了定制菜、预制菜等特色送餐服务，使百万外卖骑手在新业态中获得较高收入。2021 年春节，有 7000 多万农民工就地过年，我和中国劳动学会推荐饿了么骑手过年奔跑在大街小巷的情景上了春节当天央视“新闻 1+1”的黄金档节目，让人们在浓浓的年味中记住农民工的辛劳。

三、呼叫业——农民工呼叫小妹

目前，适应新生代女性农民工就业的呼叫行业悄然兴起，很多初高中毕业的女性农民工投身到呼叫行业。呼叫行业是国际上普遍发展的行业，也是现代通信技术密集和就业容量大的行业。20 世纪 50 年代，美国泛美航空公司最早建立了规模化的全天候呼叫中心。到 20 世纪 80 年代，欧美发达国家在电信、金融等行业已广泛应用呼叫服务。20 世纪 90 年代，随着中国经济快速发展，呼叫中心在家电、邮电、银行、航空、铁路、股票、房地产、旅游、公共安全和民生服务等众多的行业间迅速发展起来，搭建起了企业与客户、政府与百姓之间的一座桥梁。进入网络时代，呼叫行业更是与百姓日常生活息息相关。在 2015 年中国（贵阳）服务外包与发展论坛上，有专家认为呼叫中心作为服务外包的成果已经成为蓬勃发展的朝阳产业，遍布各行各业。据有关研究机构统计，2022 年呼叫中心的总席位已经超过 135 万席，从业人员超过 150 万人，累计投入超过 1000 亿元。今天信息化高速发展，通过集中快速处理大规模的服务请求来实现标准、优质、及时、便捷的服务，越来越被市场所接受。无论是政府服务效能的优化，还是企业竞争的白热化，呼叫中心将被动服务转变为主动服务正是适应了政府、企业和社会组织购买服务的需求。伴随着市场营销、技术支持和其他特定商业活动，呼叫中心逐渐在更大范围内被接受和采用，满足了对客服务的需求，同时造就了规模庞大的呼叫中心产业。随着服务行业标准化的实施，呼叫服务员可以在家里工作，实现弹性就业，这种模式不需要大量投资。建设的轻资产营运，也顺应了当前服务经济的发展。

中国呼叫中心的发展经历了以下几个阶段：20 世纪 80 年代是先发展后规范的阶段，呼叫中心主要集中在电信领域，那时火热的 BP 机现在已成过去；进入 21 世纪，呼叫中心进入边发展边规范阶段，从涉及民生的政府公益性服务到应急抢险救助的响应服务，从电信服务到金融服务，服务领域逐步拓宽；走进新时代，呼叫中心将进入以规范促发展的新阶段，逐渐形成呼叫中心规模化、呼叫服务标准化、呼叫营运商业化，以及政府购买呼叫服务的公益化，同时大容量的信息技术支撑、大数据的开发利用也使呼叫中心进入一个新阶段。

● 农民工呼叫小妹

女性农民工已经成为呼叫行业的主力军。由于工作时间紧张、工资收入不高，这个曾经是城市女青年居多的白领行业，如今已成为新生代女性农民工的舞台。在现代服务业中，新生代男性农民工多选择快递业、外卖业，新生代女性农民工进入城市后有不少人选择了呼叫行业。呼叫行业是以青年人为主的劳动密集型行业，较高的人员流失率形成了行业的年轻化。由于工作内容单一、重复性劳动多、工资收入不高，近 2/3 的从业人员的行业工作年限仅有 3 年左右。作为技术密集型与劳动密集型相结合的行业，标准化的培训投入少、时间短，多是引导性的培训，这已成为制约其发展的短板。

除此之外，相当多的呼叫服务员都是劳务派遣员工，干着与国有企业正式职工同样的活儿，但和国有企业正式职工收入相差很多，大体接近农民工平均水平，相当于家庭服务业和快递业的70%，利用工资调动积极性的杠杆作用远没有发挥出来。由于缺少职业技能纵向发展的通道，很多女性农民工只是将其作为来到城市的一个跳板，并没有安下心来做长期打算。从就业布局来看，呼叫行业从大城市和发达地区起步后，正在向中西部地区进行产业转移，呼叫中心开始在云南、新疆等边远地区落地，这有利于降低成本，也有益于就地吸纳农民工就业，但需要解决缺服务标准、缺工资稳定增长、缺职业技能提升通道三个突出问题，要采取多种措施解决这些问题，使呼叫行业成为女性农民工能够充分发挥潜力的新兴现代服务业。

四、网约车服务

网络预约出租汽车正在成为人们出行的重要方式，以互联网技术为依托构建服务平台，产生24小时的随约随到，不仅方便人们出行，更为遇到急事提供便捷服务。这个行业中，由于上线运行时间长的辛劳，网约车驾驶员中农民工已成为多数，尤其在三、四线城市，已是农民工进城择业的优先选项。掌握驾车技能和网络配置技术，使农民工感到在城市有一技之长更易于立足，收入也在农民工平均收入之上。滴滴出行是包括出租车、专车、代驾以及大巴货运等多项业务的一站式服务平台公司，也是拥有上百万农民工驾驶员注册的头部企业。电动汽车飞速发展，使农民工习惯了加油站加油，也在适应着充电桩充电。农民工从来都是既能适应市场变化，又可以顺应发展需求，还要努力成为拥有一技之长的技能劳动者。虽然无人驾驶尚无商业化运行，但给农民工网约车驾驶员或多或少带来了压力。许多年前，汽车司机取代马车夫的变化，毕竟给技能劳动者留下阴影，技术迭代的无情，需要转换成对劳动者技能提升的重视。

五、网络营销服务

网络营销是一种细分的营销方式，也是疫情中快速兴起的新型服务。市场极度细分，消费群体加快分化，不同消费人群数量逐渐变小，使网络营销服务乘势崛起，将商品信息、广告、媒体、品牌向着以个人场景为主的方向发展。尤其快速消费品、电子产品、居家用品等为代表的市场细分产品，品种繁多，极大地丰富了人们的新鲜需求。新技术的应用促进不断快速出现新产品、新品牌，使线上竞争日趋白热化，也使传统的广告、促销、客户渠道等营销工具的张力大大降低。同网络营销快速、直接的优势相比，传统营销投资收益越来越低。传统营销面临着促销疲劳，很多企业在营销上疲于奔命，动用了所能动用的全部资源，依然难以获得理想的销售业绩。现在一改以往看人挑选的面孔，都是网络营销，每个企业有一名或者两三名，有的甚至还是女老板自己上线直播带货，更直接生动形象地介绍自己的新款式、新面料，还有“点击”后快递直送服务。不得不看到网络营销现代服务具有的新优势，传统营销也亟须突破习惯的营销方式，适应低成本、高效率、好效果的网络营销的兴起。数字化时代中信息和广告的饱和、分散，网络化时代出现的个人媒体，以及大量新产品、新品牌出现带来的过度竞争，为网络营销直播带货拓展出越来越多的新赛道。

2023年5月，我随调研组来到了江阴的海澜集团。这是目前国内从进口羊毛到加工服装的最大规模企业，前次来时他们创出与澳大利亚羊毛企业联合研制的可洗毛料西服，打破毛料西服只能干洗的传统，这次给我们展示的是新面料新款式的线上线下融合场景，除大屏显示先进生产工艺吸引人们眼球外，特别有30多个直播间不停顿地进行网络直播带货的新款营销，让“海澜之家”变得非常吸引人。2023年7月，我随调研组来到全国童装专业村，浙江省温州市永嘉县的珠岙村号称中国“童装第一村”，这里高峰期有小微童服企业600多家，聚集上万农民工，现在仍有200多家童装企业，多数是前店后厂，一些大型服装加工企业仍有上百农民工，这次来看到的是网络营销带来新变化。过去都是先看展销厅的款式再看生产线的加工，都是通过全国各地童装批发商、经销商，以及千千万万个服装市场的个体经营户销售的，现在几乎每个企业都是自己直播带货或聘请专业的网络营销师，因为村里有专业的水洗厂、绣花厂、印花厂、物流公司等配套企业，使童装产品款式别致新颖、花色品种丰富，不少童装产品直接销往东欧、东南亚、“一带一路”沿线国家。

不能不说，这些地方都是农民工劳动密集场所。之所以网络直播带货迅速崛起，就包含着农民工网约配送员的辛劳，是快递小哥将每天直播带货销售的大量物件快速送到客户手中。快递小哥大都是男性农民工，网络直播大都是女性农民工，有这样的联结场景，形成了现代服务的一道亮丽风景线。尤其东北女性农民工具有的表演和语言优势，使她们在网上成为热门人才。2019年，有8万多人从事网络直播带货，到2022年爆发式增长到80多万人，发展速度仍在提升，未来趋势仍在变化。疫情期间，人们减少线下实体店购物，也成为网络营销快速崛起的重要因素。新技术革命催化的新业态无中生有，层出不穷，将给人们生活带来无限的可能。

六、美容美发业

美容美发业兴起，也是适应人们对日益增长的美好生活需求而快速“窜红”，这个人们生活须臾不可离的行业本身就是美丽产业不容小觑的内容。

美容美发业已成为新生代农民工大显身手的行业。2022 年有 2000 多万农民工投入其中，这对于服务民生、创造就业、促进消费、提高居民生活品质等发挥着越来越多的价值，日渐凸显其难以替代的功能。做好美丽经济产业，尤须推进数字赋能，数字这个新的生产要素和智慧场景嵌入美容美发业正在产生超乎想象的效果，对实现以人为核心的美容美发业高质量发展具有越来越重要的支持作用，无论生活美容还是医学养容都在助力美容美发业供给侧结构性改革，满足人民对美好生活向往的需求。

美容美发业每年为社会贡献千亿级产值，近年来一直在生活服务业中新亮点频出。颜值时代美丽需求旺盛，美容美发业是我国服务业进入 21 世纪以来发展增速快、开发潜力大的新兴行业。近年来虽然受新冠肺炎疫情等多种冲击叠加影响很多，但防疫转段后迅速反弹回升，说明美容美发业长期向好的基本面没有改变。美容美发业的快速发展不仅促进了国内消费，还催生了一批新兴的职业形态，无论是中药精制的化妆品，还是引进韩国又具自身特色的医学美容，创新从未停顿过，拓展着美容美发业的“无限”可能，从高楼大厦的内设专室到大街小巷门店都创造了大量的就业机会，在经济恢复中吸纳农民工就业稳定增长。我国美容美发业具有广阔的发展空间和线上选型线下实操融合的前景。2023 年 5 月我参加在江西省抚州市召开的全国美容美发业大会，不仅书记、市长和行业协会领导出席致辞，而且美容美发业创出突出业绩的代表性人物纷纷登台亮相。抚州殷小凡创立“梦婷国际”的美业品牌，打造集美容技术技能于一体的美业集团，拓展到上海的“体雕”，又带着“爱心”回馈家乡。展会还邀请远道而来的俄罗斯和东欧表演队与中国“体雕”模特队同台竞技，吸睛无数。

2023 年 6 月我随调研组到了成都，离成都不远的资阳发展口腔产业的突起着实让人吃惊。资阳亮出打造中国“牙谷”牌子，建设口腔“产学研销”的国际化产业集群高地，悬挂着“华西技术、韩国医师”的巨幅广告，宣介着从“齿”有方、美容有路，“微笑中国、从齿开始”等创新理念，从口腔医院、美齿制造、技术研发、精细服务的产业链上，创造民族口腔品牌，培育国际口腔全链条生态系统，“牙谷”科创园、学术交流馆悉数而来。牙齿“美都”快速升级同样让人难以预期，随处可见的口腔诊所医院很多，说牌匾林立也可，大多数是职业技术学校毕业的牙科技师工人，也是这个行业里新生代农民工就业创业的新赛道。资阳建成“牙谷”产业园，数字化生产“牙”的规模已是世界最大，从材质到品质，从送样到定型，智能化制造和个性化定制都可数智融合，满足各类人群崇美的多元需求。

第五节

优秀技工成长为新工匠

经济转型中产业升级和现代服务业中新业态的涌现，都对农民工技能提出了新的要求。尽管目前农民工接受政府技能培训补贴的人数仅占农民工总数的 1/3，但在弘扬工匠精神的激励下，年轻而又富有活力的新生代农民工通过企业技能培训和职业技术院校培养的“双轨并行”途径得以迅速成长，出现了新增技能人才快速增长的趋势。

从增量发展看，除每年通过职业技术院校培养技能人才外，主要靠新增农民工的技能提升。新增农民工主要来自中西部地区，尤其是贫困地区的新成长劳动力，他们的优势是吃苦耐劳、踏实肯干，不足是文化水平偏低。集中资金对他们加强“技能武装”和组织“技能速成”培训，可以使他们越过早期当体力型普工的阶段，直接成为技能型的现代产业工人，走上技能脱贫的新路。

到 2017 年，中国有近百万农民工成长为高级工、技师，他们大都在就业初期就走向学技成才之路。分析近年来拔尖人才培养的情况，贫困地区输出的劳动力需要由体力型转变为技能型，而更为迫切的是将技能成才的理念渗透到初高中毕业的“两后生”的脑海中。2015 年第 43 届世界技能大赛焊接项目冠军曾正超来自四川省攀枝花市米易县的一个偏僻山区。他从职业技术院校毕业以后，勤学苦练，代表中国焊工在巴西圣保罗一举获得金牌。2017 年第 44

届世界技能大赛焊接项目冠军宁显海也来自四川省凉山州会东县的一个小山村。同样，来自云南保山贫困家庭的杨金龙到杭州技师学院学习汽车喷漆与整形技术。他自强不息，刻苦钻研，在第 43 届世界技能大赛上一举获得汽车喷漆项目的金牌。

● 中国选手走上世界技能大赛舞台

从存量提升看，除通过应用型大学、职业技术院校、中专技校这些科班渠道培养技师外，当前还可探索突破传统的职业技能鉴定路径。不少三四十岁、技术很好的中年农民工技工，因种种原因耽误了文化教育，没有职业技术职称，可采取技能竞赛的方式，先依实际技能水平评定，再补文化课，让他们实至名归地获得技师资格。另外，办农民工技师培训班等也是现实可行的途径。2010 年，北京市人力资源社会保障局和北京电视台联合举办技能竞赛，受到农民工的热烈欢迎。农民工有好手艺，敢于同台竞技，“谁能行，谁活儿好，竞技台上试试看”。将这些在实践中练就真本事、好手艺的农民工技工挖掘出来，汇聚到中国工匠大军中，也是兴才之道、用才良策。眼下挑起中国工匠大梁的上千个各类技术精湛、工艺领先的国家级技能大师工作室里，多数是师父带徒弟、青出于蓝而胜于蓝的农民工高技能人才。对那些既能传承技术又能不断创新产品、创造效益的农民工技能人才，要在全社会营造“高看一眼，厚待一分”的氛围，让他们赢得人们普遍尊重。

一、透视家具新工匠

中国家具制造业中农民工集中度最高，也最能显示技艺的传承与创新，农民工从技工成长为新工匠比例最高的也是这个行业。大多数入行的农民工都是初高中毕业就进厂学技艺，经过一二十年的苦练，多数都能成为独当一面的新工匠，不少有创新能力的农民工还成为技术总监，甚至办厂当上老板。虽然现行的职业技术职称还没有给他们中的多数人戴上高技能人才的“帽子”，但从报酬上已经得到行业的认可，近些年制造家具的这些技能“大拿”年薪大都在一二十万元。在当前弘扬工匠精神的热潮中，对于如何通过家具行业透视新工匠在数字赋能中需要解决的新问题，经过 2008 年以来的 15 年间，先后到广东中山大涌和台山、福建仙游、广西凭祥、河北涞水和大城、江苏常熟、浙江东阳、北京昌平和顺义、云南腾冲等中国古典家具制造基地的调研，我着重从五个不同角度进行了专题研讨，形成了对工匠精神、工匠文化、工匠制度、激励匠心、工匠出彩的深度分析，从理论和实践层面探索农民工新工匠的成长之路。

（一）发扬光大工匠精神

中国工匠制作闻名于世，明代就把匠人作为社会劳动中一种有技能的人力资源纳入国家统计。当今的中国工匠制作出一批批精美绝伦的器物，渗透着中国工匠精神，延续着文化传承与技术创新。所谓工匠精神，工匠是技能，精神是品行。在中华民族的基因里，有工匠精神代际相传的潜质，我们今天要做的就是将这种精神挖掘出来并传承发扬、喊响喊亮。

一滴水可映射出太阳的光辉，一个家具产业可体现出当今中国农民工技工的风貌。如今，中国家具业的发展集中展现了工匠精神的守正出新。可以说，中国木器家具的制作水平已达到了千百年来家具工艺技术的巅峰，数万家木器家具企业拥有数百万农民工工匠，制作规模之大、形制之美、精度之高、用人之多，在世界历史上未曾有过，创造了全球家具制作技艺的最高水准。在目前“科班”培育人才还是“短板”的情形下，中国木器家具产业更多的是依靠多年实操中淬炼出的大批家具设计创作和精工制作的农民工技能人才。实践中成长的一批批优秀技师和一拨拨职业技术院校培养的木工专业人才汇集发力，将中国家具设计思想提升至新境界，将制作技艺发挥到新水平，担当起领军企业带动中国家具行业进步、提升、创新和发展的重任，在世界家具行业激烈竞争中像“独角兽”般崛起。

中国木器家具是中国人民智慧和劳动的结晶，经历了一个“制造”中配合着“智造”的渐变发展过程。从汉代人席地而坐的矮型家具，到唐宋时期高型家具得到普遍使用；从明清以来的宫廷制作，到当代传承的京作、苏作、广作、晋作，以至于如今的闽作、桂作、滇作，无不折射出中国木匠令人惊叹的设计理念和系统思维。

一件件脱俗、简约、精致的中国木器家具，一种种精深、精湛、精美的传统与现代技艺的融合，无一不是中华木作的典范，暗含着中华文化传统的“密码”，其精髓代代相传，正是农民工新工匠将其不断发扬光大。每件精选优质硬木，由优秀技师、名师手工精细雕刻，古风古韵，又融入现代审美风格，风情别样，具有上乘的实用价值和收藏价值，创造出这般神奇功效的正是农民工技工。

从农民工新工匠中涌现出的一批中国家具制作技能大师，正引领着家具行业发展的潮流。从广东伍氏兴隆、祥利友联、区氏臻品、红古轩带领的广作，到北京元亨利、行之行、宣明典居带领的京作；从江苏常熟名佳、东阳御乾堂、紫檀宫、华龙荣鼎轩、中信带领的苏作，到福建仙游三福、鲁艺、凯丰里、大家之家、协力带领的闽作，再到广西凭祥红木城、清宝阁、勇康带领的桂作等，中国家具的传承与创新正从单兵作战发展为集团进军，推动着中国木匠走向一个时代的高峰。

2008 年 10 月，我到广东台山伍炳亮国家技能大师工作室调研。伍炳亮从学技之初“师傅领进门，长进靠个人”到精心制作家具，一榫一卯下足功夫，一木一器精益求精，在实践中琢磨探索，体悟“木载有道”，悟出“形、材、艺、韵”的制作理念，创作的 1500 余款作品，款款形美韵深，件件材艺双馨，为业界称道。尤其是他带领一大批想学技艺的农民工，勤学苦练，使这些农民工从普工成长为技工，甚至是技师。他探索传播中国家具和艺术的奥秘，在中央美院、故宫博物院等高水准的论坛上演讲，也著书立说，花多年时间建起中国传统家具艺术博物馆，将技术与艺术结合、古典与现代结合、推陈与创新结合，成为中国家具传承与创新的先锋人物和当代中国传统家具精工制作的领军人物。青年才俊刘志贤跟随学习，获益颇多。《中国劳动保障报》开辟《中国木匠》专栏，将伍炳亮创业的故事作为开篇，以新的视角把一个个鲜为人知的中国农民工新工匠故事展现给世人。2018 年，我再次来到伍氏兴隆，中国劳动学会、中国家具协会、江门市台山市政府等单位进行了国家技能大师工作室挂牌仪式，并进行新书发布，将我主编的《中国古典家具技艺传承人口述史：伍炳亮》推向社会。

● 中国工匠伍炳亮

（二）复兴工匠文化

弘扬工匠精神的过程中，尤其需要复兴工匠文化，唤醒全社会认识工匠、尊重工匠、厚待工匠、崇尚工匠的意识，也激励工匠潜心钻研、精益求精、追求极致。

要建设鼓励工匠精制的消费文化。中国卖方市场下的数量型消费文化，正在被买方市场下的质量型消费文化替代。日趋激烈的市场竞争驱动企业追求品质、品牌。中国传统家具精致的器型和内在的榫卯结构，尤其是雕刻的人文故事，既传承着中国文化，又绿色低碳环保，被世人所认可。可以说，明清时中国家具就是世界名品，其精品多被国际大博物馆收藏，现存的上万件明代黄花梨家具70%在海外，近年来在收藏品拍卖中屡屡拍出新高。如今，传统中国家具企业中不乏知名品牌，也具备了推动中国家具品牌走向国际化的条件。让中国传统技艺和现代精工制造相结合的中国家具成为世界品牌，这也是中国走向世界的一张名片。买方市场下，口碑好的品牌，消费者往往对其产品精工细作和顾客至上的服务理念非常认可。从消费文化的角度看，复兴工匠文化意味着要厚植优胜劣汰的市场竞争土壤，荡涤假冒伪劣，抑制粗制滥造，提升精制水准。

要鼓励消费者的挑剔行为。美国管理学家迈克尔·波特在研究日本产品精细化的原因时讲过，日本妇女购物时近于苛刻的挑剔行为，是日本厂商改进产品质量的外在动力。而卖方市场中马马虎虎、凑凑合合的消费行为，正在成为过去。要鼓励大众逐步养成“讲究”的消费习惯。从一定意义上讲，“讲究”的民族，才更有工匠精神，才能积淀工匠文化。有“讲究”，才会有精神；处处“将就”，工匠文化也就无从谈起。中国传统家具起于汉唐，延绵到现在，最令消费者信服的是经久不衰的经典器型和充满智慧的榫卯结构，以及从设计、选料、加工到打磨、抛光一系列工艺过程中的“讲究”。

要倡导支撑工匠精神的精工文化。精工制作和服务极致才能使产品成为名品，才能在国际市场中占有一席之地。精工标准的刚性与适应市场的弹性是一致的。德国、日本的精工制作支撑其成为世界品牌强国。德国制造的基石正是遵循标准的精工制作，一丝不苟，做出的产品世人追捧，这都是我们复兴工匠文化中需要学习和借鉴的地方。倡导中国传统家具的精工制作，尤其要改变那种把聪明劲儿用在灵活性上、对应遵守的标准随意变通的行为。所谓“灵活性”“变通”，看似可以一时得利，最终会毁坏市场声誉，被市场淘汰，尤其要给那些制假的所谓的“达芬奇”欧式家具以棒喝警醒，给那些在浮躁发烧中盲目迷信外国的人泼瓢冷水。

要倡导支撑工匠精神的价值文化。复兴工匠文化就要重构尊重和奖励工匠的价值文化。改革我国现行的人才体制机制，其中重要的一招就是尊重和奖励高技能人才。优秀技师可以实行年薪制和股权制、期权制，使技师和工程师享有同样的社会地位和待遇。从制度设计上，要校正那种轻视动手能力培养、轻视技能人才地位的价值取向。中国工匠多是农民工中的高技能人才，尤其是新生代农民工，年轻又有文化，其中不乏勤学苦练、技艺超群的人才，有些绝活儿甚至能达到世界一流水准。但由于种种因素的限制，很多高技能人才未上过职业院校，未取得相应的职业技术职称，得不到社会认可。2016年，中国家具协会组织的明式圈椅制作竞赛中就出现过这样的情况。精工制作的圈椅可作为国礼，连外国政要看到都赞叹，但这些获奖的工匠却没有相应的职业技术职称，也谈不上较高的物质待遇和社会地位。由此看来，通过职业技能竞赛选拔优秀技能人才，给予他们荣誉和相匹配的职业技术职称，乃是利国聚才之道，有条件的还可以给予丰厚的物质待遇和应有的社会地位，使获得世界技能大赛冠军如同获得奥运会冠军一样。这也有利于崇尚技能，抑制浮躁。

倡导精工精制，才能真正复兴工匠文化；只有复兴工匠文化，才能使弘扬工匠精神更有底气。京作大家杨波就是精工精制的代表人物。出生于20世纪70年代的他，青少年时期在京作工匠的主要聚集地河北涞水生活，耳濡目染。他从20世纪90年代开始收购家具和黄花梨等名贵木材，进入21世纪又开始精制明清家具，研发新中式家具，有了积累后一直坚持收藏中国古典家具精品，不断探索传承中国家具传统文化的奥秘。他从创办元亨利家具品牌到建立贞穆堂展示古典家具精品，再到扬其所长制作书画木作，开发、珍藏、展示优质硬木家具，一路走来，杨波从木之缘到木之情，再到木之魂，终成当代中国木器家具有名的传承人。传承与创新家具文化，尤其要注重汲取前人智慧的养分，从家具的收藏中汲取古代家具艺术的精华，将个人创作注入选材精细和加工精制中，以敬畏之心创作精品，借古开今为家具引入文脉。

（三）构建工匠制度

人们越来越感觉到，弘扬工匠精神的底气是工匠文化，基石是工匠制度。无数事实证明，有了制度才能使热潮持久、公正、远行。只有构建工匠制度，才能激励更多的工匠乃至名匠辈出。建设中国工匠大军，离不开工匠制度的支撑。工匠制度的稳定性、公平性、长远性的魅力，恰恰就在于此。

中国不仅工匠技术闻名于世，工匠制度也颇有名气，精制的产品不仅为当代所用，其上乘之作还往往被购得的人家世代相传。中国工匠制度古来有之。战国时期，秦国武器之所以精良于他国，就在于秦国在每件武器上都刻上了工匠的名字。从掌印的工师到每位制作的工匠，通过在兵器上刻的名字都可以找到，并看出其技能优劣。这种制度激励和保障了众多工匠能够大批量制作高质量兵器。元代建立了匠户制度；明代专门对匠人进行统计，将匠人作为人力资源使全社会认可；清代改革匠役制度，使得民间手工艺人可以放手发展；民国时期，著名教育家黄炎培创办了职业教育社，社会上也涌现出王麻子剪刀等众多老字号。尤其是新中国成立以后，企业普遍实行八级工制度，出现一批像倪志福、张秉贵那样的名匠。

目前，中国已有上百家企业进入世界500强企业，同时拥有超过2亿人的技能劳动者和6000多万名高技能人才。随着经济转型，产业升级倒逼产业工人提升技能，尤其是数字技能，“中国制造2035”也正呼唤着高技能人才占比提升。弘扬工匠精神，恰逢其时；建立工匠制度，必不可少。构建工匠制度，支持众多普工进入技能大军行列，将推动我国从“速度为王”转向品质至上的时代，从产品转向精品的时代，从中国制造转向中国智造的时代。品质革命将造就一批名匠，数智融合将使中国工匠呼之欲出。

构建工匠制度要借鉴它山之石。德国、日本成为制造强国，就是靠不断完善的先进工匠制度给予支撑，培养了一支由高级技术工人领军的技能人才队伍。

知名企业和学校共同培养人才的“双元制”职业技术教育，为德国培养了庞大的技工队伍，让德国制造在世界上站稳了脚跟。德国初高中毕业生上技校与中国的情况相似，但和中国不同的是，学生选择职业教育并不是先找学校，而是先找企业和学校联手设置的学徒工岗位。不论是传统的机械制造工艺，还是新兴媒体数码设计，德国都将其纳入政府职业教育大纲中。在当下数字化快速发展时期，德国根据企业未来发展需求，量身打造技工，培养了一批批“科研学徒”。

日本的工匠制度，不仅有传承手工技艺的“一村一品”，而且在工业制造方面学习欧美国家，经历了从仿制到精制的过程。将传统手工业者的匠人精神传承于规模化的机械制造，再加上日本人极为严苛的产品标准，使日本精工世界有名。

中国构建工匠制度，首先要激发青年人学技术的热情，基本途径是加强和创新职业技术教育，推行工学一体、校企合作的新型学徒制，提高技术工人待遇，完善职业技术职称评定制度，拓展技能纵向提升和高技能人才在大城市优先落户挂钩的办法，激励新生代农民工看到学技术的红利，追求技能成才。

工匠成长需要有精神激励，工匠辈出需要有相应的物质待遇和社会认可。当年八级工是企业的技术“大拿”，与工程师的地位和收入不相上下。世界大多数国家高技能人才的收入待遇都能达到社会平均水平之上。德国技工的收入不比大学生差，而且更好找工作；高级技工更是企业之宝，他们的收入更高，可以享受高品质生活。

构建工匠制度，就是要搭建让技能成就青年未来的平台。让青年人看到，学本事就有回报，干好活儿就有发展，有高技能就有出彩人生。只有这样，才能吸引千百万年轻人源源不断地加入学技术的行列，建设中国工匠大军才指日可待。

（四）独具匠心出人才

匠心，通常是指能工巧匠的巧妙构思。中国历代名家匠心独运，各有巧妙之处。当前讲的工匠精神从根本上说就是一颗匠心的坚守，体现着中华民族的劳动智慧。

匠心须有恒心。恒心源于信心的支撑，信心是工匠对从业预期目标的心理认可，这种信心也是成才之路的奠基石。工匠的成长需要踏着自信心的阶梯一步一步攀登，淬炼心智，耐得住寂寞，经得起波折，受得住赞誉，去得掉浮躁。有了自信心才能在重复性的劳作中坚守，才会在反复磨炼中有发现，才可能在发现差异中有创新，才可能在创新中寻求到工匠的乐趣、体悟到工匠的价值，最后实现自己的梦想。德国成为制造强国，就是因为有一代代、一批批精工精制的工匠。20 世纪初德国人在青岛修建的基督教堂的钟表迄今还在运转，当年制造这座钟表的企业的继承人在看过钟表后，曾讲道："根据目前的使用情况，钟表齿轮没有任何问题，还能再用上百年，真要维修时，恐怕要等到我的曾孙一代了。"

中国也是如此，闻名于世的中国家具榫卯结构就是匠心独运。凸为榫，凹为卯，中国木匠的高超技艺就体现在不用铁钉、木料全靠榫卯连接的功夫上。木匠雕刻出精细榫卯，用力一拍，榫穿进卯，严丝合缝，浑然天成，几十年、几百年都牢牢地接在一起。现在欧式、美式家具制作为了环保，也多采用中国榫卯这种"武器装备"。从一定意义上讲，在制作中国传统家具中坚持使用榫卯也是坚守匠心。

匠心只有保持虚心，才能有足够的心理空间去发现世界、理解世界。作为工匠，眼要抬高，心须放低，唯有如此才能更深刻地理解与感悟制作的奥妙。

匠心需要坚守，耐得住寂寞才能守得住宁静。如果不品尝宁静，难以体会坚守；如果不经历磨难，难以取得成功。打败人的往往是有始无终，年轻工匠更要拿出坚守在电脑前等待明星的劲头，拿出在网络游戏虚拟世界里拼杀的快意，来拥抱自己现在做的事情。有了自信心还要调整好初入门学技艺的心态，俯下身、沉下心，勤跟实践学。抓住一切能提升自身能力的机遇，用心去做往往就会有意想不到的收获，坚守下去就会有精彩的人生。各种失败的打击可能会不断蚕食我们的信心、精力，因而恒心在工匠漫长的从业生涯中往往显得比激情更重要，恒心更能考验工匠的毅力。

匠心要有巧心。创业初期，工匠饱受人们的质疑似乎司空见惯。此时的工匠往往是孤独的，很多时候是独自面对工具反复操练，在反复操练中琢磨、思考，发现差异，由此就会产生激情，有了激情就会消除枯燥并寻求创新，逐渐用娴熟的技艺建立起独门手艺，不仅精确地表现自己的思想，而且要尽力适应顾客求精求变的需要。

匠心需要专注，不被喧嚣所干扰才能宁静致远。专注是一种态度，更是一种境界。如果对一件事特别感兴趣，再累也不觉得枯燥难熬。将专注执着融进血液里，才能保持不满足的心态和追求独具匠心的持久，才能不被纷繁喧嚣的社会环境所干扰，追求内心的淡定与从容。有了真正的专注和热爱，才能体会到工匠用心制造的精妙之处、自豪所在。

现如今，“匠心”这个词经过“回炉重炼”，使越来越多的人对它情有独钟，做一个匠人，炼一颗匠心，成为无数工匠特别是新工匠们的人生追求。既然选择了工匠人生，“便只顾风雨兼程”，匠心筑梦。

（五）让中国工匠出彩

依然以家具行业为例。中国家具发展与演变是木匠开发木材和“智造”器物的一部光辉历史。作为东方家具的代表，中国木器家具特色鲜明又自成体系，与西方家具风格迥异。尤其是从明清家具到现在的新中式家具，以其比例优美、工艺精湛、榫卯奇特、艺术成熟及风格质朴的特点，吸引着无数爱好者。

中国木匠的精工制作可以说是代际相传，无论是历史上建造的像故宫那样宏伟的木建群，还是当今的北京紫檀宫、广东台山黄花梨艺术馆、无锡梵宫、东阳紫檀博物馆，都堪称中国木匠的杰作。无论是享有盛誉的明清家具，还是当今受到世界各国政要赞叹的G20杭州峰会桌椅，乃至百姓家中的精致家具，无不渗透着中国木匠精工制作的传承与创新。

当今，以农民工为主体的新工匠的神奇之处还在于运用现代家具制作的系统设计理念和精密加工的制造工艺，对中国传统家具进行的修正、改造和提升。尤其是在构图设计上，他们用三维图形的动态设计取代平面图纸，弥补了平面图纸对家具不能立体审视的不足，许多好的设计理念和创意在设计之初就可以通过不断修正看到它的精美。在木器结构上，充分利用优质硬木质地细密、相对稳定、耐腐耐磨的特质，让榫卯结构外形简约、线条优美和连接精密、多变牢靠等特点得到充分展现。在木性稳定上，运用现代工业的智能烘干技术，大大提高了优质硬木的干燥水准。在木器制作上，运用精工机械的精度和流程，取代手工榫卯的误差，提高了榫卯的契合精度，延长了家具的使用寿命。在木器雕刻上，将机雕的精准性和手雕的艺术性有机结合，将精美绝伦的书画艺术和脍炙人口的人文故事通过雕刻融入家具之中，传承了家具的历史文化内涵。在木器成型的后期整理技术上，借鉴了中国特有的玉石加工工艺，有的甚至使用了超高级的宝石加工工艺，超细打磨出了近似羊脂玉那样细润的、如同珍珠般诱人的光泽，把优质硬木花纹之美开发到极致。殊不知，这些家具制造技术的创新大都来自农民工工匠。

中国木匠不懈追求精致和完美，将文化、艺术、技能融入家具的每一个部分，将人文情怀和创造能力发挥到极致。2011 年，中国首次组团参加世界技能大赛，我看到中国作为木器家具大国竟无人参加木工技能大赛，与许多关注木工的人都感慨颇多。因为自己在 1966 年到 1969 年停课三年期间学习过木工，有情结，就和人力资源社会保障部有关司局讨论谋划，选择有实力、管理好的邢台技师学院创办木工专业，挑选素质好、思维敏捷的学生进行速成培训，尽快熟悉世界竞赛规则。2016 年 10 月，我到邢台技师学院作“中国农民工发展及中国木匠发展”的报告，讲述了中国家具和农民工新工匠的发展历程，和准备参加世界技能大赛的学生进行交流。大家都认为，中国是世界上木工技能最发达和人才最多的国家，要有信心夺回本属于中国的世界木工技能高地。虽然以前我们错过了多届参加大赛的机会，现在对世界竞赛规则的熟悉要有个过程，但也应该像 20 世纪 60 年代中国乒乓球队那样，以后发优势迎头赶上。经过紧张的强化培训，在 2017 年第 44 届世界技能大赛上，中国第一次参加木工项目比赛的选手就崭露头角，获得了优胜奖。自此，中国木工竞赛选手站上了世界技能大赛的舞台，令世人刮目相看。

近代以来，众多宫廷造办处的工匠回到家乡，与本地匠人结合在一起，创立了京作、苏作、广作、晋作等有区域特色的精制家具，传承下来许多精工制作的文化遗产。山西的乔家大院、王家大院、曹家大院、渠家大院等随处可见精美的木器上雕刻着千百年来民间流传甚广的故事，无一不显示着晋作独特的雕刻技艺和文化传承。

中国木器家具行业自改革开放以来快速发展，培养了大批家具设计创作和精密制作的技能人才。这些人才使中国传统家具设计思想、制作工艺得到极大的提高，也带动了中国家具行业的进步、提升、创新和发展。

中国家具行业中技艺非凡、颇具影响的大师名匠不胜枚举，在这里我只就自己调研中了解的几位略述一二。

京作大师张行保就是一个代表人物。他在淄博出名，在北京立业，出于匠人而又超越匠人，凭借敏锐的悟性，坚持精工制作，古为今用，对接市场，顺应潮流，不断从欧式、美式等世界优秀家具中汲取营养，以国际化的视野在新中式家具的探索上敢为人先，形成了接地气、知行合一的家具制作理念。他将家具的实用功能、观赏价值、艺术内涵、人文情怀相融合，力求让优质硬木家具既能登大雅之堂，成

中国工匠张行保

为“阳春白雪”，又能是大众喜爱并受益的“下里巴人”。美国总统参观故宫时在宝蕴楼茶叙落座的椅具就是他甚为自豪的作品之一。

傅军民是一位融合苏作和京作的杰出高技能人才。他从苏作的发源地浙江东阳到北京，将苏作的精巧细腻和京作的雄浑厚重有机融合，秉承“器以载道”的传统，融合现代时尚理念，赋予了家具独特的个性表现力和美学价值。他设计的新中式家具在意大利米兰国际家具设计展上获得好评。傅军民勤学善思，言语不多却独具匠心。他创办的北京宣明典居成为家具行业翘楚，开创的“平仄”品牌成为新中式家具的先锋。宣明典居汲取中式家具文化精髓，汇集了一批技艺精湛的工匠，独创许多颇具艺术表现力的雕刻技法，创作出一系列引导中式家具消费、弘扬中式家具文化的优秀作品。

北京颇有名气的潘木匠，放弃在家乡开矿获利多的机会，怀揣年轻学木匠时师傅的一句“要做好家具才能对得起人”的告诫，在不惑之年来到京郊创办“晋京坊”，聘请北京老字号龙顺成的原总工程师田彦波做技术顾问，聘用技术好的东阳农民工做技工。他瞄准明清经典器型制式，购买“制图集”仔细琢磨，去故宫实地观摩，还跑到上海博物馆观看陈列的王世襄精品家具，终于精制出一件件精选木料、精雕细刻的家具，再现了中国传统经典家具的器型秀美和文化传承。他舍得花钱给每件家具拍照并汇集成册，注明材料属性和器型出处，图文并茂，优质硬木的漂亮花纹和精巧的榫卯结构组合起来，复刻的家具美轮美奂，在给人们带来视觉享受的同时又非常实用，远看是器物，近看是技术，回头再看还是艺术。著名故宫家具专家胡德生先生特意撰文褒奖，我从长期研究家具的角度给图册取名“木珍宜人”，还由著名书法家欧阳中石题写书名。一件一器的选样，一木一物的用功，一榫一卯的精制，都下足功夫，也体现出这位农民工木匠成为企业家后“要做好家具”的良苦用心和呕心沥血。平日里的流汗换来了社会的认可，好家具口口相传，回头客接踵而至。

被誉为“紫檀王”的东阳名匠李晓东，传承技艺已有五代，不仅料好、工细、器型美，而且率先使用制作家具的清洁生产新技术，将设计、开料、加工、打磨全流程进行透明化操作，运用智能烘干、静电除尘等先进工艺，使农民工新工匠在新环境中体面劳动，使精制家具在能工巧匠的手中精益求精。近年来，他在杭州的京杭大运河文化带上建立了颇具特色的紫檀博物馆，还思考着在北京大运河源头也能建一个紫檀博物馆。同样，有着好手艺的东阳农民工木匠马新建，20 年前怀着到北京大市场闯一闯的梦想，跟着大批东阳木匠开始了新时期的“东进序曲”，一起来到北京大兴创办家具厂。外地人要立足大城市，不拿出点真功夫、不煞费苦心是难以站住脚的。马新建凭着精湛技艺，选择优质硬木，提供上门定制服务。他精制的“红马”家具名噪京城，还将著名书法家沈鹏题写的“红马红木”立在厂门前，激励自己和员工。现已成为京城新工匠的马宇晨子承父业，将从父亲那里继承的东阳工艺和在大学里学习的现代设计糅合在一起，创出新中式家具“承器”品牌，坚持明式风格的简约线条，并与家具设计师一同开发家居细木装饰，融合现代时尚风格，在北京展会上一经亮相就被挑剔的顾客看好，多家媒体进行报道。马宇晨还聘用熟悉网络营销的人才一起策划，挖掘市场潜力，组成精干的小分队上门“私人定制”和提供售后服务，将父辈办起的展销厅发展为新式的大型体验馆，赋予父辈创办的工厂以时代新意。被誉为“缅花王”的李忠信致力于优质硬木的精准选材、毫米开料、智能烘干、机制榫卯、细磨抛光、网络营销的全链条数智化生产经营，成为全国拥有上万平方米数智化生产线和300多家连锁店的精工木作头部企业。专注紫光檀精深加工的徐荣桃潜心研究解决木器家具中的热胀冷缩难题，他用南下广东给日本佛具加工中被挑剔而养成的精益求精制作家具的品格，选择硬度超过紫檀的紫光檀进行材料烘干处理的攻坚，取得“无收缩缝”的新技术突破，使“好木匠做家具要在板框间留一条收缩缝”成为历史，在木作家具“专精新特”上下功夫，从材料突破上也可以说是一个瞪羚企业。东阳的王飞宝北上京城，用精雕细刻的技艺合伙创立品牌家具，再将北京积累的市场营销经验带回家乡，开拓制作出别具一格的非洲紫檀器具，在激烈的家具市场竞争中拼出一席之地。贾江斌正在将有规模的红木企业建成有特色的红木家具博物馆，展示多年的精制产品和收藏名品，在家具市场低谷中另辟蹊径。从传统家具拓展到适应市场新需求的绿色、低碳、环保、精致、实用、便捷的新中式家具，才能在激烈的家具企业竞争中引领着众多新生代农民工精进前行。

苏作大师张正基操作“五轴联动”精细加工机械

好木匠对好木料大都惜木如金，在用大料做重器“向上看”的时候，尤其要鼓励对优质硬木吃干榨尽“向下看”，以“小料也是金”的理念对优质硬木加以综合利用，形成循环经济。苏作大师张正基从木质地板做起，看到机器对加工精度的提升作用，在传统家具技术创新的热潮中率先引入意大利“五轴联动”精密加工机械，该机械可将制作家具的多道工序在一台机器上全部完成。后来居上的中信红木从使用多年的一般木工机床迅速升级到最先进的智能木作，使家具加工使用木材达到了精准的程度，占据当代家具精工制作的技术领先地位。创办上海老周红木家具的周仲坚，研究春秋战国时期鲁班大师木作和墨子崇尚技能的“班墨”文化。北京通州的杨飞、顺义的刘敏、昌平的张峰和陆汉斌，山西襄汾的曹三刚、张启端，江苏常熟的姚向东，深圳的谷建方、蒋桢全，河北大城的叶双陶、贾江斌、刘萍，太原的王宏、康洪明等，20多年来深入研究现代人对传统家具的审美观，适应市场需求，开发出满足现代人需求的新中式家具，利用北美、非洲优质硬木的美丽木纹和价格较低易于大众接受的特点，开发出一款款器型好、工艺精、价格适中的新款式家具，受到市场的认可。东阳华龙家具公司创办人金红强总是依据木材的硬度、纹路等自然属性决定如何开料，每次都将锯开的板材放在地上，左算右画，设计出搭配最合适的拼接方式，使优质硬木利用率达到

马海军与车间技工探讨工艺

最高程度，将木纹的美丽最大限度地展示出来。同样，东阳御乾堂创办人马海军专注红酸枝优质硬木，吃透木性，在开料接板上下足功夫，努力从设计尽善尽美到精作每道工序，使每件作品都能融合技术与艺术，成为精品，赢得人们称赞，也吸引了不少回头客。福建仙游闽作大师黄福华研究多年优质硬木开料后氧化的变化情况，依据不同家具的不同功能进行精巧设计，或明榫或暗榫，或整体榫或插入榫，将优质硬木的品性在制作精美家具上发挥到接近完满的程度。闽作名匠庄明方将传统家具做精做细，开发能够适应现代人需求的新中式产品，将时尚和传统巧妙结合，将房间单一的家具和房间全套的家具有机组合，使家具的造型艺术、静态艺术向房间摆放的空间艺术转变，以大家具的理念开发顾客需求。不少优质的硬木小件也兼有艺术和实用的功能，将精美的物件和文化传承融为一体，成为人们爱不释手的物品。仙游新工匠李成桂专制圈椅，精选部件材料，再到精工组装，一把椅子也能给人们带来回味无穷的感觉。更有仙游新工匠黄海声、郑伟新将“互联网 +”引入家具设计、制作和营销环节，一改以往前店后厂的老式格局，让新零售的体验给人们带来选购家具的新乐趣。闽作名匠林庆才子承父业，他父亲制作的木雕至今仍摆在人民大会堂福建厅，他将精湛的技艺传承下来，创出精良选料、精工制作的“大家之家”品牌。广东中山大涌的吴赤宇面对红木价格居高不下的竞争，深入进行市场研究，另辟蹊径，到非洲选择性价比高的优质硬木，积极改进传统家具，使之适应现代生活，开发出款式新颖、制作精美、价格适中的新中式家具。

早在 18 世纪，欧洲人就对中国的明清家具产生了浓厚兴趣。究其原因，主要是欧洲人对工业革命后各种中断的优秀手工艺进行了反思并开始重视精制的手工艺品，典型代表是德国包豪斯设计学院的设计理念。世界著名的德国包豪斯设计学院旧主楼前摆放着一把巨大的瓦西里钢管椅，楼里每层宽阔的平台上也都摆放着一把椅子，它的造型和线条与中国明式黄花梨禅椅有很多相似之处。两把设计极为相似的椅子，让我们联想到在包豪斯设计学院教过书的德国教师古斯塔夫·艾克。他于1923年来到中国，随即被中国明式黄花梨家具的精美所折服，潜心研究，还结识了一批北京鲁班馆的匠师，同时也得到研究明式家具、精于制图的杨耀教授的指点，于1944年写出研究近代明式家具的开山之作《中国黄花梨家具图考》，文物大家王世襄先生给予其“开启了中国硬木家具研究先河”的高度评价。古斯塔夫·艾克的著作深深影响了西方工艺美术界对中国家具的审美观，尤其是对榫卯结构的欣赏力。

作者参加“一带一路”文化高峰论坛

2017年5月，人民日报社《民生周刊》在人民大会堂举办“一带一路”文化高峰论坛，我应邀参加论坛，并在论坛上讲述了自己的感悟和观点。作为山西人，我深感晋商在历史上开拓丝绸之路所做的非凡努力，明清时期晋商率先开辟了中国茶叶、丝绸、陶瓷的古丝绸之路，而如今要使有浓浓中国味儿、承载中国文化的产品走出去，仍然要看的是中国工艺精品。

二、复兴“燕京八绝”

当今传承中国手工艺品技艺的大多是农民工新工匠，中国手工艺品制作是农民工高度集中和充分展现技能的行业，肯于勤学苦练传统手工艺的农民工经过一番艰辛努力，由徒弟变师傅，成为高技能人才。近年来全国大城市职业技术院校可以招收农村户籍学生，更是拓展了农民工学技能的途径，就连一向严格控制户籍的北京市，其职业技术院校也大量招收进京务工经商的农民工子弟。农民工自觉不自觉地成为新工匠的主力。

由于中国传统文化的根基厚重，传承非物质文化遗产的工艺产品虽然也遇到欧洲工业革命时期曾经出现过的千篇一律的机器制造产品的冲击，但却没有让传统技艺荡然无存，它仍然绽放着光彩，保持着强劲的发展势头，呈现出极强的生命力。“燕京八绝”就是这样，总能在传统文化和现代文化之间找到“接榫点”，使传统技艺在新的环境中依然发光。19 世纪欧洲经过工业革命后，精美的传统工艺制品，除了宫廷保留少许礼品制作和社会上还有少量制作外，大都在国家或民间大大小小的博物馆里陈列，就连游人如织的参观非物质文化遗产的地方，也难以见到上好的传统工艺制品。而在中国，尽管传统工艺制品遭到了“文化大革命”时期的浩劫，却因掌握技艺的技能人才犹在，“文化大革命”结束后，传统技艺迅速复兴并推陈出新，手工艺品热再现“野火烧不尽，春风吹又生”

的景象。不仅是深圳文博会等各类展会和各种博物馆如雨后春笋般地竞相发展，自然和非物质文化遗产受到尊重与传承，就连大大小小的旅游景点也随处可见精美的传统工艺制品，这里不仅有政府的“搭台”，更有一批批能工巧匠的精工制作，使中国传统技艺发扬光大。从近年来代表京作的“燕京八绝”再现光彩，到全国各地非物质文化遗产的传承发展，都反映出中国传统技艺魅力犹存。

京作，从广义上讲，是指宫廷集全国能工巧匠之大成而特制的手工精品；从狭义上讲，专指清中期以来宫廷造办处精良选料、精美设计、精工制作的手工艺制品。明清时期，宫廷名匠告老还乡，将高超手艺带到北京一带，形成了有京味儿的精制木器和精湛的手工艺品。就流传的广度来讲，京作家具更为社会所知。G20 杭州峰会上，一把把明式圈椅让世界各国政要赞叹不已，特别是为国际货币基金组织总干事拉加德女士专制的一个用来放手提包的小榻，物件虽小，却反映出中国工匠在制作气势恢宏的重器时也不乏精巧细腻，赢得广泛好评。现在，苏作、广作声名鹊起，也都有宫廷名匠回到家乡创作的影响。2017 年金砖国家领导人厦门峰会期间，俄罗斯总统普京参观的木雕就是福建莆田名匠的杰作。

“燕京八绝”是京作传承的集中体现，包括景泰蓝、玉雕、牙雕、雕漆、金漆镶嵌、花丝镶嵌、宫毯、京绣八大工艺门类，既有宫廷制作技艺的传承，也集民间文化之精髓。“燕京八绝”在明代初现规模，在清代盛极一时，开创了中国传统手工艺的新高峰，后来民国时期传承的精品在市场上也有展示，1949 年新中国成立后很多被精制成出口创汇产品。改革开放使手工艺品进入复兴的活跃期，尤其是进入 21 世纪，传承和创新不断提升，而多数工艺大师已步入古稀之年，青年继承人严重缺乏，以“皇家工艺”为代表的“燕京八绝”也面临手艺失传的境地。为复兴京作技艺，抢救历史文化遗产，近年来北京市广聚当代工艺美术大师，竭力培养青年才俊，使“燕京八绝”的传承有了较好的人才基础，也为一批有志于传承手工艺技艺的农民工新工匠提供了学习技艺、施展抱负的舞台。2016 年，500 余件涵盖“燕京八绝”各种工艺门类的精品首次在首都博物馆集体亮相，大师和新工匠的作品同台展示并受到好评。尔后，从 2017 年年初的台北故宫博物院展示到 2017 年 10 月参加广西南宁东盟博览会，“燕京八绝”一路走来，越展出越吸引人前来参观，越展出越使人惊叹，越展出越鼓舞名匠辈出。参展的牙雕大师李春珂，玉雕大师苏然、张铁成，金漆镶嵌大师柏德元，景泰蓝大师李佩卿，都已成为名满京城甚至全国的当代工艺美术翘楚。

2012 年以来，北京市陆续在职业技术院校恢复“燕京八绝”专业人才培养，使传统技艺得以延续、提升和发展。北京工美集团、北京工艺美术技工学校、北京轻工技师学院相继开办或恢复了玉雕、景泰蓝、雕漆、花丝镶嵌等传统专业，创办了全新的电脑设计与机雕、手雕融合的专业，建立大师工作室，带徒学技，探索“工学一体、校企合作”的新型培养模式，吸引了一批年轻有为的新工匠。

2012 年，北京轻工技师学院创办了全新的玉石雕刻与设计专业，聘请中国玉雕大师苏然、孟庆东作为学院客座教授，建立了两个玉雕大师工作室。教学中，采取校企深度合作、企业全程参与人才培养的模式，共同建立专业加工实训室、作品展示室、一体化教室。实训教学由合作企业的大师和名师担纲，实训教师由合作企业负责选聘，与大师和名师共同承担实训任务。为恢复和发展京绣专业，北京市工贸技师学院将“燕京八绝”传统技艺与学院优势专业相结合，开设了服装设计与京绣学制班，班内学生创作的新品在2017年北京国际时装周上惊艳全场。同时，也将企业中发现的有培养前途的好苗子放到职业技术院校大师工作室和速成班，给予精准施教。新模式培养的“院校量产”新工匠和师傅带徒弟的“私人定制”新工匠双轨融合，逐步探索出一条传承与创新相结合的技能人才培养新路。

2014年5月，我到北京工美集团调研，集团董事长李节和北京市人力资源社会保障局局长张欣庆兴奋地介绍了举办北京技工院校首届“燕京八绝”红星杯的盛况。他们邀请权威专家对新工匠参展作品进行了评比，向获得金奖作品的制作者颁发技师证书并授予“北京市技术能手”称号，获得银奖的颁发技师证书，获得铜奖的颁发预备技师证书，获得优秀作品奖的颁发高级工证书。

作者参观北京工美集团“燕京八绝”教学场所

更有意义的是，展示活动后期，组织者还通过市场运作的方式对部分学生作品进行拍卖，以此提高学生作品的市场认可度，增强学生创作的自信心和学习技艺的积极性，为他们走向社会搭建市场平台。近两年，这些技能专业的毕业生很吃香，一毕业即被一抢而空，收入也十分可观。

2018 年 6 月，我到“燕京八绝”北京传统工艺大师创作园调研。在身怀绝技的大师多数已年过七十时，“匠二代”纷纷崭露头角，以创新的意识推出新品，令人刮目相看。著名景泰蓝大师张同禄之子张旭，从小耳濡目染景泰蓝制作工艺，跟随父亲从点点滴滴开始学习，如今和父亲的徒弟共同撑起大师工作室。跟随景泰蓝大师李佩卿学技术的王建伟，潜心钻研，成为李佩卿大师屡获国际金奖的得力助手。著名牙雕大师李春珂的儿子李飞，运用互联网技术，吸收中外文化精髓，创新设计和制作，精雕细刻一件件猛犸象牙新作。雕漆大师文乾刚的弟子马广建，潜心学习大师技艺，如今已能独挑创作雕刻大图的重任。花丝镶嵌青年大师赵春明废寝忘食，一头扎进工艺传承与创新的制作中，精制出一款款精美绝伦的“叫好又叫座”的新品。

特别令人感到欣慰的是，新生代农民工纷纷加入学习传统技艺的行列，他们大都是高中毕业和从职业技术院校毕业后来到创作园，每人承包一个制作环节，紧张而有序地劳作，从他们熟练的技能中不难看出，他们是下足了苦功夫，一招一式都很到位。我分别问了来自山西祁县和河北三河的 5 位新生代农民工学这行怎么样。他们的回答基本相同，没考上大学，家里也困难，来这里学门好技术，眼下每月三四千元收入，比在家乡干农活儿多五六倍，以后也有奔头，不想其他的了，就想在这行干出点名堂。

三、挖掘乡土人才

北京兴起“燕京八绝”时，南方的江苏也在大力开发乡土人才。乡土人才是我国传统技艺传承与创新的宝贵人力资源，改革开放给乡土人才带来施展聪明才智的好机遇。江苏是乡土人才的沃土，是名匠辈出的地方，传统工艺的发展源远流长。近年来在国内外颇有名气的苏绣、苏雕、苏作家具等具有鲜明江南风格和艺术特色的产品得到快速开发，一批农民工技能人才脱颖而出，得到广泛认可。我到素有“苏绣之乡”之称的苏州镇湖调研时，看到上百家绣楼、近万名绣娘绣出的一幅幅精美作品，不由心生感佩。

出身于苏州刺绣世家的姚惠芬，自幼学习刺绣，师从近代苏绣“仿真绣”大师沈寿的第三代传人牟志红和中国工艺美术大师任慧娴，潜心学技，创出“乱针双面绣”技法，并完美融入中国传统水墨画的绣制中，使其绣品更具独创性。苏绣讲究的是“慢工出细活儿”，要织就一幅好作品往往需要数年时间。姚惠芬从事苏绣25年，一路走来坚持不懈，成为远近闻名的刺绣大师和非物质文化遗产传承人，享受国务院特殊津贴，并建起了绣庄——姚惠芬刺绣艺术馆。其代表作品《蒙娜丽莎》《虎丘塔》等，在国内外多次展出均得

刺绣大师姚惠芬

到好评。她还带出了妹妹姚惠琴，人称“苏绣姐妹花”。苏绣名人陈彩萍的绣馆里带出女性农民工二三十人，经过勤学苦练和悉心培养，都成为绣功好的镇湖绣娘。

从江苏海安走出来的农民工技能大师陈加国，传承中国优质硬木雕刻技术，改进雕刻工具，融入现代审美元素，创出“丝翎檀雕”著名品牌。他将清代郎世宁的《郊原牧马图》等一幅幅中国传统名画镌刻在紫檀等优质硬木上，以细腻的刀法，将可见发丝的功力融入硬木油性发光之中，给人以栩栩如生的感觉。有人曾这样描述陈加国：“以刀代笔，以木为纸，一雕一镂数刀下去，木质上已是轮廓初现，神韵活泛，让人有‘冷傲’之感。首创的独门技法，融写意国画于木雕艺术，禽鸟翎羽纤毫毕现，相辅相成；首创的微型刀具，融刺绣技艺于硬木浮雕，肌理效果和光影层次分明，相得益彰。”

木雕大师陈加国

2011年6月，中国国家博物馆“盛世天工——中国木雕艺术展”开幕，在全国170多位国家级工艺美术大师的200余件木雕作品中，一件名为《寒雀图》的笔筒木雕作品刚一露面，就吸引了现场观众和木雕大师们的眼球。该作品以珍贵的小叶紫檀为材料，木质细腻，纹理清晰，色泽温润，外壁上的浮雕临摹的是北京故宫博物院收藏的宋代画家崔白的名画《寒雀图》。尤其令人赞叹的是，作品中姿态各异的九只麻雀的羽毛表现得十分精准、细腻，惟妙惟肖，并呈现出刺绣般的光泽和灵动。陈加国创作的这件作品荣获此次木雕艺术展金奖，并和其他 18 件作品一同被中国国家博物馆永久收藏。陈加国在不断思考和探索中，将博大精深的工笔国画运用在硬木上，展现出更具魅力的立体空间。短短的 20 年时间，他从每天 5 毛钱的学徒工成长为年薪百万的著名木雕大师。以他之名建立的技能大师工作室，带出了上百位木雕人才，成为远近闻名的木雕技工摇篮。

当下进入职业技术院校学习中华传统工艺技术的多是农民子弟，由此培养造就了能吃苦、肯钻研的农民工技能人才。由于目前技能人才相对短缺，职业技术院校毕业生就业率几乎达到了百分之百，学生往往是未毕业就被企业一抢而空，而某些专业已跟不上市场需求的大学毕业生，初次就业率仅能达到 50% 左右。“一技在手，就业不愁”，人们已从技能人才抢手的现象中看到了农民工勤学技术就能成就精彩人生的发展趋势。

有志气的农民工只要潜心学习实用技术，不断努力，就能成为技能人才、高技能人才。近年来，杰出的高技能人才已得到国务院特殊津贴的专家待遇，可以和高科技人才比肩。这样的人生，必定出彩。

四、走向世界技能舞台

2017 年 11 月，“一带一路”职业教育国际峰会在四川德阳举办，来自巴基斯坦、泰国、老挝、马来西亚、爱尔兰等国家的专家和国内的教育专家、职业教育工作者等 400 多人参会。我在峰会上与国内外专家进行交流时讲道，中国是世界上技能人才最多的国家，在近8亿经济活动人口中，2016年技能劳动者总量达到了1.7亿。中国需要在世界技能舞台上展示自己，世界技能舞台同样期待中国。始于1950年的世界技能大赛，被誉为“技能奥林匹克”，可以说是当今世界地位最高、规模最大、影响力最广的国际职业技能赛事，它代表了职业技能发展的世界先进水平。在这个展示和交流职业技能的国际大平台上，一个国家在世界技能大赛中取得的成绩往往反映了这个国家技术技能的发展水平。虽然中国参加世界技能大赛起步较晚，但中国的精心组织和以农民工为主体的参赛选手的努力拼搏，使中国技能在这个舞台上获得了越来越多的荣誉和赞誉。从2015年中国在第43届世界技能大赛上实现金牌零的突破后，第44届世界技能大赛中国代表团表现异常出色，参赛项目涵盖制造与工程技术、运输与物流、结构与建筑技术、信息与通信技术、创意艺术与时尚、社会与个人服务六大领域。这些恰恰是中国农民工从事最多的领域，众多的中国农民工技能人才中最有可能产生这些领域的顶尖人才。这次每个领域中国代表团都获得了奖牌，在世界技能舞台上充分展现了中国技能发展的雄厚实力，尤其是青年技能人才的精湛技艺。

“贴砖工匠”崔兆举，在第44届世界技能大赛舞台上用小瓷片“贴出”中国瓷砖贴面项目的金牌，实现零的突破。他在看似每天都有上百万农民工从事的寻常的贴瓷砖工种上，下足了不寻常的功夫，即使训练时膝盖磨出茧、腰肌发炎也没放弃。他深知夺冠不是一朝一夕之功，靠的是平日里日复一日的磨炼，唯有如此，才能在众目睽睽的世界技能大赛中做到“不差毫厘”。正是这种一丝不苟的严苛训练，才使其凭借高超的技能水准，经过22小时的紧张赛程，以近乎完美的表现令来自多国的世赛裁判组为之折服。也再一次说明，学技能往往是一条枯燥艰辛甚至寂寞的道路，而农民工的坚韧品行加上不怕累肯吃苦的毅力，使他们在这条路上拥有更多出彩的机会，精彩是留给那些有准备肯付出的农民工的。

参加世界技能大赛的中国选手

在第44届世界技能大赛上获奖的52名中国选手中，有39名来自农村，占75%，获得焊接项目冠军的宁显海就出生在四川大凉山一个普通的农民家庭。一直听话懂事的宁显海，初中毕业后为了减轻父母的经济负担，选择了上技工学校，这次获奖成了他人生的转折点。宁显海被邀请回家乡作报告时，他是这样讲的："我是一个平凡的人，初中毕业后到技工学校学习焊接，给我提供了上升的通道，又有了竞赛的平台，遇到了恩师，就有了努力的梦想，但平生也未曾想过自己会有如此璀璨的人生。"2012年，宁显海仅以一个名次之差，无缘第42届世界技能大赛。2014年入围国家集训队后，他又遇上了第43届世界技能大赛冠军曾正超。宁显海凭着一股韧劲从零开始再努力、再奋斗，2016 年获得全国选拔赛焊接项目第一名，被授予“全国技术能手”的荣誉称号。在以后的集训日子里，他每天早上 6 点到晚上 11 点，除了吃饭时间，便是反复不停地焊接，一天下来衣服全湿透，眼睛看东西都是花的，但他只有一个念头，就是下一次焊接要比上一次更好。正是这种不停地寻求更好的技术状态的工匠精神，支撑着宁显海战胜了集训时的简单枯燥，也正是这种忘我劳作、追求极致的工匠精神，支撑着他在世界技能大赛中遇到和平时训练不同的焊接材料考验时，仍然焊出了最好成绩，夺得冠军。当五星红旗飘扬在最高领奖台上的那一刻，他终于梦想成真，为国争了光，让中国工匠的风采折服世界。在这种追求卓越的中国工匠精神的激励下，在第 44 届世界技能大赛上中国选手获得了 15 枚金牌、7 枚银牌、8 枚铜牌和 12 个优胜奖，一跃超过在世界技能大赛中一直位居前列的韩国、瑞士等传统技能强国，取得中国参赛以来的最好成绩。

世界技能组织首席执行官大卫·霍伊认为，制造业的发展离不开高质量的劳动力。对个人来说，技能的提升不仅可以带来更好的就业，也能实现自我人生价值。在全球经济中，所有成功的职业生涯、所有成功的企业、所有蓬勃发展的行业和国家背后，技能都是重要的推动力量。当前，中国的经济结构转型和制造业升级正处于关键阶段。2015 年 5 月，国务院印发《中国制造 2025》，未来中国制造业发展需要一场品质革命，不在于追求更高的增速，而是要着力提升发展的质量。由此，中国比以往任何时候都更加需要高素质的技能人才，而高素质的农民工技能人才将成为主力。目前，中国已拥有高技能人才超 6000 万人。自 2010 年加入世界技能组织以来，已经有不少中国青年尤其是新生代农民工在世界技能大赛舞台上展现出高水平的技能。

曾获得第 43 届世界技能大赛印刷媒体技术项目银牌的张淑萍，继成为上海出版印刷高等专科学校实训中心的教师后，又成为第 46 届世界技能大赛申办形象大使。当众人纷纷向她投来羡慕的目光时，她颇为感慨地对采访记者说："技能改变了我的生活，让我实现了自己的梦想。"中国正在重塑全社会对技能人才的认同，尊重劳动、崇尚技能的社会氛围日益浓厚起来，这给了踏实肯干又勤学上进的农民工露脸的机会。

第六节

数字工匠的五个创新

一是加快激发数字经济活力的机制创新。开放就是跟上时代，工业化时期分工越细越能提升效率，网络时代越能融合越能产生新效益，实践说明，数字经济等新业态往往是"人叫人干人不干、经济利益调动千千万"，"数"出效益，数据是"金矿"，挖掘才更能有价值，"数"能增收，最大限度地释放劳动技术管理资本数据等要素的能量，让数字经济创造财富的源泉在充满活力的体制机制中迸发。

二是加快数智赋能的技术创新。传统产业紧紧跟上技术进步前沿就是高新技术，在广泛使用人工智能技术的时代，努力打造透明化生产、数字化工厂、智能化矿山，加快智能制造的迭代升级。在构建“新质生产力”和现代化产业体系过程中发挥头部企业引领一大批中小企业快速提升到智能制造时代的作用。工业时代消耗最多的是电和材料，而智能制造“吃进”更多的还有数据和算法，这成为越用越有价值的新型生产要素。

三是加快产业融通和场景应用的模式创新。推进工业互联网的产智融合、智慧城市建设的城智融合，和人力资源服务线上线下人智融合，新制造正与新营销形成新产业链条。智慧场景正在用智能与算力不断延伸和放大人类脑力体力的极限，破解着过去难以解决的问题，尤其人力资源服务嵌入数智化的场景，正在使产智融合的智能制造延伸到人智融合的网络营销。

四是加快数字经济的人才创新。“两才”（高技术人才、高技能人才）并重、“两归”（海归、城归）并用是数字化转型中加快人力资源纵向提升、激活蛰伏的人力资源潜力的战略导向。谁先聚集数字经济人才，谁将占有高质量发展的先机。中国劳动学会课题研究显示，我国将进入高技能人才引领的“技工时代”，将从“人口红利”向“技能红利”转变，从人力资源向人力资本跃升。要让数字人才集中地的产业区域率先打造成“数智高地”。智能制造正吸引越来越多的新生代劳动者，有技术新鲜感的网约劳动正逐渐改变着生产线上重复劳动。

五是加快数据要素聚集的环境创新。数智融合中产业聚才有项目，待遇聚才有收入，感情聚才有环境，让人才流、物流、资金流、技术流、数据流源源不断地流入经济“洼地”、人才高地，使每个员工进入人力资源数智赋能“云”时代的环境就如同进入“磁场”一样，能“沉浸式”“故事性”地在自己的岗位上不断“刷新自己”，释放潜能。

第七节

“五有”农民工创业返乡成为新“城归”

近年来，相对于“海归”快速“登陆”，“城归”也在异军突起。一批批曾在沿海发达地区和大中城市务工经商的农民工，经过城市打工的历练和积累，带着技术、项目、资金和营销渠道，怀着乡村情感返乡创业，如同热带雨林般快速生长，为县域经济注入生机和活力，尤其是在脱贫攻坚中发挥着吸纳就地就业、推进精准脱贫的开拓作用。

老一代农民工中，在珠三角东莞地区有过打工办厂经历的“中国鞋王”张华荣，在江西兴建了赣州华坚国际鞋城，吸纳近万名农民工就业，特别是吸纳残疾农民工“励志就业”。在深圳有过打工办厂经历的“手机屏王”周群飞，顺应产业转移的趋势，在湖南浏阳成立蓝思科技股份有限公司，吸纳5万名农民工就业。新一代农民工中，在广东打工的“80后”农民工苏俊宇返乡创办了广西田阳至恒门业有限公司，近百名技术工人都是来自田阳县较偏远山区的农民工。在浙江打工的安徽青年农民工左红学返乡建立了池州市信佳阀门制造有限公司，两年多的时间，企业营业收入就达到千万元以上。看着一座座现代工厂在乡村拔地而起、一列列火车载着产品运往世界各地、一批批农民就地就业脱贫增收，我深感“城归”创业正以独特的方式，解决着一些经济难题，丰富着新型城镇化的新实践，在中国经济转型和实施乡村振兴战略中呈现新亮点。

● 赣州华坚国际鞋城

“城归”创业带动农业劳动力就地就近转移就业，破解了中国中西部地区农业劳动力转移就业中难以留住本地劳动力的难题。据调查，截至2017年年底，农民工返乡创业人数累计达到600万人。虽然“城归”创办的多是小微企业、劳动密集型企业，但积少成多，产生的能量超乎预期，从一定意义上说，发展有小则快、收入有小则多、机制有小则活、就业有小则稳、扶贫有小则准。我在地处武陵山集中扶贫攻坚片区的芷江县调研时了解到，8 家“城归”创办的企业就地吸纳就业约 5000 人。“城归”创业使“就业一人、脱贫一户”的加法效应向“创业一人、脱贫一批”的乘法效应转变，实现创业带动就业的良性发展，达到就业倍增效果。“城归”创业让农民工感到，打工不用去远方，家乡也有好地方。

“城归”创业成为活跃县域经济发展的新生力量，改变着主要靠吸引大企业、大项目招商引资促进经济发展的单一路径，解决了中西部边远地区招商引资落地难的问题。当年农民工走出乡村到城市务工，如今带着资金技术回乡创业，组合分散的生产要素，挖掘当地的资源优势，逐步形成“输出劳务—积累生产要素—返乡创业”的新发展路径。农民工返乡创业的萌动与乡村发展的需求主动有效对接，所办项目有贴近市场的优势，本身就是因地制宜“接地气”的招商引资，与“引得多、落地少”的传统招商引资形成鲜明对照。贵州正安农民工郑传玖在广州打工后返乡，率先兴办了遵义神曲乐器制造有限责任公司，带动了当地凯丰、塞维尼亚、贝加尔等一批吉他制造企业的发展，建起中国规模最大的吉他制造基地，吸纳近万名农民工就近就业。“城归”创业使农村特别是欠发达地区获得了较快发展的外源力量，推动着不发达地区县域经济逐步发展壮大，实现着“一乡一品”的多年愿望，也逐步解决了大批劳动力进城务工形成的农村“三留守”（老人、妇女、儿童）等社会问题。

“城归”创业多是在经济欠发达和不发达地区，解决着中西部地区承接产业梯度转移向“末梢”发展难的问题。优势资源向城市和发达地区聚集，是城乡区域差距扩大的重要原因。近年来，农民工就业逐步从跨省向省内转移、从东部地区向中西部地区回流。不少农民工经过大城市、大企业的磨炼，在东中西部产业转移的大潮中看到了乡村振兴的商机，尤其是东部劳动密集型企业向外转移的契机，从而开启返乡创业的历程。这就把发达地区与不发达地区的发展联系起来，带动不发达地区中小企业跨越式发展，在广阔乡村尤其是中西部地区逐步产生企业小集群的效应，带动当地快速吸纳东部转移的产业，快速办起先进制造业企业，快速开发本地资源，使多年来一直努力追求的推进城市带动农村发展、发达地区帮助落后地区发展、培育不发达地区经济增长点的目标看到了实现的希望。江西省新干县农民工彭春在湖南、广东等地箱包厂打工时，掌握了箱包制作技术，又通过销售箱包摸出了市场营销的门道。他抓住劳动密集型企业产业转移的机遇，返回新干县兴办箱包厂，自创了“凯威”品牌，引进了“新秀丽”，还与大学生合作开展线上销售，以线上线下结合的创新营销方式，年生产上百万只箱包，带动30多家配套生产企业，吸纳上万名农民工就地就业，成为当地颇有名气的新“城归”。

“城归”多是在市场经济大潮中经受过锻炼、视野宽、脑子活、有创业意愿和创业能力的宝贵人才。尤其是新生代农民工，年轻且文化程度较高，创业的锐气难能可贵。“海归”回国创业是国家优惠政策的吸引与个人意愿的结合，“城归”返乡创业更多的是经济吸引与个人积累的组合。相比农民工这支劳动力大军而言，“城归”人数不多，目前仅占2%左右，但“城归”仍在发展、能量仍在释放、效应仍在扩散，其方式灵活、生命力强的特点已经显现。

一、"城归"创业的独特优势

（一）创业成本较低，发展较快

有抱负的农民工在东部发达地区得到历练后，不满足于为人打工，渴望自己创办企业，并且有着深厚的乡土观念和"乡根文化"。他们熟悉家乡的资源情况、人际关系和投资环境，也掌握了家乡内外的市场信息，返乡创业的机会较多。创业地点多选择在家乡县城、中心街镇或特色保护村庄等交通便捷的地方，众多的本土优势、个人创业的能动优势和进城得来的后发优势组合起来，使创业成本较低。据调查，"城归"创业成本一般比在发达地区低15%～25%。

（二）小微企业起步，经营灵活

农民工返乡创办的企业初始投资不多，少的数十万元，多的上百万元，较少有数千万元的。创办者投入的资金来源主要是个人储蓄、房产抵押或个人信用担保贷款，因此创办的企业通常都是小微企业。"城归"创业项目主要集中在规模种植养殖、农副产品加工、小型机电加工、农村电商、旅游开发等劳动密集型产业，既有对东部产业链的延伸和承接，也有因地制宜发展加工，经营领域不断拓宽。

（三）兴办创业园区，发挥集聚效应

近年来，随着西部大开发战略和中部崛起战略的深入实施，政府投入持续增加，中西部地区电力、交通、通信等基础设施得到明显改善，出现了不少有利于发展的"经济洼地"和"沙漠绿洲"。中西部地区不少地方的工业园区、创业园区，有些原来就是吃不饱

的“半拉子工程”，如今加上“城归”创业园区，集成优惠政策，完善基础设施，吸引着越来越多的“城归”返乡创业，焕发了新的生机。

“城归”带领下的精准扶贫

深度贫困地区也有“城归”带领下的精准扶贫。四川省凉山州会理县“城归”农民工李春明，在广州建筑业打工时开阔了视野，返乡后创办了会生源电子商务有限责任公司，将会理名产石榴、黑山羊、羊肚菌，以及新引进开发的松露菌放到网上“直通”客户，在拓展销售的同时给农民带来实惠。李春明是到广东打工搞过建筑的老一代农民工，凭着走南闯北带班的管理经验和积累的资金，又有大学毕业的女儿李俊的加入，办起了电商“乐村淘”，在县商务局的电商平台上打开农特产品销路，带动当地农民工就业，成了当地创业有成的“城归”，使大凉山在全国“城归”试点县中占有一席之地。

会理县“城归”介绍如何搞电商

贵州省创办“城归”创业园区，几年下来，越办越大，越来越有竞争力。“城归”带头人郑传玖兴办的吉他企业孵化出了四五家吉他制造企业。县里有关负责人表示，要集全县之力，为发展正安吉他企业集群营造最好的经商环境，让正安“城归”像当年300女农民工到番禺一样打出名堂。正安县“城归”创业园区的企业招收的员工大部分是新生代农民工，前几年为多挣钱在外边打工，留下了不能照顾老人和小孩的遗憾。现在不仅解决了贫困户就业难的问题，还使两地分居的夫妻实现了家庭团聚。

● 郑传玖介绍农民工制造的产品

甘肃省甘谷县腾达职业技术培训学校校长张维林以前在江苏一家电

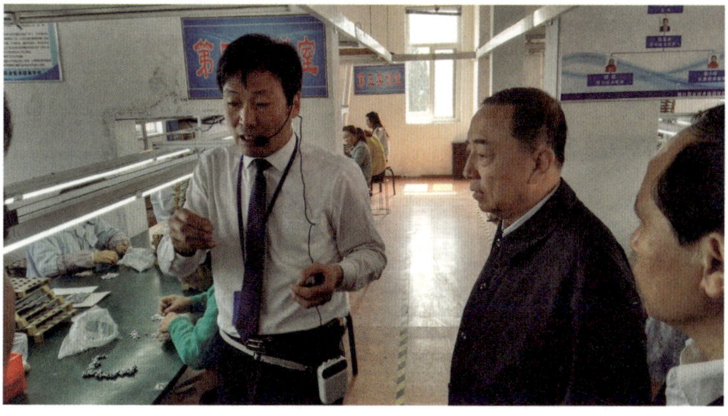

● 作者与甘肃省甘谷县返乡创业农民工张维林交流

子工厂打工，后来返乡创业，运用网络平台，以订单、定岗、定向的形式将用工企业上岗培训与农民工就业紧密对接，打造扶贫车间，2015 年到 2017 年累计培训技工 2.5 万余人。

二、“城归”创业的“三难”

尽管“城归”创业具有许多优势，发挥了独特作用，但面临的困难和问题也不容忽视。

（一）创业融资难

缺乏流动资金成为制约“城归”创业的最主要因素。当前县乡政府给返乡创业农民工提供的服务主要集中在“三通一平”基础设施方面，农民工自筹资金主要用于厂房建设和设备购置，遇到的主要困难就是流动资金贷款严重不足。据湖南芷江 8 家农民工创业企业反映，急需的流动资金贷款额为 50 万～500 万元，由于产权抵押程序复杂，贷款审批手续多、周期长，返乡创业的投资往往难以形成预期的规模效益。

（二）资源集约难

面对大批农民工返乡创业的新态势，仍有不少地方准备不足，不能将当地的人力、物力、财力等生产要素进行统筹并有效配置，有的地方承诺的基础设施配套延后，拉长了建厂投产的周期，也影响了“城归”返乡创业的预期效益。

（三）聚集人才难

不少地方尚未形成“引得进、留得住”人才的创业环境，在聚集人才特别是较高素质技能人才方面存在诸多困难，尤其是集中连片贫困地区可提供给“城归”创业需要的技能人才更少。另外，部分“城归”经验和技术积累有限，在选择投资项目尤其是种植、养殖项目时，容易出现“跟风”现象，产品同质化较严重。

三、厚植“城归”需精准施策

挖掘“城归”创业发展的潜能，需要从政策、园区、资金、人才和产业等方面精准施策，形成有利于发展的“小环境”。

（一）政策有集成

将国家精准扶贫、乡村振兴、农副产品就地加工、革命老区旅游开发、扶持小微企业发展等优惠政策进行集成，形成对“城归”集中释放政策含金量的磁场效应。为“城归”创业开辟“绿色通道”，包括降低返乡创业门槛、落实农民工返乡创业定向减税和普遍性降费措施、加大普惠性金融扶持力度，以及鼓励电子商务交易平台下沉，带动“互联网+”创业等。在贫困地区增加国家级农民工返乡创业试点县的数量。允许返乡创业不成功的农民工再次享受国家农民工技能培训补贴，进行新的就业培训。

（二）创业有园区

结合推进新型城镇化、农业现代化发展的实际需要，开辟“城归”创业园区，统一建设基础设施，集中治理污染和利用土地，培育发展产业集群。盘活现有各类开发园区，尤其是工业产业园的闲置厂房等存量资源，整合发展一批重点面向初创期“种子培育”的返乡创业孵化基地，建设企业集群发展的“城归”创业园区，扶持民族传统产业创业示范企业等，提供一站式服务，聚集创业要素，降低创业成本。

（三）资金有支持

加大返乡创业的财政金融支持力度，吸引社会资本加大对返乡创业初创期、早中期的扶持力度。落实创业担保贷款政策，采取自然人担保、园区担保、财力担保、“公司＋农户”担保等多种方式，进一步降低反担保门槛。探索设立“城归”专项贷款以及依照就业人数捆绑申请创业贴息贷款资助的政策，还可将两年的贴息周期滚动延长，鼓励设立小微企业信贷风险补偿资金，将金融扶持“城归”创业落到实处。对“城归”创业利用专利权、林权、农村土地承包经营权、农民住房财产权、宅基地等不动产抵押融资发生的贷款利息、评估费、担保费等相关费用给予一定扣减扶持。

（四）人才有培养

针对“城归”创业所需知识技能，结合不同地域经济特色，开展有针对性的创业培训，落实培训补贴。根据当地产业发展及创业企业对技能人才的需求，实施有针对性的技能培训，统筹政府多部门培训资源，加大对农业劳动力的技能培训投入，补齐技能人才不足的“短板”。将对当地经济发展和吸纳就业有重要作用、在造福乡里方面有突出贡献的“城归”，纳入劳动模范、先进工作者等评选范围，发挥榜样示范带动作用。

（五）产业有合作

鼓励“城归”充分挖掘和利用当地资源优势，顺应消费结构、产业结构升级的市场需求，推动当地产业升级。支持具有发展潜力的企业加强上下游产业合作，加速资金、技术和服务的提升，带动“城归”依托产业链发展。促进央企、国企在扶贫点和“城归”有机结合。将央企、国企的资金、物资、管理优势和“城归”沉得下身、扎得下根的本土优势有机结合，兴办投资周期长、综合效益好的生态旅游场所，将以往对贫困地区给钱给物的“输血”真正变成因地制宜的“造血”。

与大多数人相比，“城归”创业往往会经历不同于常人的曲折，需要拥有不同于常人的信念。实际上，“城归”创业成功并非有什么秘诀，如果说一句励志的话，那就是到了无路可走的时候选择最佳路线坚定地走下去的毅力。相对于打工，“城归”创业能主动挖掘自身潜力，最大限度地实现人生价值，但创业之艰难往往超出想象。有句话是这样说的，创业者的面前往往只有两条路可以选择，一条是成功率为10%的存活之路，另一条是失败率将近90%的淘汰归途。“城归”创业短短几年已经打破常规，说明“城归”扎根本土有亲情文化的独特优势，加上其坚韧踏实的不懈努力，度过举步维艰的初创期后，在希望的田野上成功的概率要更大一些。

当年坐着火车进城打工，现在开着汽车回乡创业，“城归”创业蕴含着深刻的经济体制变革的因素。“城归”在新型工业化、城镇化的“末梢神经”发力，是中国中小企业发展富有创新活力的生力军，更是促进城乡协调发展和共享改革成果的有效途径。乡村振兴战略给更多“城归”带来新机遇，拥抱“城归”，机遇在握，潜力无限。

2015年12月，在素有思想盛宴之称的北京大学光华新年论坛上，我应邀作了“经济新常态下‘城归’农民工返乡创业异军突起”的演讲。在场的著名经济学家厉以宁教授对我讲的“城归”很感兴趣，认为这是升级版的人口红利；北京大学常务副校长吴志攀认为，提出“城归”概括了新实践，论坛本应就是撞出思想火花；北京大学博士生黄晨晔说，学校“海归”很多，“城归”是第一次听说，这个称呼有创意，听了“城归”代表人物的创业故事也很震撼；从美国宾夕法尼亚大学留学回国创业的“海归”杨鑫说，“海归”留学回来多选择在城市创业发展，“城归”返乡发展比在城市更有机会和空间，“海归”和“城归”虽然路径不同，但勇于在不确定、有风险的事情上开拓进取是相通的，都是创业发展的同路人；北京大学光华管理学院党委书记冒大卫说，“海归”有报国赤子心，“城归”有浓浓乡土情，殊途同归，志在创业，将体面劳动、有尊严生活与获得合理投资收益、带动乡亲增收融合在一起。台上报告，台下交流，在场的专家学者、企业家和学校管理人员对“城归”话题来了一场头脑风暴，形成了诸多共识。

作者参加北京大学光华新年论坛

第八节

成长中的农民工企业家

农民工中从来就有一批敢于承担“不确定性”风险的人物，不少成功者被称为农民工企业家。从当年的乡镇企业家到现在的“城归”企业家，大都从各类小微企业经营做起，逐步发展成为敢于开拓创新的企业家。著名经济学家熊彼特认为，将分散的生产要素重新组合产生新效益的活动都可称为创新。农民工企业家就是创新产品、创新管理、创新市场的人物。

农民工企业家的闯劲、韧劲、钻劲和对农民工的感情并非一般企业管理者所能比拟的。2014 年 11 月，我和国务院农民工工作督查组来到太原市清徐县和临汾市尧都区农民工集中的企业，实地察看农民工劳动权益保障情况，除了解“十有”落实和督查足额支付工资情况外，也切实感受到了农民工企业家创业的艰辛。他们的创业成功，稳定了越来越多的农民工就业，使一批肯钻好学的农民工成为技能人才。农民工社会保险的足额支付和收入的逐步增加，有的农民工还入股企业共担风险，这些都是在分享企业发展成果。山西老陈醋集团创办于 20 世纪 90 年代，借助清徐是山西老陈醋基地的优势，办起年产千吨醋的大厂，吸纳当地农民工 200 多人，掘得“第一桶金”后，一鼓作气研发了适合北方农村吃饺子用的蒜味醋，四川、湖南、贵州等地多用的辣味醋，城里西餐多用的天然白醋等新品种，扩产至万吨规模，吸纳上千名农民工就业，创办人也成为山西“醋王”。“醋王”的儿子也子承父业，大学毕业后一头扎进工厂，研发酿醋新产品和改造工艺管理流程，将现代“不锈钢发酵缸”技术和传统酿制技艺结合，开发食品、保健品和高档洗涤用品等绿色健康系列产品，企业规模达到30万吨，吸纳3000多名农民工就业，成为中国醋业翘楚。20世纪80年代，清徐县乡镇企业家到邻县办起“五七”公司，跟随“开矿潮”办起煤矿；20世纪90年代，跟随“新能源潮”办起气化厂；进入21世纪，跟随“农村金融开放潮”办起小额贷款公司。一路走来，产业不断更新，追踪市场热点，按照国家产业政策指引，企业由小到大、由弱变强，解决了众多农民工就地就近就业问题。20世纪90年代，临汾海姿集团从发展大机焦起步，进入21世纪看到国家控制火电规模和鼓励“热电联产”，就建起煤焦化一体的大型联合企业，利用焦化余热发电，焦炉煤气直供临汾市尧都城区，实现资源的循环利用，吸纳5000余名农民工稳定就业。

农民工企业家虽然创业当上老板，但一有机会对农民工的情结就会燃动起来。他们熟悉农民工，也乐意组织农民工，还能厚待农民工，不是将农民工简单看成劳动力来使用，而是骨子里透着关爱农民工的气息。2013年年初，我到太原参加中央有关督查工作，车行驶至晋祠公路，看到路边蔬菜交易市场车水马龙、熙熙攘攘，便停车进去看看，果不其然，市场内上万人正交易着每天太原及周边地市数百万人食用的果蔬。一看，大厅里有电子屏幕显示着即时价格行情，墙壁上挂着太原市郊县蔬菜基地布局和发展规划；一问，都是农民工在从事南果北蔬和小杂粮运输，有些积累了经验和资本的农民工也单独搞起分类贩运，有的农民工还成为小有名气的果王、菜王、蛋王、鱼王等。据介绍，这里的蔬菜交易市场虽然规模比不上北京新发地，但在信息化交易管理和服务上，也是居于华北地区前列的。这个市场最初的创业者是20世纪90年代初期跟随体制内人员“下海潮”从山西省直机关走出来的大学生，和郊区乡镇企业家与蔬菜管理企业联合办起来的。20世纪80年代，我在太原市郊县搞过蔬菜基地建设，也参与了太原市率先改革蔬菜计划供应管理体制的工作，当时带领农民进城卖新鲜蔬菜，解决了城市蔬菜供应“旺季烂、淡季断”的顽症，《人民日报》和《山西日报》及时报道给予鼓励。但随后又需解决进城菜农多、缺乏统一交易平台等问题，由此太原桥西农副产品交易市场应运而生，越办越火，带动郊县农民用新科技种植蔬菜水果，满足市民对“鲜、嫩、活、新”有机食品的需求，也吸纳了当地和外地前来贩运的数千名农民工就业。市场内远有来自新疆销干果的、海南销鲜果的、广西销进口水果的、浙江销水产品的等，近有销售山西本地产小米、绿豆、红豆、莜麦甚至引进种植的藜麦等，中心市场信息化的行情信号传递和东部、西部、南部区域市场的便利化服务，共同构成了大市场、大交易、多品种、小包装的繁荣景象，很多农民工的辛劳和贡献就在其中。

2018年5月12日，在纪念北京新发地成立30周年“心系首都民生路　而立奋发新征程”高端论坛上，一批在新发地起早贪黑、摸爬滚打的农民工企业家分外耀眼。中央电视台主持人董倩邀请他们上台时，他们头上都戴着各类果蔬大王的桂冠。

30年中，他们从蹬三轮车贩果蔬起步，如今已成为市场中赫赫有名的年销售过亿元甚至上十亿元的“蔬菜大王”“果品大王”。随着市场细分，销售也紧紧跟进，他们建起冷库和物流线，发展生产

新发地农民工“香蕉大王”赵新文

基地搞专业化批发，有的跑到产地建基地，更有的甚至跑到国外主产地投资建基地，搞成跨国产销一体化。山西省原平县农民工赵新文初进新发地时是贩运南方香蕉，他看到“南果北运”有越来越多的商机，就越过一般到海南建生产基地的常规路径，直接到老挝、越南、泰国等气候适宜又劳动力成本低的主产区建生产基地。由于跨国差异大，他带领亲戚朋友一起上，由香蕉拓展到草莓、黑莓、蓝莓等许多当时还未被大众认识的进口水果。他还联手朔州老乡张利军开发种植圣女果等，年营业收入超过 10 亿元，自己也成了远近闻名的“香蕉大王”“洋果大王”。还有安徽的张爱党，他在山东建起果园，专做境内外苹果生意，也被称为“苹果大王”。雄安的赵国发成了“鸡蛋大王”，专做反季节性蔬菜的鲁德川成了“海南菜王”。他们大都以一种果蔬作为主打产品，兼顾同品种覆盖，从过去基地连农户营销跨越到基地连市场全流程“包干”。看着冷库里一垛垛整齐摆放打着条形码的东南亚基地直发过来的新鲜水果，它们丰富了首都市民的“菜篮子”“果盘子”，才知道原来这些“洋果”也能“中国造”；看着台上台下一批批农民工企业家逢山开路、遇水架桥打拼过来，丰富了企业家的内涵和品质，才知道原来那似乎可望而不可即的企业家行列里也有农民工一份。

董倩在台上问新发地董事长张玉玺：“你的户口是否在农村？怎样看农民工？”张玉玺干脆利落地回答：“我的户口还在农村！”他还说，他年少时的二十世纪六七十年代，村里姑娘纷纷嫁到城里，不少小伙子还得到北京延庆等边远地区娶媳妇。如今新发地发展了，村里也富裕多了，城里姑娘开始嫁到村里。本地人能致富，外地来的农民工也有致富的盼头，都是新发地的“宝贝”。当董倩问新发地总经理张月林的户口在哪儿时，这位“80后”新生代农民工回答说，他的户口也在农村。更有新发地常务副总经理顾兆学，他本人就是第一批受表彰的全国优秀农民工，每天看着起早贪黑赶来市场的农民工，因自己尝过其中的甜酸苦辣，知道难点痛点在哪里，他总是想方设法帮助大家解决困难。由此，我点评道，农民工成了企业家，一有机会总是真心实意帮助农民工。他们果断、不怕吃亏，有着浓厚的乡土情结，血液里流淌着农民工质朴的基因，这些都是农民工企业家特有的品质。另外，像新发地这样，有2000多个摊位、4000多个直销店，打工的有上万名农民工，只要企业厚待农民工，就能得到面对市场变化时农民工和企业“抱团取暖，同舟共济”的回报。面对一个个感人的农民工创业故事，主持人董倩感慨又动情地说，看着连夜赶来的农民工，天刚亮就卸货卖货忙乎起来，北京安全新鲜的果蔬都饱含着他们的辛劳，劳动光荣，劳动自豪，农民工是当今最勤劳也是最值得尊敬的劳动者。

● 董倩主持 2018 北京新发地高端论坛

农民工企业家总是以敏锐而又务实的眼光在市场薄弱环节中寻找可突破的商机，总是在市场的缝隙中千方百计地寻找能够组合生产要素的机会，辛苦积攒却不多的资本来之不易，勤劳掘得的“第一桶金”来之不易。如今在乡村振兴战略中，他们和在城市中熟悉的市场有机组合起来，扩大着市场营销的范围。例如，城乡交错地带的农副产品交易市场，乡村农副产品就地加工，就地取材的建筑材料粗加工，三、四线城市新兴城镇建设，山区生态旅游开发，以及农村电商网店和县城新零售等，看似星星点点，却是星罗棋布。实施乡村振兴战略中，农民工企业家有了多年的历练积累，终将成为中国企业家队伍中坚力量的一部分。溪涧岂能留得住，终归大海作波涛。

“三新”（新业态、新工匠、新“城归”）反映出农民工尤其是新生代农民工蕴藏着极大的发展潜能。释放其能量，树立其自信，探索其道路，也是当代中国正在经历的最为广泛而深刻的社会变革中，立时代之潮头、发思想之先声的闪光点。从农民工到农民工新工匠、农民工新“城归”，他们在融入城市和乡村振兴的进程中，其持续旺盛的就业创业活力，在经济转型的潮流中尽显勃勃生机。

第五章

防疫复工与经济回升中进取的农民工

第一节

2020 年防疫与复工双兼顾的实践创新

百年来，每次全球经济危机、金融危机和疫情大流行危机都导致经济萎缩以至很快衰退，带来劳动者大批失业、工资收入下降、贫困者增多。这次新冠肺炎疫情大流行给全球经济带来前所未有的影响仍在继续，给我国既定的稳就业、稳经济带来严重冲击。农民工是春节后复工复产流动规模最大的群体。为对农民工集中的主要行业和防疫期间不同风险级别地区复工活动特征及时加以研究分析，对他们在抗疫不同阶段的现实困难与采取的措施及时加以剖析研判，中国劳动学会先后组织“30 企”复工快速调查、“百企”复工分业快速调查和15次专题讨论，调查对象覆盖东中西部不同地区、大中小不同规模、国企民营外资不同类型的农民工比较集中的企业，专题讨论、深入研究农民工防疫防控与复工复产的进程、特征、变化、实效和经验，以期从农民工防疫与复工两不误的实践创新中反映中国特色的战疫情、稳就业，以及有效应对国际疫情大流行带来新一波冲击的对策。

一、新冠肺炎疫情两次大冲击和我国劳动者三波复工的新变化

这次新冠肺炎疫情对劳动者冲击之大前所未有，危机中鲜活的东西都在变动不居的“一线”，了解劳动者实情要到不停变化的企业里。春节期间，我同30多位中国劳动学会理事里担任有影响的企业董事长、总经理给农民工朋友“拜年”，沟通中侧重讨论特殊时期农民工复工问题，并迅速整理成“30企”农民工复工快速调查，提出2020年农民工与往年集中返城不同的是错峰返城分批复工，通过国务院参事室向国务院领导反映、向人力资源社会保障部与国务院农民工工作领导小组办公室报告，通过央视新闻白岩松“1+1”访谈、《中国劳动保障报》发文向社会传递。紧接着和中国劳动学会13位博士与新华社中国经济信息社联合开展“百企”复工分业快速调查，“点对点”对农民工集中度高、吸纳千万人以上就业的7个行业和有代表性的3个类型企业深度调查，发现在疫情的两次重大冲击中农民工等劳动者复工有许多新变化。

疫情对我国经济的第一次冲击是从2020年1月下旬开始，国内经济停摆，民众居家生活；第二次冲击是国际疫情大流行，经济快速萎缩并步入衰退，对我国劳动者复工以后不少企业遭遇“断单”

带来下岗失业增多的风险。我国抗疫阶段不同，在不同风险级别地区，劳动者复工的阶段性特征也不同。从 2020 年农历正月十五过后的制造业逆势而进、率先“破冰”第一波复工，在诸多行业处于犹豫等待、徘徊观望之时，制造业企业充分发挥了复工复产先锋作用；2020 年农历正月过后开始大中型企业和建筑业的第二波复工，低风险地区不断增多，多数劳动者步入复工行列；到三月中下旬疫情高峰过去，大部分地区成为低风险地区，市场回升，服务业逐步恢复，开始恢复经济的第三波全面复工，亿万劳动者在常态化疫情防控条件下总体上进入加快复工状态。

从疫情积极向好的先行复工到“大流行高峰过去”，到“震中”退出，全面复工，每隔半个多月就会有复工新变化。亿万劳动者返城复工，为战疫情提供源源不断的物资供给，又持续增加生产、创新经营。为保障生活秩序、恢复经济，克服了重重困难，冲破种种束缚，也创造出很多前所未有的闪光点，农民工等劳动者集中度较高的十个类型行业企业概括性反映了这种新变化。

（一）制造业

从制造业中富士康、蓝思科技、北京精雕、北京奔驰、山西陈醋集团、甘肃扶正药业等 130 多家企业调查看，制造业大企业是复工复产的骨干力量，成为吸收 7600 万农民工就业的主阵地，2020 年 1—8 月有起有伏，生产防疫物资企业一直处于持续增长状态，有益于健康的食品加工业恢复快、增长势头好。很多制造企业在 2020 年 2 月中下旬率先复工，3 月下旬受到国际疫情蔓延冲击，断单、断链增多，处于快速补链、扩链以及建设国内为主体、国际国内双循环产业链的过程中，4 月多数恢复或接近 2019 年同期水平。中山市美盈集团是我国生产高档酒店家具规模最大的企业，原材料的供应和销售“两头”都在外，2020 年 2 月中旬复工以来主要生产 2019 年的订单，3 月中下旬“断单”后营业收入降至 2019 年的 30%。

（二）建筑业

从建筑业中中建、中铁工、中电建、碧桂园等近 30 家建筑企业复工调查来看，建筑业作为吸纳 5000 万农民工就业的支柱产业，除部分重点工程 2020 年正月十五后复工，其他大都在 2 月底后陆续复工。由于工期一般都是一至两年，受国际疫情蔓延冲击小，资金充足、员工稳定，原材料大部分在国内有保障，成为巩固复工复产最为稳定的力量，这些企业加班加点弥补疫情冲击耽误的工期。中建集团工程项目有农民工百万人、中铁工集团工程项目有农民工超 70 万人、碧桂园工程项目有 20 万农民工陆续复工。

（三）服务业

从服务业中北京前门文化街、北京新发地、山西太原河西农副产品市场、昆仑饭店、西贝莜面村、马华拉面、河北白沟箱包城、浙江东阳木雕城等 41 家企业调查来看，服务业是复工复产中大容量吸纳农民工就业的产业，疫情冲击下餐饮、住宿、批发零售、文化旅游等行业出现“断崖式”下滑，是受损严重的“四大”困难行业，也是吸纳大量中低端劳动力的行业，激活这类服务业企业是 2020 年复工复产保就业的“重头戏”。除春节假期值守岗位的约 2000 万农民工外，大部分企业是 3 月下旬至 4 月随市场恢复陆续复市复业，“五一”小长假迎来一波反弹，但受国际疫情影响并未出现之前预测的“报复性消费补偿”。差异性恢复中的蔬菜副食品市场先行恢复快、反弹大，基本恢复到2019年同期水平，甚至还略有增长，而商业零售、餐饮住宿、文化旅游仍在恢复中的“爬坡期”，复工不能复产、复产不能复销的情况比较普遍，线上订餐、线上营销、线上预约服务等消费方式借势兴起。疫情期间的消费疲软是遏制餐饮业复苏的最重要因素，还有原材料价格高且损失率高、员工就业成本高、防疫成本高、线上订餐扣点高等多重经营压力。调查发现，77.2%的餐饮业商户表示堂食远未达到2019年营业水平。截止到2020年6月底，覆盖全国59个城市390家门店的西贝莜面村复业率达到88%，复工率仅约三成。

（四）现代服务业

从现代服务业中阿里巴巴、京东、美团、滴滴出行、曹操出行、海航海口呼叫中心、贝壳找房等有代表性、规模化发展的快递、外卖、网约车、寻呼服务和网络直播营销服务等16家现代服务新业态企业调查看，尽管现代服务新业态中由于行业属性和特点不同，复工情况有所差异，但总体上呈现出的“V”型走势更加突出，受国内经济恢复影响较大，受国际疫情蔓延的新一波冲击较小，整体上回暖较快。现代服务新业态的快速复工复产，既为大量农民工提供了就业岗位，又保障了广大群众的基本生活，成为保就业、保民生、保市场的新兴力量。快递业较早全面复工，阿里菜鸟、京东物流等企业疫情期间“不打烊”，保障了很多居民的居家生活物资配送。阿里菜鸟2020年上半年寄快递量同比增长70%，带动快递在我国现代服务业中成为一枝独秀；外卖企业在2020年春节期间仍有开工，单位订餐下降，居家需求上升；网约车服务初期下滑较为明显，司机收入受到严重影响，随着疫情管制解除，乘坐公共交通工具出行的人减少，网约车业务有快速回升；网络直播带货服务有爆发性的增长。

（五）家庭服务业

从家庭服务业中的北京爱侬、管家帮、杭州三替、苏州金管家、福州树人等38家家庭服务企业快速调查看，这个能够吸纳3000多万农民工就业的大产业在城市居家生活增加时有新刚需，居家生活中陪护老人和育儿照料这“一老一小”的需求有所上升，钟点工服务的需求有所下降。杭州三替集团有15 000多名农民家政工，2020年2月上旬复工率约40%，随着国内疫情转稳，4月下旬回升至80%；北京爱侬等骨干企业，上半年复工复产已恢复至接近2019年同期。2020年从6月起，爱侬恢复了新员工招聘，除原有的老年陪护等家政岗位，还增加了育儿嫂等稳定就业岗位和“小时工”等灵活就业岗位。

（六）中小微企业

从苏州大卫地板公司、深圳吾泡食品公司、北京市珐琅厂、北京市李佩卿景泰蓝工作室等200家中小微企业看，竞争力相对较弱，资金积累不足。处在市场缝隙中生存发展的“四小”，即小店铺、小工厂、小工程、小文旅受市场急剧下滑、人们较长时间居家生活的严重影响，不少从歇业、半歇业到艰难复业，处在“不开业愁死、开业亏死”的生存线上，也可说处在急待抢救的“重症区”。调查中有46.96%的企业选择在2020年四五月后视市场恢复情况复工。从北京燕京八绝、顺义君德益、浙江东阳紫檀宫、广东台山黄花梨家具艺术馆等十余家文化旅游企业调查看，2020年1月下旬以来由于民众居家很少外出，基本处于无营业状态。随着全国大部分地区成为低风险地区后，有恢复性反弹回升，但要恢复到2019年同期水平仍然需要一个较长的过程。

（七）人力资源服务企业

从北京易才、上海优蓝、广州红海、河北冀联等二十余家规模化经营的人力资源服务企业调查看，人力资源服务业“连接”劳动者与企业的作用正在显现。复工率受到一定影响但恢复较快，接近九成已在2020年2月底前复工。人力资源服务企业与其他企业相比有一定的特殊性，一手牵农民工等大量劳动者，一手牵用工企业尤其是规模化用工企业，因此，复工一方面取决于自身恢复情况，另一方面要根据客户企业复工需求。2020年2月人力资源服务企业敏锐地发现当年人力资源供给不足的变化，线上人力资源服务需求较大，普遍采用远程办公方式，2月底平均复工率已达到68.0%。从事网络招聘的智联招聘，共有1582名员工，几乎全部员工2020年2月3日通过远程办公复工。

（八）外向型企业

从北京精雕、福建三棵树、昆山美富昌精密机械、东莞厚街家具制造、浙江珠岙童装基地等全国130多家有代表性的外向型企业快速调查看，国际疫情蔓延给国内市场带来“超级”不确定因素增多，“断单、断链”使有些复工的外贸企业出现订单“吃不饱”、人员“岗不稳”的困难，使复工难复产、复产难复销的企业承受国内外疫情冲击叠加的压力，带来外贸收入大幅下滑、用工需求萎缩等一系列问题，特别是中小型外贸企业承受的压力尤其之大，其员工面临的失业风险更高。浙江珠岙村是有名的童装加工基地，加工小厂280户，2019年有1.2万名员工，2020年受疫情冲击，30%的出口订单没有了，3—5月产值相对2019年下降约50%。工人复工率达70%，但外贸加工复产率较低，主要靠开拓国内市场。

（九）农民工返乡创业企业

从贵州正安县神曲公司、湖南长沙浔龙河项目、山西灵丘县金属粉末公司、甘肃省秦安人力资源“扶贫车间”、甘肃定西牧草公司、四川大理会理石榴电商平台等10家农民工返乡创业企业调查看，可以说复工复产“场景”这边奇好。农民工返乡创业呈现复工复产新气象，带动农民工就近就地就业，有力支持贫困地区农民工精准脱贫。农民工返乡创业大都在中西部边远地区，受疫情冲击小，主要吸纳当地农民工，除疫情冲击订单减少外，基本没什么大的影响，从2020年2月10日复工后，大多数保持正常发展。例如，地处黔渝山区的贵州遵义神曲乐器制造有限责任公司2月16日已复工，150人中当地员工120人已复工。从2月复工至8月，该公司已生产10.9万支吉他，吸纳就业达到713人。

（十）“一带一路”项目

从中建集团埃及项目、国机集团中设公司塞尔维亚水电站项目、中交建集团印度尼西亚雅加达路桥项目等“一带一路”项目复工调查看，总量上吸纳上百万农民工就业的海外项目，大多数农民工于春节前回国过年，因驻地国防疫管制，已回国的回不去、未回国的出不来，出现人力资源“空档期”。

从这十个典型行业企业的调查可窥见劳动者复工复产全貌。从劳动者不同行业顺延假期形成错峰返城，到同行业企业来自风险级别不同地区的分批复工，从市场需求跌入“谷底”逐渐回升的企业，到筹划在政府刺激政策下市场回暖及时复工的中小企业，一切都从保障员工安全和减少经济损失等方面来化危为机。从重点企业、重点工程项目劳动者先行复工到长三角、珠三角区域性的“抢人”率先复工，以至部分地区降低风险级别跟进的奖励性复工政策措施迭出，劳动者从早行一步的先行军到紧紧跟上的“大部队”陆续返城，构成中国特色的复工图景，也显示出中国亿万劳动者在特殊时期迎难而上、不畏风险、艰苦劳动的优良品质。

值得注意的是，疫情防控进入常态化以后，“断链”企业、服务行业复工复产尤其是复市处于特别困难时期，经营资金短缺、租房费不减、防疫物资增加成本、人工成本也须支付，国际疫情大流行给国内市场带来超级不确定因素增多，导致消费滞后，形成新的冲击。人们在防疫防控和居家生活一段时间后消费习惯处于调整期，困难行业企业因多种因素造成市场恢复并未像人们想象得那样快，以至于形成营业收入低，不少难以维持保本经营，随时都有因亏损减员，甚至难以为继而关停的危险，处于市场恢复正常前的特别困难期。“抚平”疫情冲击下的经济创伤有个过程，需政府“一揽子”政策救助和企业员工抱团取暖自救发挥效力，共同努力，度过特别困难期，迎来市场从恢复转向正常、复工复产从恢复走向升级、经济由负转正到重回正轨的局面。

二、创出防疫与复工中“两不误”的新鲜经验

防疫防控与复工复产在特殊时期如同一枚硬币的两面，谁也离不开谁，前期防疫防控压倒一切，中期互为支撑、互促共进，后期

复工复产成为主流。

面对突如其来的新冠肺炎疫情冲击，我国复工在防疫防控条件下展现出新的特点，逆势而上的防疫与复工中折射出被越来越多国家认可的中国特色的实践创新。2020年亿万劳动者复工复产的难忘历程，让我们对劳动者的贡献认识了许多，劳动者在非常时期的实践创造了许多，对我们也启迪了许多，防疫与复工中很多实践创新和经验值得总结。

（一）中央审时度势、果断决策发挥关键作用

根据疫情变化情况，中央审时度势按下“启动键”和“转换键”，开创了亿万劳动者壮阔的复工图景。与往年春运返城高峰“一票难求”不同，2020年防疫防控中开启农民工错峰返城分批复工，先后经历国内国外两次疫情大冲击和三个波段的复工，从正月十五后制造业先期复工逐渐恢复到7000多万农民工就业，到农历二月二后建筑业复工快速恢复到近5000万农民工就业，再到疫情高峰过去，服务业随市场复苏复工、现代服务业率先反弹“由负转正”、接触性聚集性服务逐渐回升，仅仅2020年1月23日到2月24日，30多天就有上亿劳动者留城或返城复工乃世界少有，也是防疫防控特殊条件下的劳动创新。

（二）错峰返城、分批复工的合理性和科学性

统筹疫情防控和复工复产是一个依据变化的情况不断调整的过程，区分行业不同错峰返城、地域风险级别不同分批复工的“路线图”，正是在因地制宜、因企施策的实践中产生的。错峰的合理性在于防疫防控条件达到要求的先行复工，分批的科学性在于选择低风

险甚至无疫情地区先复工，直至疫情“大流行高峰过去”，都证实这是从实际出发的，如果在防疫防控积极向好时，还将大多数劳动者“锁”在基本无疫情或低风险的中西部地区将是人力资源的极大浪费。

（三）早期复工实践给防疫与复工双兼顾提供现实案例

“双兼顾”的合理性、科学性从实践中产生，面对疫情冲击，首先防疫防控必须以局部先行复工的付出保障全局所需要的防疫物资生产和城乡流通服务，这是特殊时期的需求中倒逼产生“双兼顾”的实例。2020 年春节后防疫防控期间，2000 多万农民工等劳动者逆势而上，包括生产防疫防控物资人员、保障防疫及生活必需物资的物流供应人员、保障城市蔬菜交易市场正常运行的服务人员，快递、外卖、网约、寻呼服务、家庭服务业人员，以及火神山、雷神山和方舱医院等重点工程的建设者们等，这些活生生的案例，都在说明防疫防控和复工复产可以做到兼顾，并提供了现实可行的办法。这些实践说明只要防护措施到位，保障生产服务和个人健康安全是可以同时做到的，也为加强和扩大返城农民工防疫和复工双兼顾提供了现实依据。

（四）不同行业、企业根据实际情况有序推进复工复产

不同行业受到相同疫情影响，复工状况却不尽相同，制造业先期复工是因组织化程度和生活生产条件达到防疫防控要求，建筑业顺延复工是习惯性春节放长假和北方施工条件转暖所致，服务业缓后复工是由市场恢复情况所决定的。二产复工是人与物接触的“可防可控”，三产复工则是人与人接触的“难防难控”，有超特大城市

农民工聚集的北京新发地农副产品市场出现疫情反弹则说明这一点。从农民工不同行业顺延假期形成错峰返城，到同行业企业来自风险级别不同地区的农民工分业分批复工，从市场需求跌入“谷底”逐渐爬升的企业，谋求在政府刺激政策下市场回暖及时复工，一切都从保障员工安全和减少经济损失出发化危为机。

（五）“硬核”复工显示农民工成为宝贵人力资源

为了帮助企业尽快复工，一些用工大省从农民工输入地入手，通过“包车、包机、包专列”等有效办法实现“出家门上车门，下车门进厂门”全程“保送”，精准复工，安全复工，便捷复工，使快速复产的企业用工基本得到满足。浙江省率先“硬核复工”，包高级大巴车、包高铁、包飞机，紧接着珠三角“三包”加补助，吸引着很多农民工前往。调查中不少农民工说，以往没有乘飞机高铁不是买不起票，而是舍不得花钱，这次政府企业出资，又有安全保障服务，让劳动者实实在在感到了自己是体面劳动、有尊严的复工，体悟到自己是宝贵的人力资源。复工后住宿工作地消毒、分批上岗、间隔就餐等，更让劳动者返城复工感觉到享受城市公共卫生服务的周密细致，而不是歧视，比在村里更有条件得到健康保障。这也证实，谁先安全有序聚集农民工，谁就在农民工从无限供给转向有限供给中先行一步，谁就抢占复工复产先机。

（六）外向型企业加快“补链、扩链”破解难题

疫情的“时空转换”给防疫与复工的实践创新提出新的课题，当国内疫情高峰过去，防疫与复工“两不误”前行中，国际疫情大流行给复工带来新的猛烈冲击，不少外向型企业“断单”“断链”，

复工中又遇下岗，稳岗保就业成为当务之急。头部企业率先从国内供应链中选优“补链”，带领中小企业“扩链”“共享”，老板员工抱团取暖、不裁员、以训代工、打通“堵点”，围绕构建国内循环为主、国内国际互促发展的双循环供应链，推进新的条件下劳动实践创新。

（七）努力帮助困难小企业化危为机

防疫与复工在接触性聚集性强的餐饮、住宿、零售、文旅四大特困行业和众多小店铺、小工厂、小工程、小文旅等“四小”企业仍处于特别困难期，复工难复市、复市难复销仍是待攻克的“难点”，也是防疫与复工实践创新的发力点。供应链断裂、资金链收紧，房租网租、防疫成本、人力成本的刚性支出，诸多因素造成市场恢复困难，加上国际疫情扩散中人口高度集中地有时免不了净土受染，在政府救助与企业自救合力攻克“难点”，度过特别困难期，“抚平”疫情冲击下经济创伤需要有个过程。国家出台一揽子税费、房租、社保减免政策，让处于生存线上的“四小”企业先活过来，进了“重症区”的接上“呼吸机”救过来、生存下去，用特殊政策使“四小”产生“抗体”。疫情中也有一批有活力、有灵性的中小企业发挥“船小好掉头”的灵活性，积极从市场缝隙中育新机，发展新业务，开辟新天地。

（八）非常时期的实践创新应运而生

前所未有的疫情，前所未有的应对，前所未有的“战疫情”中创新迭出，劳动者实践中许多行之有效的办法不断推出，破解着一个个难题。

先进制造业有富士康工业富联、格力空调等企业率先自制口罩，迅速解决了2020年1月下旬瞬时爆发的海量需求。自制口罩既满足自用，又服务地方，还缓解市场“一罩难求”的紧张状况，可以说是一举三得，破解原有“定点工厂”开足120%马力生产也不够用、只能统收统分的传统思维模式。两个月前是中国买光世界口罩，两个月后是每天可达到上亿口罩的生产能力，后来又打破制作口罩原材料熔喷布的紧俏。全球战疫情中我国已是世界最大规模出口医用口罩地，创出占领世界口罩高端市场的国际品牌。这说明防疫中不能仅靠国家物资储备，大国要有“战时”的特别组织制造能力，才能显示出中国制造的独特优势。

建筑业有中建三局等速建模块化板式住房。近3万农民工等劳动者“战两山”（火神山、雷神山）建模块板房医院，使世人领略中国建筑的神奇。中建山东投资公司莱芜高铁项目建万名农民工模块板房宿舍，虽投资大，但比耽误重点工程要划算，既解决了农民工返城隔离问题，又改善了农民工住宿条件，也有效解决了农民工“返城隔离14天找房难”的现实问题，一举两得。从根本上说需要大力发展城市多元化租赁住房，包括适应现阶段外地务工经商人员返城用的小户型“方舱宿舍”，都有利于解决农民工住宿简陋问题。

现代服务新业态中创出无接触配送。从阿里巴巴旗下近百万农民工创出防疫期间无接触快递，紧接着美团等实行无接触送餐，到城市蔬菜交易市场农民工企业家将净菜无接触配送到户。数字驱动网络支撑的平台经济快速发展，特别是线上订餐、线下机器人端盘送餐、无接触供餐等。这些举措使量大点多面广的餐饮业在创新服务中复工复产，中国电商的魅力在战“疫”中展现。

一批有活力、有灵性的中小企业化危为机、勇立潮头，积极从市场缝隙中捕捉新机遇，发展新业务。例如，北京市农民工企业家张志强在新发地经营水果十多年，疫情冲击下批发零售额下降80%。他看到居家生活需求迅速增多，就快速兴办起新鲜净菜分装组合加工厂，以新鲜、价实、快送的新优势，迅速开拓上千家新用户。“船小好掉头”在逆境中仍具有很大活力。

抗疫中党政机关干部下沉，专班跟踪防疫物资企业及大企业大项目复工，创新政府服务方式，成为中国体制优势和战疫情中的亮点。

三、新业态劳动就业的特点

危机中孕育着生机，经济越困难的时候越易突破常规产生出劳动就业新业态，应对这次疫情中产生出的前所未有的创新发展令人眼前一亮，先进制造企业自制口罩、新型建筑企业装配式施工、现代服务企业无接触配送、劳动新业态的新型用工、老板和员工的抱团取暖、稳岗保就业的以训代工、政府专班跟踪的下沉服务，等等，这将成为我国战疫情中催生和激发出许多新业态的一个个标志性闪光点。尤其是防疫中就业、招工“两难”结构性矛盾转化成招工、复工的“新两难”，以往不占主流的非标准就业、灵活就业、弹性用工、共享用工等方式突破“新两难”快速崛起、顺势旺长，由数百万人迅速增长为数千万人乃至后疫时代上亿人投身劳动新业态，发挥着特殊时期保就业的开拓作用，展示着新业态集成诸多积极因素、保市场中畅通“毛细血管”的新优势。从根本上说，劳动者自主择业的原动力和新技术革命应用潜力结合产生的新动能，激发出劳动者借助数据经济平台寻找适合自己的劳动形态、就业方式的活力，正规就业中衍生出的非正规就业，传统劳动形态中派生出的劳动新业态，工业化时期的劳动合同管理中孕育出网络时代的新型用工，线下就业收缩中转换成线上线下融合发展，人与人接触性服务受阻中通过网络转换成人与物接触的新链条延伸，等等，这种弹性就业机会往往伴生着便捷收入机会，新业态劳动就业与平台经济形成的新型用工的合作关系以一种全新姿态出现，一发而不可收，正以“异军突起”的非均衡的力量快速成长为新的“一极”，劳动管理中劳动合同与平台注册并存的“二元”时代似乎已经到来。

在防疫防控的特殊时期，各种灵活就业形式在应对经济下行中显示出捕捉市场缝隙的生命力，如热带雨林般因环境适宜得以快速发展，逐渐从缓解就业压力的作用走向保就业的支柱性力量。弹性就业、零工经济、居家办公、共享员工等新型用工方式脱颖而出、大量涌现，有效解决了阶段性用工难复工难问题，提高了精准劳动的效率，初步实现精准就业。如华晨宝马集团调剂整条组装生产线技工到天津汽车制造厂，又如疫情期间盒马鲜生等共享马华集团、西贝莜面村一时难以复业的餐饮企业员工，都提高了劳动的精准配置，提升了复工率。还有地方政府搭建共享用工平台，帮助辖区企业进行人员余缺调剂。有效促进就业方式多元化和特殊时期尽可能充分就业以至后疫情时代走向高质量就业，这都需要我们从工业化时期形成的劳动合同管理制度走向后工业化时期、网络化时代适应与新劳动管理方式并行，进入劳动管理的“二元”时代。我国近4亿城镇产业工人，今后一段时间内将有2/3通过劳动合同管理，1/3将形成新型用工管理；而其中农民工则有可能1/3通过劳动合同管理，2/3 形成新型用工管理。

工业化以劳动合同为基础，通过细化的劳动分工，形成有序的劳动管理链条；网络时代则通过数字驱动、平台支撑，摆脱传统班组式管理模式，适应劳动精准化管理趋势，产生大量新型用工方式。新型用工方式显示出的优势有：一是劳动和服务的精准性，提高了劳动效率；二是劳动更加灵活自由，顺应新生代劳动者自由劳动的取向；三是提供大量进入门槛相对较低、能够迅速获得相对较多收入的就业机会，吸纳各类劳动者快速进入，在疫情期间这个优势显现明显，适应新生代劳动者自主性的就业快速上升；四是每单收入平台提成“小头”，个人获得“大头”，初步实现共享成果，收入与工作付出的关联更加密切，鼓励多劳多得乃至技高多得。但也显现出一些需研究的新问题：一是就业稳定性相对较低，“换手率”高；二是劳动合同及劳务协议并存，部分劳动者从二产转到三产，很多平台注册的新型用工没有劳动合同，“二元”用工关系中如何转换、兼容；三是不少劳动者仅参加城乡居民社保，没有劳动合同如何参加城镇新型用工社保，以及由二产转移到新业态过程中，如何接续城镇职工社保或转换缴纳新型用工社保，避免社保权益受损；四是劳动争议处理与劳动监察执法没有劳动合同依据，如何探索新办法或过渡办法保护劳动者权益的问题随之而来；五是怎样在平台创办人聚集大量资产中避免劳动风险聚集到平台注册的劳动者身上，避免在他们之间的收入差距急剧扩大中劳动者权益维护难以得到保障。

新型用工方式显然不适合劳动合同的刚性约束，对劳动管理提出了新课题，倒逼后疫情时代创新劳动管理需要有新的探索。从监管上实行审慎包容性监管，不能用老办法管理新业态，不能简单地用传统的劳动管理规定来管制新型用工，对待新业态需要从先发展后规范到边发展边规范，逐步积累经验到以规范促发展。当前迫切需要在研究新型用工总体框架下解决五个突出问题。一是尽快研究出台新业态职业伤害保险，可探索按单提取保险费的方式，将偏高的商业保险缴费降下来。二是研究平台注册人员劳动争议调解和线上解决劳动争议的试行办法，“两头摆平就是水平”，“在线调解”将应运而生。三是对现有劳动关系联结的社保制度进行探索和创新，探索没有传统劳动关系也可以缴纳养老、医疗、工伤、失业保险新的试行办法，对于可能为多家用人单位服务的新业态就业人员，从制度上明确应由主体公司来开设社保账户，探索单扣、税扣、团交、自交的多种缴费模式，同时引入商业保险作为社会保险的有益补充，研究多渠道解决新业态劳动者的社会保险问题。四是新型用工的劳动管理将规范平台注册的劳动维护“众包”等形式下的劳动者权益，使平台权益维护和保障劳动者权益有新的平衡点，支持新业态规范发展、健康发展、持续发展。新时期劳动管理创新要特别重视劳动大数据的应用，通过数据留痕、数据挖掘，将大数据技术用于劳动管理，数据成为依据、凭据、证据。五是新业态中平台经济的算法精准要与劳动标准结合，在劳动标准框架内适用，实现体面劳动，避免出现“过劳”。

新冠肺炎疫情冲击下，现代服务新业态中快递、外卖、网约车、寻呼服务、家庭服务和网络直播带货服务等，由于行业属性和特点不同，复工情况有所差异，但总体看呈现出“V”型，受国内经济恢复影响较大，受国际疫情蔓延的新一波冲击较小，整体上回暖较快。快递业较早全面复工，2020 年一季度率先由“负转正”，顺丰、京东等物流快递企业疫情期间“不打烊”，保障了很多居家生活物资配送。2020年“五一”期间，网上购物及快递业迅速增长，阿里巴巴全国共揽收快递包裹11.02亿件，同比增长41.8%。外卖行业率先复工并快速恢复，在餐饮业出现断崖式下滑的情况下，外卖行业快速线上订餐运转，保障老百姓吃上热饭和新鲜蔬菜，同时也使很多失岗和未就业人员有活干而获得收入。美团公司骑手就业规模不断扩大，2020年春节后近2个月内美团骑手新增33.6万人。同期饿了么骑手新增24.4万人，其中30%来自餐饮、旅游、商场等服务行业，30%来自制造业工人，20%来自自由职业者和那些关停的个体户，10%来自应届毕业生，10%来自其他行业。网约车行业因防疫管制受损较多，随后较快恢复，2020年一季度并没有恢复到疫情出现前的水平，订单主要以市内通勤为主，疫情之前接送机场、长途等高额订单相对较少，疫情平稳后人们出行乘坐公共交通工具少，随之网约车行业逐步回升。随着市场恢复，呼叫中心受国际疫情蔓延冲击导致大幅下滑后也在起起伏伏中回升。家庭服务业受冲击最大，但在一般城市恢复较快，在特大城市恢复较慢，疫情趋势向好后特大城市出现加快恢复势头。网络直播带货服务借助线上传播与电商交易一体的优势迅速“窜红”，吸引入场人员成倍增长。现代服务新业态的快速复工复产，既为大量农民工提供了就业岗位，又保障了广大群众的正常生活，成为保就业、保民生、保市场的新兴力量。

按照中央支持和规范促进新业态发展和完善灵活就业的总体要求，将灵活就业发展纳入就业优先战略总体规划，鼓励和支持各种灵活就业形态顺畅发展，使企业在保障劳动者基本权益的情况下，结合实际采用非全日制、阶段性合同、劳动者个人承揽、服务外包等多渠道灵活用工，给平台型用工等新就业形态发展以有力的政策支持。要充分预判到灵活就业将会成为今后劳动就业领域重要“一极”的形态，也是吸纳就业的支柱性渠道，劳动就业社保等相关政策将更好地适应其发展，能融则融、能通则通、能补则补，甚至能改则改，一切从有利于劳动新业态发展的实际出发，在劳动用工、社会保险等方面进行系统性配套调整和变革性制度设计。尽可能将稳定就业岗位的扶持政策拓展到劳动新业态领域，对于特别困难企业加大扶持力度，适当降低网租费比例，将解决灵活就业数量较多的平台企业纳入技能和就业的政策补贴范畴。将新业态从业人员纳入大规模职业技能培训范畴，以训稳岗，以工代训。也可采取举办新技能训练营等多种形式，将数字经济、平台经济新职业作为转岗培训内容，探索新技能培训与职业技术教育改革相结合，在特殊时期使提升技能为产业升级、经济高质量发展储能。

劳动多元化，探索无止境。经过战疫情大考的劳动者将迎来新的发展，厚待农民工的社会氛围将会持续走向浓烈，特殊时期的2020年上半年全国两会和四季度党的十九届五中全会提出“十四五”规划建议，以及中央经济工作会议具体部署给人们带来新的信息和希望，劳动者复工倍加努力，以追赶着的劲头，弥补着耽误过的时间，以新的发展来尽快“抚平”疫情带来的冲击。中国防疫防控与复工复产之策，被其他受疫情影响的国家越来越多地研究借鉴，亿万劳动者在战疫情中创出的复工复产新实践影响深远，将作为一个历史符号被留存，他们在平凡中创出的不平凡将使更多的人铭记。

四、后疫情时代稳岗保就业

非常之时需有非常之策，才能成就复工、保就业、稳经济的大事。现代经济遭受新冠肺炎疫情大流行的冲击实属罕见。对国际经济危机带给我国经济损失的影响要有长时间的心理准备。新冠肺炎疫情集中暴发在我国春节期间，持续的疫情导致多数企业经营困难，而恰恰在春节期间是很多劳动者特别是农民工群体的返乡期，客观上使回家过年的亿万劳动者远离高风险地区，错峰返城和分批复工也真实地保护了广大劳动者群体。

防疫保安全与复工保就业是整个防疫期间的“两难”抉择。现在看来，总体上统筹防疫与复工是双向推进，前期先防控后复工、中期边防控边复工、后期以复工促防控，中央把握节奏变化、适时按下“转换键”，起到关键时刻果断决策的作用。从应对突如其来的疫情冲击快速制定援企纾困政策“接地气”，到“消化”政策见到实效产生“抗体”“冒热气”有个“加码”发力的过程。针对外防输入内防反弹，中央进一步加大“六保”尤其是复工复产保就业精准施策和落地见效的力度，以更有力的宏观政策对冲企业和劳动者受到的影响，进一步破除影响企业复产、劳动者复工的种种障碍，创新劳动用工管理，提升暖企政策效能，在保就业、稳经济中激发企业活力，增加农民工等劳动群体收入，将疫情带来的损失降到最低程度，将恢复和发展经济的潜力释放到新的高点。这些及时有效的财政、金融、就业社保政策和针对性的措施，助力企业复产和劳动者复工，一方面减轻保就业压力，另一方面为后疫情时代高质量发展赋能。

针对后疫情时代构建现代化产业链畅通工业链需要有“补链”“扩链”“强链”的转换期，餐饮、住宿、文化、旅游需要有恢复期，中小企业尤其是“四小”特困企业需要有较长时间的救助期，这都需要精准施策，补上断点，打通堵点，不断在取得成效的道路上拓宽从恢复到上升的发展路径。

积极巩固和拓展新的就业岗位。按照冲击与政策匹配的原则，通过政府购买新增百万公益性岗位和多方开发新岗位的市场潜力，加大统筹的“抗疫”资金就业投入力度，重点解决大学生就业问题，完成新增就业超900万人的目标，2020年农村“两后生”（初、高中毕业生）被吸收到职业技术学院（校）扩招200万人中来，开发数字经济、平台经济新职业岗位，帮助贫困地区农民工“应就则就”，增加灵活就业人员使用宽松度。

千方百计稳住农民工等劳动者就业基本盘。如果说新冠肺炎疫情是“黑天鹅”，就要尽最大努力避免大规模失业可能出现的“灰犀牛”。特殊时期将稳岗补助与返还失业保险金、就业补助结合起来，尽最大努力将农民工稳定在企业，尤其是帮扶贫困地区农民工稳定就业。未来乡村振兴前景广阔，需加大农村就业创业市场的拓展力度，为农民工返乡就业创业提供更大空间。

加大对企业供应链上“补链”和优化布局上“扩链”“强链”的专项扶持力度。财政、金融、就业政策综合发力，所需资金纳入复工复产援企政策“总盘子”，以优惠贷款扶持“补链”，以创业政策扶持“扩链”。“双创”扶持政策在特殊时期应有符合时宜的新内容，尤其是加大对民营困难企业“补链”稳岗力度，以技术创新政策扶持“强链”。

加大对中小微企业“量身定制”的政策扶持力度。将援企政策给企业的“放水”转化为扶持中小微企业的“管灌滴灌”，对于疫情影响下仍然较为困难的小微企业制订特别救助计划，制订困难行业振兴计划，对特困行业尤其是“四小”企业给予“定向救助”，减房租，减网租，发放消费券，鼓励网络直播带货，采用共享用工、弹性用工等措施，帮助企业千方百计克服困难、恢复发展。

大规模开展新职业、新技能培训。2020 年重点实施《农民工稳就业职业技能培训计划》中，提出 2020 年和 2021 年每年培训 700 万以上农民工。针对农民工实际需求和特点，集中资金、集中时间、集中培训，探索“直补”县市顺畅到企业的办法，一竿子插到底。将平台经济上网约配送员、健康照护师、人工智能训练师和装配式建筑施工员等 25 个新职业作为转岗培训内容，探索新技能培训与职业技术教育改革相结合，对二三十岁新生代和 50 岁以下中生代农民工因种种原因错过上职业技术学校，但在劳动岗位实践中勤学苦钻并实际掌握一定技能的，经过速成培训和技能鉴定给予高级工、技师等相应职称。鼓励开展劳动技能竞赛，制订全国技能振兴计划，顺应后疫情时代突出技能、突出应用、突出创新的人力资源开发新趋势。

防范特殊时期困难企业劳动关系风险，推动劳动关系稳定和劳资两利。发挥政府、工会、工商、企联“三方四家”协调劳动关系的机制作用，寻找特殊时期维护劳动者权益和维护企业发展权益新的平衡点，鼓励企业和职工抱团取暖，实现劳资两利。重点跟踪劳动密集型困难企业劳动关系变化并及时处置，避免企业倒闭、农民工突然失业的事件发生。

注重劳动管理的创新。疫情中线上经济迅速发展，适应平台经济下劳动精准化所产生大量新型用工方式的趋势新变化，探索新办法或过渡办法保护劳动者权益。加快研究新业态的新型用工管理暂行办法，研究新型用工参加养老、医疗、失业保险新办法，探索将依据劳动合同企业出大头、个人出小头，转变为平台按单出小头、个人出大头的“专账”管理办法，建立按单提成的职业伤害险，将过高的商业保险降下来，试行网上调解劳动争议，探索劳动监管的“智慧监察”，助力弹性用工、零活用工、共享用工等新型用工发展。

创新政府服务方式，拓展干部下沉专班跟踪服务。将政府有关部门下沉企业帮助解决防疫与复工的实际问题，拓展到专班跟踪服务规模化用工的困难企业，在前期专班服务大企业、大项目复工复产后，及时将工作重点转移到帮助用工量大的劳动密集型困难企业稳岗上来，打通“堵点”，补上“断点”，落地政策，实现稳岗。

依靠改革应对变局、开拓新局。越是经济困难的时候，越要谋求改革的突破，这次去除复工复产种种障碍靠的是改革。应对“断链”、加快“补链”靠创新，将眼前救助与中长期优化结构相结合，将复工复产有效做法择其管用的升华为管长远的政策创新。对未参加失业保险的农民工等劳动者在城市下岗后，给予相当于“低保”的基本生活补助，就是政策上的一次突破。农民工未参加失业保险有种种原因，但创造财富为城市纳税是实实在在的。因此，探索灵活就业失业保险参保办法，避免危机冲击使这部分困难群体难以得到有效的社会保护，兜好社会保障底线。同时，大力发展城市适应农民工特点的租赁住房，实践证明，小户型、低门槛、政府补、滚动租的办法有利于适应新生代农民工新需求，可对城市空置的商品房允许“一门多户”的改造，对农民工租赁住房政府补助租金30%~50%，租期可顺延也可租售结合，在“十三五”基本完成“城中村”和城市老旧小区改造任务后，可将小户型租赁住房列入“十四五”城市保障房范围的重点。

释放“抗疫”红利。利用智能科技把数据这个新兴生产要素嵌入传统产业全链条改造升级中的契机，紧紧跟上“新基建”的发展，让数字经济发展和智能化的应用在我国经济应对疫情冲击中增加韧性和抵抗力。新冠肺炎疫情在世界范围内引发了网络在线活动热潮，线上线下人智融合得到空前发展，成为“抗疫红利”。为应对突如其来的疫情，被迫采取相机应变做法，反而在危机中获得生机，短期的有效应对竟成为长期受益的“常态化”，这种“抗疫红利”已使越来越多的人通过在线工作、在线交流、在线医疗、在线教育等实现了隔而不离、精准而有序的复工复产。

综合调查分析，特殊时期复工是保就业、复产是稳经济，市场恢复在上升，化危为机在进行，应对新冠肺炎疫情尚无“完策”，各国有经验也有教训。我国从自身实际出发，采取防疫和复工双兼顾“保就业”的独特方式，从防疫与复工的自身实践中总结探索规律性，从自身成功实践中拓宽发展路径，也得到越来越多的国家认可和关注，其中有许多经验值得深入研究。在应对突如其来疫情冲击的“大考”中，又有国际疫情大流行冲击的“新考”，防疫中创新发展的新经济、新业态、新模式将迎来上升机会，阶段性特殊政策的大胆尝试将转换成中长期制度安排，给国家卫生防疫治理能力现代化补齐短板，绽放出特殊时期应对之策的亮点。从保障农民工全面复工目标任务去努力，从避免发生复工又带来失业风险去应对，使2020年保就业、稳岗位创出了非常时期的实效。让劳动者平平安安复工、健健康康干活、高高兴兴挣钱，亿万劳动者在平凡中创出的不平凡将使更多的人铭记。从脱贫攻坚任务如期完成与乡村振兴战略的有效衔接，从防疫与复工双兼顾的时间创新到我国经济开启双循环新发展，从抗疫特殊时期到新发展阶段，常态化疫情防控中迎来新发展理念的新实践。实践之树常青，百年之未有大变局中的中国之树“常青”。

第二节

2021年农民工就地过年的新尝试

外出农民工是我国城乡之间最大的流动群体，也是2021年就地过年错峰返乡的最大群体。当时疫情多点散发，阻断流动性传播就地过年成为“腊月”以来最大的民生热点，更是亿万外出农民工十分关注关心的切身问题。对于变动不居的新情况，鲜活的诉求在基层、在企业、在农民工中。2021年，中国劳动学会和国务院参事室社会调查中心对外出农民工就地过年进行“百企万人”快速调查，从全国各省市中选择外出农民工集中的富士康、北京精雕、中建集团、中交集团、中铁建工、阿里、腾讯、美团、西贝莜面村、马华拉面等特大型、大型企业和有代表性的中小微企业470家，共收到有效问卷53 107份，以及与近百位企业负责人、农民工电话访谈，总体反映了农民工就地过年错峰返乡的新情况。

一、农民工就地过年总体情况调查

（一）大多数外出农民工选择就地过年错峰返乡

春节是外出打工农民工一年中最重视的假期，往年都是早早筹划返乡过年，遇到疫情防控的特殊情况，大多数农民工对就地过年呈现出理性思考。据调查，选择留企或留城就地过年的占75.3%（46 764人）。其中：

1. 男性占73.36%，女性占26.64%；

2. 25岁以下占20.1%，26~35岁占49.27%，36~45岁占20.46%，46岁以上占10.17%；

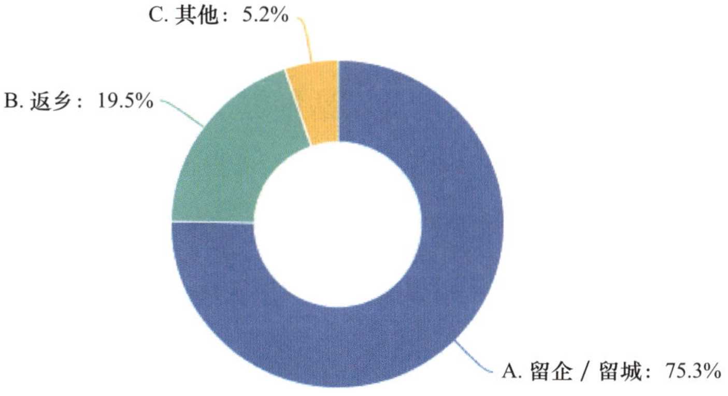

● 农民工中就地过年人员占比

3. 汉族占 94.6%，少数民族占 5.4%；

4. 省内外出务工占 34.53%，省外占 43.13%，就地就近占 22.34%。

（二）不同行业外出农民工就地过年情况有差异

不同行业外出农民工就地过年情况有差异，这与行业在国民经济中的地位、组织结构、经营方式等因素有关。

制造业是外出农民工就业的主阵地。因制造业往往采取订单生产或装配，订单量大、交货时间集中、生产节奏紧张，所以放假时间较晚。尤其是制造业以大型企业为主，组织动员能力强，因此制造业中就地过年农民工比例高。问卷调查的结果显示，富士康集团 73.13% 的员工选择就地过年，北京精雕集团 68.66% 的员工选择就地过年。此外，有些中西部地区制造企业因本地区员工多，就地过年比例高。例如，地处甘肃省定西市的扶正制药公司有 81.82% 的员工就地过年，地处山西长治市的高科华兴公司就地过年员工占 92.54%。

建筑业因一年假期主要集中在春节前后一两个月，放假较早，就地过年的主要在北方地区和重点工程项目上。据调查，东北地区因气候寒冷，立冬后就陆续放假，民营建筑企业因工程任务不饱满放假也较早。中铁建工北京丰台新站重点工程项目上，来自云南、安徽等南方地区的农民工返乡早，认为“钱挣得也不少了，老家一直是低风险地区，想过年回家看看”；准备就地过年的约 400 人，多来自吉林、北京周边省份，日工资最高达 700 元。

现代服务业中，新生代农民工占多数，平台企业直接联系农民工，过年期间工作任务饱满，收入较高，就地过年的比例大。据调查，饿了么 88.57% 的骑手选择就地过年，中国邮政 80.56% 的配送员选择就地过年。

一般服务业中，大型连锁经营企业农民工就地过年的较多。据调查，西贝莜面村 79.53% 的员工选择就地过年，马华拉面 97.42% 的员工选择就地过年，北京爱依 97.39% 的员工选择就地过年。受疫情冲击大的住宿、餐饮、零售、文旅四大困难行业放假较早，例如，山西黄河京都大酒店除留部分值守人员外，其余已放假。有些经营困难的中小微企业甚至已经放长假。

劳动密集型企业，尤其是与过节生活需求保障密切相关的企业，针对 2021 年大城市就地过年增加人数多，就地过年、稳岗保供人员较往年有较多提升，例如，太原河西蔬菜交易市场 2020 年留下来的是 3 万人，2021 年就地过年的增加到 4.6 万人，增加了 53.3%。

（三）三大经济区、东北地区就地过年的农民工多

调查发现，三大经济区用工较为集中，来自中西部的农民工比例高，就地过年的多。问卷分析结果显示，上海就地过年的比例为 93.01%，江苏为 87.39%，浙江为 85.71%，福建为 80.47%，广东为 74.73%，天津为 86.93%，北京为 84.60%。东北等地区因疫情多点散发，就地过年的多。问卷分析结果显示，黑龙江就地过年的比例为 86.21%，吉林为 84.07%，辽宁为 86.81%。

值得注意的是，调查所关注的农民工限于目前有工作的群体。事实上，有些中小微企业受疫情影响面临资金周转困难、人力成本提高、国内外市场不确定性增加等问题而陷入经营困难，不得不选择放长假或直接裁员。这部分农民工受防疫政策限制不得不异地过

年，但却没有企业依托，如何保障这部分人异地过年的基本生活同样重要。

二、就地过年农民工政策诉求调查

农民工既是创造城市财富的贡献者，也应该是城市高品质生活的共享者，有权利享受到适合农民工特点的文化娱乐、就近旅游、休闲体育等活动。随着外出农民工中中生代和新生代数量的增加，农民工对教育、文娱、婚恋等产生了新诉求。问卷分析结果显示，

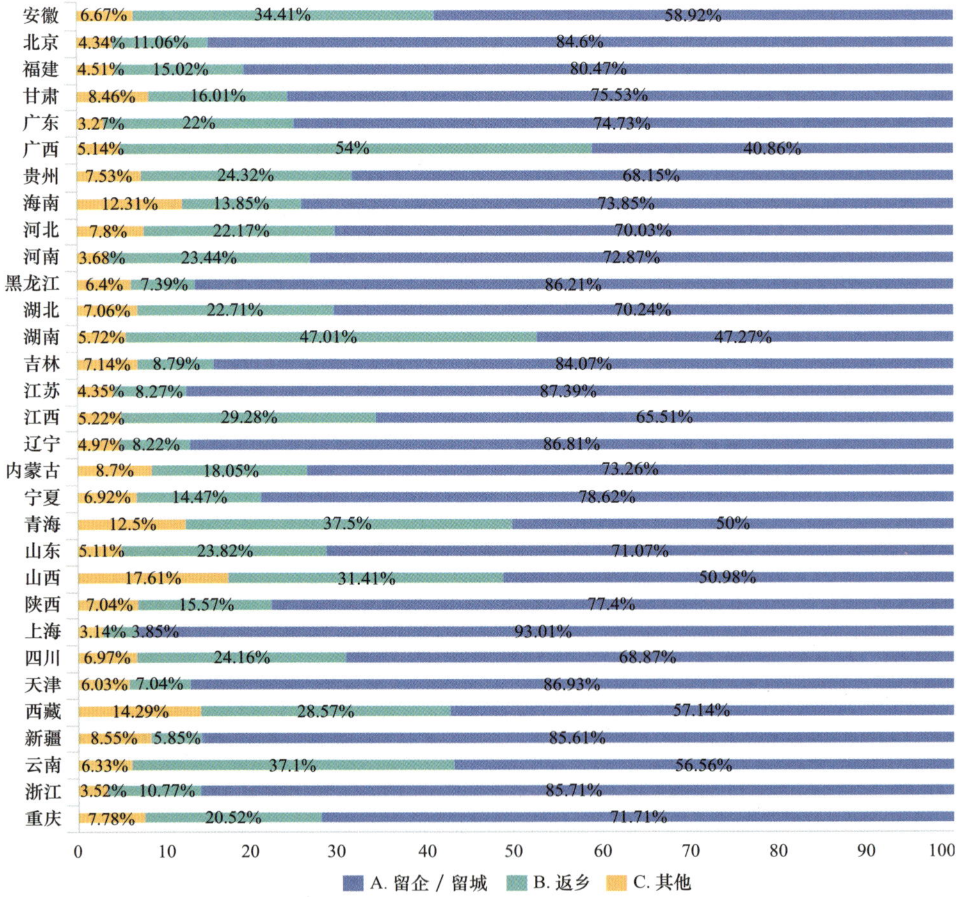

● 全国各省市农民工就地过年情况对比

农民工反映最集中的前5位需求是过节补助、错峰调休、亲情联系、生活保障、节假日薪酬，具体包括以下内容。

1. 希望得到就地过年补助，以抵消增加的部分生活成本。外出务工地多位于发达地区，物价水平普遍较高；临近春节许多行业停工停产，但人们囤积年货的需求仍然旺盛，同时如果有大批农民工留城会进一步刺激消费需求，加剧春节期间过年物资的供需矛盾，引起物价上涨，从而增加就地过年农民工的生活成本，包括房租、水电费等基本生活开支和日常生活消费开支等。问卷调查结果显示，农民工拿到就地过年现金补贴的有62.41%，其中来自企业补贴的占34.99%，政府补贴占4.68%，两者都有的占11.19%。

2. 希望年后和疫情稳定时企业能有相应调休安排。农民工就地过年较多是以工代休、临时“加班”，因此不少农民工担心春节期间留岗工作是否会代替复工后的调休。因此，多数农民工希望年后和疫情稳定时企业能有相应的调休安排。问卷调查结果显示，有17.96%的企业明确年后有补假安排，明确没有的占28.06%，53.99%的企业尚未确定。

3. 希望就地过年中亲情网络通信联系能获得优惠便捷的支持。春节是我国传统文化中阖家团圆的重要日子，亲情联系是农民工异地过年最大的“羁绊”。但是互联网的发展打破了时空的区隔，网络通信为亲情联系提供了优惠便捷的支持。问卷分析结果显示，视频、电话、微信拜年等已经成为外出农民工加强与亲人朋友联系的主要方式，47.11%的农民工认为，电话费将会是就地过年的主要消费之一，希望能在宽带上网和手机流量等方面给予方便，送流量送话费。

4. 希望留城过年时生活必需品物价平稳。就地过年对农民工来说是一种生活方式的改变，需要适应城市过年的生活。76.28% 的农民工反映，购买年货是过年消费的主要支出，担心就地过年人多，蔬菜、水果、副食品和礼包等价格上涨，如没有加班工资会消耗收入积累。

5. 希望企业能在春节期间安排适当工作或及早复工。根据《职工带薪年休假条例》规定，单位确因工作需要不能安排职工休年假的，经职工本人同意，可以不安排职工休年假。对职工应休未休假天数，单位应当按照该职工日工资收入的 300% 支付年休假工资报酬。就地过年居家生活时间较长，疫情又导致就近访友活动受限，如能留岗工作可获得法定 3 倍的节假日工资。问卷调查结果显示，有 23.26% 的企业有计划在春节期间安排加班。

此外，农民工就地过年希望核酸检测和注射新冠疫苗与城里人同等待遇。调查的农民工中，4.95% 的人已注射第一针，1.37% 的人已打完两针，未打的占 93.68%。在业余生活方面，有较大一部分农民工表示，希望利用就地过年时间学习新职业、接触新技能，在企业参加小型培训或“定制”的在线培训；希望就地过年能有适合农民工特点的文化娱乐、就近旅游、休闲体育等活动，单身农民工希望能参加有助婚介的小型活动或在线联谊；孩子就地上学的农民工希望假期能有免费的在线辅导；希望就地过年能和当地职工一样得到党委政府、工青妇和企业送温暖等关心关爱。

总之，就地过年是倡导而不是强制，是农民工为全国疫情防控大局所做出的牺牲。农民工表示理解党和政府就地过年的倡导，但希望能够区别对待，而不是硬性“一刀切”。问卷调查结果显示，有19.5%的农民工计划返乡过年，主要是因为老家有亲人生病和特殊探望需要，希望政府或企业能够“点对点”保障安全返乡。对于自愿留城留企过年的农民工，应该做实做细做暖关乎农民工切身利益的工作；对于确实需要返乡的农民工，应该保障他们能平安回家、顺利返城。

三、就地过年农民工个案访谈

案例一：李琦

个人简况：李琦，男，26岁，初中毕业，黑龙江鹤岗人，现在北京京东快递当配送员。

就地过年故事：2014年来北京，跑快递已经6年多。2021年春节响应党和政府号召，按照公司安排选择在北京就地过年，也是从业以来第一次在外地就地过年。春节期间一直在岗跑快递业务，腊月二十六以后到过节前进入“旺季”，每天工作量都在150单左右，加班加点送货，每天收入四五百块钱。春节期间，大年三十到正月初六也全部在岗，虽然过节期间快递量减少，每天有二三十单，但由于有节假日3倍工资，收入也并不少。春节期间，利用空闲时间较多的机会，给父母视频问候，给亲戚朋友视频拜年，还利用跑快递的优势给家里寄了年货。利用春节期间空余时间也进行了休息调整，主要是手机娱乐，看抖音、快手等。虽然是第一次在外过年，感觉挺新鲜，往年到了过节前，由于自己也着急准备回家过年，没办法，今年总算做到只要经手的快递哪怕再晚也都保证当天发出，让客户尽量能在春节前收到快递，辛苦了自己但快乐了客户。在正月过后，申请了 7 天假期回去与家人团聚。

案例二：赵海霞

个人简况：赵海霞，女，27 岁，陕西省宝鸡市陇县唐家河村人，初中毕业后外出打工，现在北京市西城区木樨地餐厅做领班。

就地过年故事：初中毕业以后，考虑到自己成绩一般，就算再努力以后也只能勉强考个三本，父母的压力会很大，不想让父母那么累，所以就不去上学了。刚踏上社会也后悔没好好上学，厂里白班夜班 12 小时两班倒，咬牙也坚持过来了，慢慢习惯了，加班多的话也能拿到 3000 元，每月只给自己留几百块钱的生活费，其余的都打给家里人了。在厂里待了两年，2015 年在北京打工的堂姐带领自己来了北京，到政府机关食堂上班，负责打饭、上菜，由于工作认真负责也勤快，后来到领导餐厅从事服务工作。起初从领导的口味、习惯开始，边干边琢磨，别人晚上在宿舍休息，自己就把白天写在纸条上每位领导的爱好、忌口，和当天的不足看一遍，默默记一遍。2018 年以“高服”5000 元的工资来到木樨地餐厅，2019 年年初获得优秀员工奖，并提升为前厅主管，工资 6500 元，2020 年年底获得公司优秀管理奖。2021 年春节响应党和政府号召，选择在北京就地过年，不仅拿到了高额的春节加班工资，而且工作之余也终于有时间体验了一把大城市过年的氛围，虽然过年期间有不少订餐，也忙忙乎乎，但服务了客人所需，自己心里也热乎，餐厅还给留下来过年的员工发了过节礼品，使员工体会到了“体面工作”。下决心趁着还年轻，要继续学习，提升技能，虽没上大学也要练就真本事，以技能回报社会，走打工脱贫致富家庭路，圆服务他人幸福自己的梦。

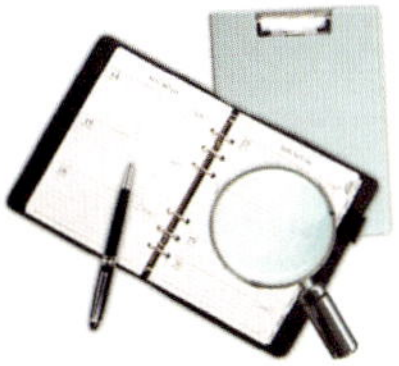

案例三：姜红

个人简况：姜红，女，46 岁，初中毕业，新发地市场商户、扶贫楷模。

就地过年故事：作为新发地调料经营大户，2019 年向青海玉树治多县捐了几百双童鞋，把当地特色调味料引入新发地市场销售，还把调料品出口到新西兰、澳大利亚等国，出口额超 3000 万元。2021 年春节受疫情影响选择在北京过年。恰逢过节，居家隔离，老百姓对调味料的需求大幅增加，但是线下交易受限，于是拓展了网上销售、远程配送业务，为各大商超提供货物，辛苦之余，获得了较好的经济收益。因为居家为主，这让平时各自忙于生计的一家人终于难得有机会一起体验了在大都市过年的氛围。2021 年北京新发地疫情之后，一直在周边租着库房，组织员工在相对简陋的环境下完成分拣、配货，努力维持自己的上下游供应链，积极等待着牛羊肉和调料市场复市。

案例四：徐进同

个人简况：徐进同，江苏连云港人，26 岁，初中毕业，个体装修工。

就地过年故事：往年一般都是农历腊月二十左右早早回老家过年，但 2020 年春节前因为有一家业主装修赶工期，所以到了二十八还没回去，后来武汉就暴发了新冠肺炎疫情。因为通常一年到头就春节能回老家一趟，看望父母、老婆、孩子，所以当时一度非常纠结要不要回老家。但后来在新闻里看到政府提倡就地过年，老婆也支持说为了个人安全，也不给国家添乱，于是决定留下来在北京过年。因为过节期间工地本身也不让开工，所以在郊区租住的农民房里过年。平时搞装修，因为小巴车要求晚上11点后才能进二环，所以经常深更半夜才能回到住的地方，这次终于可以很好地休息一段时间。日常就在宿舍玩手机，看视频、玩游戏、视频聊天，非常方便。大年三十还给家人发了过节微信红包，跟在老家的6岁儿子视频通话，隔着屏幕跟家人在一起过年。

四、企业就地过年政策诉求调查

企业是就地过年农民工的第一责任者。调查中，企业反映的主要诉求集中在财政补助与税费减免、生产经营保障与职工生活服务协助等方面。

一是希望政府能够给予补助或在税费减免方面给予支持。职工大量留城过年使企业防疫、生活、文化娱乐、加班等费用增加，企业希望政府能够给予财政补助或在税费减免方面给予支持。对员工就地过年期间的房租、水电气暖等费用希望给予一定幅度的补贴或减免，降低经营成本。尤其是留守过年农民工集中的制造业、服务业等行业与中小型企业，希望政府给予重点帮扶，对政府增加的支出也希望能够纳入特殊时期财政预算，能在国家抗疫特别国债和财政预算增加赤字中给予考虑。

二是希望在货物或产品进出口、海关、税务、物流等方面开通绿色通道。农民工留岗工作有利于稳定生产，这对政府产前产后的服务提出了更高的要求。春节期间生产经营的重点企业，希望政府能在货物或产品进出口、海关、税务、物流等方面开通绿色通道，保障原料的稳定供应与库存的及时消化。疫情下集中生产的风险也高，留岗工作集中的企业希望获得如口罩、消毒水、防疫服等防疫物资的保障和支持。

开工企业防疫情况走访调查

三是不少企业主要习惯于组织生产，而不具备为职工提供过节生活服务的条件。调查中，有被调查企业负责人表示，对留守过年农民工集中的企业，希望给予重点帮扶，开通就地过年联系热线。对小孩随父母就地过年的，希望免费或优惠提供就近参观学习、观光旅游等，让职工和他们的孩子们度过一个愉快的春节。对就地过年农民工集中的企业，希望给予如口罩、消毒水、防疫服等防疫物资的保障和支持。

五、做实做细做暖农民工就地过年工作的建议

有序引导上亿外出农民工就地过年是防疫“大考”中的一道“加试题”。根据中央的总体要求，结合这次调查情况和连续五年的农民工研究，合理有序引导上亿农民工就地过年，需要因地制宜解决实际问题，做实做细做暖利益相关工作，让保障措施“接地气”、就地过年“冒热气”。为此，我们提出了以下建议。

一是企业及早预安排春节后疫情稳定时员工可以错峰调休，由企业和农民工协商补假时间。

二是对就地过年的农民工给予现金补助或春节消费券、过年礼包等实惠型帮助，消除农民工就地过年消费增加的顾虑，一点一滴地温暖农民工的心。各个城市经济发展水平不同，可因地制宜地制定过节补助的具体指导意见，避免企业补助的相互攀比。

三是鼓励企业根据自身需求，尽可能多地安排假期留岗工作并给予假日劳动薪酬的权益保障。鼓励政府和企业结合稳岗留工开展灵活多样的岗位技能提升培训，并给予相应的培训补贴、生活费补贴、交通补贴等。鼓励发放“培训红包”。

四是鼓励开展就地过年期间新职业新技术在线学习，适应“数字过年”新需求，根据不同行业，有针对性地因企、因岗施教。尤其是人力资源社会保障部2020年发布的25个新职业，如先进制造业中的人工智能训练师，新型建筑业中的装配式建筑施工员，现代服务业中的网约配送员、互联网营销师、健康照护员等。

五是保障过年的物资供给和文化娱乐安排，避免基本生活必需品价格上涨。丰富就地过年农民工的文化娱乐、旅游、体育等有“年味”的活动，如免费参观博物馆、文化馆等。例如，碧桂园假日期间开放总部康体中心，每天播放两场电影，春节给职工送盆菜；北汽福田每天组织不一样的棋牌、烹饪、美甲、桌游等活动，吸引就地过年员工在参与中快乐过节。

六是坚持农民工就地过年不聚会、不聚餐，外出戴口罩，住地常通风、勤消毒等疫情防控的硬性约束。

七是给予农民工就地过年网上亲情联系、视频通话、手机通信等“话费包”“流量包”优惠。

八是做好入情入理的宣传引导，发挥央视、新华社等主流媒体和“抖音”“快手”等新媒体覆盖广的优势，及时报道农民工就地过年的新方式、新典型、新生活，增强农民工自觉融入城市过年的获得感。

九是干部下沉，深入农民工就地过年集中的企业和社区了解新情况，帮助解决实际问题，把组织倡导和农民工的自觉有机结合。

十是农民工集中的城市应建立保障外来农民工安全过年的应急协调机制，及时处置安全、医疗、交通等问题。

十一是对于经济生活困难的农民工给予城市困难职工同样的生活补助和送温暖。

六、小结

我国新增农民工正由无限供给转为有限供给，抗击新冠肺炎疫情以来就业、招工“两难”的结构性矛盾正向“就业难”转变。进入新发展阶段，农民工正从人力资源向人力资本转变。2020 年 2 月下旬到 3 月上旬的“硬核”复工 + 奖励等，已经显示出农民工正在成为宝贵的人力资源。

外出农民工就地过年和企业稳岗留工直接关联，和推进农民工市民化关联，和以城市常住地为主的户籍制度改革关联，和关心劳动者、落实尊重劳动关联，需要细致入微的工作，像春风化雨一样让农民工感到鼓励就地过年不只是阻断疫情流动性扩散的有力措施，更是促进农民工融入城市的新尝试，让农民工真正体会到就地过年也是体面劳动和有尊严的生活，从而深度体验城市过年文化，反映出农民工既是城市创造财富的贡献者，也是城市高品质生活的共享者。要把引导和保障农民工就地过年的应对措施，发展为贯彻“共享”新发展理念的新实践，让农民工平平安安过年，高高兴兴留城，快快乐乐生活。通过细致入微精准的工作和外出农民工积极参与的共同努力，就地过一次有特殊纪念意义的春节。

第三节

2022 年多种冲击叠加对农民工的影响

2022 年 2 月至 4 月，俄乌冲突、第四波疫情、建筑工地“清理”大龄农民工、困难行业部分中小微企业歇业等多种因素叠加，在新的经济下行压力下直接冲击农民工稳岗就业。中国劳动学会和国务院参事室课题组对 50 家企业开展快速调查发现，受冲击企业农民工“稳岗”面临多重困难，但也有不少企业迎难而上在稳岗保就业中增强了韧性和活力。

一、四种冲击叠加对农民工就业形成严重影响

1. 俄乌冲突对中欧班列形成“运输未断但货源下降”的冲击，往年企业在这个时候“增单增人”，2022 年却“减单减人”。一是现在生产的基本上是 2021 年的订单，受购买力和支付系统限制等影响，供货企业新订单数量下降，用工下降。例如，浙江泰普森实业集团有限公司 2022 年 3 月以来，乌克兰订单“全军覆没”，俄罗斯

订单减少 30% 左右。二是受美欧经济制裁和对市场产生观望情绪等影响，欧洲市场客户退单严重，工厂不得不压缩生产。从近年来发展很快的“义新欧”中欧班列 2022 年 2 月底至 3 月的运营情况看，包括俄罗斯、白俄罗斯在内的欧洲地区班列货物退单率达 50% 以上（往年正常水平为 1%）。三是冲突带来的安全风险对冲着中欧班列货运时间短、费用合理的优势，企业不得不重新选择时间长、价格上涨的海运，供应链成本增加，员工收入减少。进入 2022 年 3 月，杭州、宁波、中山及义乌外贸生产企业，由于原材料价格上涨和零部件供应受阻，直接导致开工不足，加班压缩，从“3 班减成 2 班”“2 班减成 1 班”。调查的 8 家企业生产一线的工人 80% 以上是农民工，收入减少 5%～30%。河北白沟和道国际箱包交易中心是出口东欧最大的基地，有一万多个农民工商户，2022 年 2 月底以来，俄乌贸易全部停顿，“做好的箱子发不出去，也怕发出去收不到款”，不得不改为直播内销，但又遇到近一万个乡镇街道暂停快递，“做外单的工厂只能歇业”。

2. 受第四波疫情冲击，部分企业“停工成本”和防疫支出上升，稳岗保就业困难。封控地区企业基本停工，生产企业因“产品运不出去，原材料和零部件又运不进来”也无法开工。一些没有保底工资的农民工失去收入来源，“失去了收入，还要继续还房贷、车贷，生活压力大”。管控区不少企业由于产业链上下游“断链”，正值生产旺季的农民工加班大幅减少。2022 年 4 月以来，浙东南地区约 50% 的企业存在“缺零少料”被迫减产的情况。例如，宁波某消防瓶生产企业，因海宁供货商封控停厂而缺少核心零部件造成“传导性停工”，原本 2022 年 3 月 20 日计划发出的集装箱，迟迟不能交货。对 2169 名农民工稳岗情况调查发现，正常上班的为 49.3%，工作岗位不稳定的为 39.1%（停工等待复工的为 30.5%，正常工作但被降薪的为 8.6%），失岗的为 11.6%（被裁员的为 5.0%，企业停业或倒闭的为 2.1%，其他为 4.5%）。例如，对我国北方主要家具生产基地河北廊坊大城县农民工百人以上的 10 多家企业调查了解到，管控期间生产一线 80% 以上的农民工处于停工半停工状态。

3. 受建筑工地“清理”大龄农民工冲击，建筑企业面临农民工“青黄不接”压力。一些地区陆续对建筑施工企业用工年龄进行严格管理，初衷是从建筑行业安全生产考虑，但新生代农民工进入建筑业从业的数量少、意愿低，造成“老的留不下，年轻的不愿进”。据对 10 个建筑企业调查，一是当前用工偏紧，50 岁以上农民工占比约 40%，大幅超出农民工中 50 岁以上占 26.4% 的比例。二是大龄农民工较高收入的来源受阻，平均月工资 8000 元，远高于目前全国农民工平均月收入 4432 元的水平。由于转岗时技能单一，收入比现岗位低 30%，造成转岗困难。农民工反映，“进项目时说可以，现在马上说不可以，干别的没有准备”。一线施工心理不稳定也是严重的安全隐患。三是部分企业积极应对冲击，例如，中铁建工北京丰台站项目在招工环节上与大型劳务分包公司合作，尽量安排大龄农民工适宜岗位，缓解用工紧张；山西二建为超龄农民工开拓出工地保洁、保安、厨师、后勤、仓管等辅助性岗位，提供就业机会。

4. 餐饮、零售、旅游、运输等特困行业中的“四小”企业就业受冲击最重。环比看，美团 2022 年一季度每日线上活跃商户的平均数量比 2021 年四季度的均值下降了 9.7%。西贝莜面村有 120 多个店铺 8000 多名员工无奈歇业，只能领取基本工资。马华拉面约 50% 的店铺处于停顿半停顿状态。山西怀仁海宁皮革城由于“前期的广告投入收不回”“和旅行公司签订的合同执行不了”“线上的订单发不出去”，即使给予了租金减半的扶持，500 多商户中也仅有 200 户维持经营。江苏南通市如皋的农民工张春建夫妇来北京打工 20 多年，原来经营的服装店倒闭后，选择在住户集中的西城区木樨地与两个朋友合租下 40 平方米的门面，“一门三铺”开起家政中介、美容美发、洗衣改衣服务，他们夫妇经营的洗衣改衣业务每天收入三四百元，其中 40% 用于支付房租及水电费，期望能够减少房租。北京小明快餐 6 个店铺想方设法保住了 4 个，也保住了 20 名农民工就业。

四种冲击叠加造成工作机会减少，“招工难”转向“稳岗难”，作为农民工收入重要来源的加班工资减少成为冲击就业稳定性的突出问题，农民工对“保住工作”“稳住收入”的焦虑有所增加，企业在稳岗保就业方面的压力有所增加，平衡防疫与生产活动的难度有所增加。

二、特殊时期农民工稳岗需要更有力度的措施

应对四种冲击叠加特殊困难，需要特殊之策，以产生特殊的就业恢复效果。

一是有条件的企业可采取“闭环”方式生产或施工，努力保持正常生产活动，稳住农民工就业岗位，以减少企业和工人的经济损失以及对供应链造成的连环影响。北京冬奥会“闭环管理”的成功经验给不少企业带来启发，员工在限定区域内工作、生活和停留，

一方面可以减少外出流动可能造成的感染，另一方面又能保持正常的生产、施工以及运输等。园区（厂区）内宿舍、食堂及购物等配套设施，为特殊时期内一些农民工“闭环上岗”提供了有力保障。

二是对特困行业中受冲击影响最大的中小微企业，在2022年二季度实施暂缓缴纳养老保险费、实施阶段性缓缴失业和工伤保险费政策的基础上，在特殊困难期有条件的地方可缓缴二季度“四险一金”，帮助企业“接上呼吸机，度过困难期”。

三是给予大龄农民工“转岗”“转场”有温度的帮助。及时为建筑工地大龄农民工“转岗”到装配式新型建筑岗位等进行适配性技能培训，也可依据身体状况和本人意愿转到辅助性岗位，并与建设项目周期衔接，与“以项目参保”衔接，与所掌握的技术技能衔接，不搞“一刀切”。帮助超龄农民工“转场”灵活就业，使他们根据自己的身体状况，在灵活用工中进行双向选择，如50岁以上女农民工经过技能培训可成为家政服务业的中坚力量。即使超过法定退休年龄，没有劳动合同，与用人单位有劳务协议、劳动协议、劳动约定等的农民工，也应切实保障其劳动权益。

四是千亿失业保险金用于稳岗和技能培训中，对困难企业农民工稳岗给予倾斜性的“留岗培训、以工代训”补贴支持。帮助农民工进行新技能培训，拓展就业渠道。用技术的“新鲜度”来吸引新生代农民工，缓解制造企业、建筑企业用工“青黄不接”状况，推动劳动密集型向技能密集型转变。统筹考虑改善农民工住宿条件、子女接受义务教育等新生代农民工就业的新需求，推动防疫与稳岗两不误。

五是特殊时期将失岗农民工纳入常住地就业困难人员范围，通过信息对接、公益性岗位、就业补助等方式尽快找到工作，使他们在失岗期间有基本生活保障。鼓励和支持平台企业对“风险地区”灵活就业农民工给予帮扶，对受疫情影响较长时间未能就业的人员，给予一定的生活补贴；对因外出工作而无法回到管控社区的人员，协助解决住宿问题。

应对新的经济下行压力，稳住农民工就稳住我国就业的基本盘。突发性地被封控管控是农民工在这波疫情冲击下最无奈、最捉襟见肘、最难熬的困难。更需要发挥抗疫以来干部下沉的有效作用，使“接地气”的特困行业纾困政策尽快落地，产生见到实效“冒热气”的效果，增强中小微企业应对困难的韧性和活力，保住农民工就业主渠道的稳定。

第四节

2023 年经济恢复中农民工新作为

近年来，新业态下网约劳动用工发展迅速，成为我国经济转型的新动能，在看到其促进劳动就业、消费升级和技术变革的积极作用的同时，劳动保护有“短板”的问题也在社会多个层面引起广泛讨论。先有“外卖骑手困在系统里”成为舆论焦点，后有副处长体验送外卖提出工作建议和博士体验骑手生活后撰写毕业论文得到广泛关注。

危机中往往产生易于突破常规的新事物。在前所未有的新冠肺炎疫情冲击下，新事物纷纷涌现。劳动就业也是如此，新业态下以数字驱动、网络支撑、平台协同的灵活用工快速发展，或将改变以往劳动管理中劳动合同“一统天下”的格局。2020年的疫情或将成为我国数字经济催生新业态发展的一个标志性时间节点，成为新业态下灵活就业和传统灵活就业的分界线、推动劳动管理向“二元”发展的转折点。

在抗疫过程中，多年的就业、招工“两难”的结构性矛盾，快速转化成招工、复工的“新两难”，直至2021年春节后用工高峰期的出现，开始向“招工难”发展。这既显现了劳动力市场中技工缺少的短板，又反映出新业态快速发展中吸纳新生代劳动者的潮流。这使以往不占主流的非标准就业、灵活就业、弹性用工、共享用工等方式，突破“新两难”获得快速发展，2022年7600多万以新生代为主的劳动者投身新业态，在特殊时期发挥了首先保就业才能保民生的不可或缺的新支柱作用，显现了新业态平台网约劳动在“保市场”中畅通“毛细血管”的新优势。

一、一大批新生代农民工投身新就业形态

一大批新生代农民工投身快递、外卖、网约车服务、寻呼服务、家庭服务、平台服务和网络营销服务等现代服务新业态。此外，也有一部分中生代农民工从制造业、建筑业分离出来，投身新业态，即通常所说的二产转三产。

新就业形态是从正规就业中衍生出的“非正规就业”，是从传统劳动形态中派生出的劳动新业态，是从工业化时期的劳动合同管理孕育出的网络时代新型用工，是从线下招工收缩中转换成线上拓展、线上线下融合发展而来，是防疫中人与人接触性服务受阻，但通过网络转换成人与物接触的人力资源新服务链条的延伸。

这种趋势性变化在疫情造成的危机中“破土”而出。新业态平台网约劳动形成的新型用工合作关系，正快速成长为新的“一极”，就业方式、劳动形态、劳动管理中构建基于劳动合同的劳动关系与平台注册的网约劳动的“二元”时代即将到来，既区别于以往的劳动合同，又不同于传统的劳务协议。在这种情况下，劳动约定需要有新的形式，劳动权益应当有新的保障方式。

在疫情防控的特殊时期，多种灵活就业形式在应对经济下行中显示出极强的生命力，并快速发展，逐步成为保就业的支柱性力量。弹性就业、零工经济、在线工作、共享员工等新型用工方式大量涌现，有效缓解了阶段性用工难、复工难问题。共享用工在疫情时期提高了劳动力精准配置，提升了复工率。有的地方政府搭建了共享用工平台，帮助辖区内企业间进行人员余缺调剂。这是从工业化时期的劳动合同制度，到后工业化时期、网络化时代新的劳动管理方式的一种蜕变，新冠肺炎疫情可能成为劳动管理“划时代”的时间分界线。今后一段时间，我国城镇职工中大多数仍是由劳动合同管理，但接受网约新型用工管理的劳动者也将上升到数以亿计的量级。

二、平台网约新型用工方式的优势与短板

工业化时代，以劳动合同为基础，通过细化的劳动分工，形成

有序的劳动管理链条；网络时代，则通过网约新型用工，摆脱传统班组式管理模式，适应平台化管理趋势而产生大量网约劳动。

平台网约劳动显示出的优势主要集中在四个方面。一是劳动和服务的精准性提升，劳动效率提高。二是劳动就业灵活自由，既顺应了新生代农民工自由劳动的择业取向，也有助于发挥农民工的自主性和积极性。三是提供了大量进入门槛相对较低、能够迅速获得较多收入的就业机会，吸纳新生代、中生代农民工快速进入。据调查，新业态农民工收入一般都高于传统业态农民工平均水平的20%~30%（去除未缴纳城镇职工基本社会保险部分），一线城市甚至高于60%~70%。四是网约劳动的新型用工方式大都按单计酬，且“个人得大头、平台得小头”，初步共享发展成果。收入与工作付出的关联更加密切，有利于坚持多劳多得，同时鼓励技高多得。

与此同时，平台企业发展不规范、存在风险，平台经济发展不充分、存在短板，监管方式不适应等新问题也随之而来。平台网约新型用工方式在发展中也显现出一些需研究的新问题，主要有四个方面。一是就业稳定性低，人员“换岗”流动率高。二是劳动关系难确认、劳动监管难适应。劳动合同及劳务协议与平台“注册”的多种新型用工形式并存，传统与新型的“二元”用工关系如何转换、兼容，新业态网约劳动应当如何监管，多种问题交织在一起需统筹解决。三是平台网约劳动的农民工参加社保问题亟待解决。大部分农民工因为没有签订劳动合同，仅参加了缴费水平和待遇低的城乡居民社保；部分二产转三产的农民工，如何接续城镇职工社保，怎样避免社保权益受损，都需要有新的解决办法。四是平台网约新型用工的劳动争议处理与劳动保障监察执法需要探索新办法或过渡办法来保护劳动者的权益。当前，劳动风险聚集在平台注册的劳动者身上，平台创造的财富有相当部分聚集在投资和管理者身上，这都需要在加强平台各市场主体权益保护的同时，明确平台企业劳动保护责任。

三、积极研究解决当前突出问题的有效办法

由于新业态网约劳动用工方式不适应传统劳动合同的刚性约束，这对劳动管理提出了新课题。后疫情时代，创新劳动管理需要有新的探索。这就要求从监管上实行审慎包容性监管，不能用老办法管理新业态，既不能简单地用传统的劳动管理规定来监管新型用工关系，也不能放任不管，让新形态网约劳动用工处于监管空白。新业态网约劳动用工正从先发展、后规范，到边发展、边规范，再到以规范促发展。当前迫切需要在落实新就业形态劳动者劳动权益保障中，在平台网约新型用工管理的总体框架下解决五个突出问题。

一是职业伤害保险的实施，这是当前平台灵活就业人员在社会保障方面最突出、最紧迫的当务之急。落实已出台的平台灵活就业人员职业伤害保障办法，总结职业伤害保障试点经验，兜牢职业安全底线。现行的工伤保险缴费是“企业缴，个人不出”，新业态职业伤害保险按单计提，主要是平台支付，根据平台企业的特点，探索按单计费、按月缴费，实现每单必保、每人必保。广东省允许灵活就业人员单项参加工伤保险就是先行先试。

二是研究并逐步完善新业态劳动争议处理机制。探索平台注册人员劳动争议调解和线上便捷解决争议的试行办法，积极鼓励柔性调解和大力推行“在线调解”，使中国特色的“鼓励和解、加强调

解、快速仲裁、裁审衔接”办法在平台网约劳动用工中有新的发展。2008 年应对劳动争议案件骤然急增时，简易仲裁作为“利器”发挥了很大作用，“两头摆平就是水平”使人们体悟到中国“说服”在当下仍有现实作用。

三是积极探索新业态劳动者参加养老、医疗保险新办法。在现有社保制度框架下，探索新业态劳动者专设账户，对于可能为多家用人单位服务的新业态劳动者，明确由用人主体公司来负责。针对平台企业缴费和灵活就业人员参保意愿性不强的问题，通过适配性强的新办法和优化便捷服务来增强吸引力，逐步放宽大城市灵活就业人员参保政策等，探索平台按单给予社保补贴的办法，不断提高灵活就业人员参加城镇职工养老保险、医疗保险的比例。同时引入商业保险作为社会保险的有益补充，多渠道解决平台灵活就业人员的社保问题。

四是创新劳动管理。重视劳动大数据的应用，通过数据留痕、数据挖掘，将大数据技术运用于劳动管理，使数据成为依据、凭据、证据，进而有助于实现智慧劳动监察。

五是新业态网约劳动用工也要在劳动标准框架内与体面劳动结合，坚持“底线”思维，加强新就业形态劳动保护，避免“过劳”等极端情形的出现。

四、支持新业态平台网约劳动健康发展

我国平台经济正处于发展的关键时期，营造创新发展环境至关重要，从构筑国家战略新优势出发，解决平台企业发展中的突出矛盾和问题，推动平台经济规范健康持续发展已成为一项重要而紧迫

的任务。中国劳动学会防疫与复工快速调查显示，在新冠肺炎疫情的冲击下，现代服务新业态复工总体呈现出“V”形走势，网上购物及快递业务量迅速增长。据统计，2020年，有471.7万骑手在美团平台获得收入，77%的骑手来自农村。中国劳动学会2021年农民工就地过年“百企万人”调查报告显示，外地农民工在就业地过年者，新业态约占50%。2022年1—9月，美团骑手近400万人，约80%是农民工。

面对新业态发展及需要解决的种种问题，支持和规范发展新就业形态应给予确定性指向。按照中央支持发展和规范并重的要求，把握平台经济发展规律，建立健全平台经济治理体系，明确规则、划清底线、加强监管、规范有序。加快健全平台经济法律法规，及时弥补规则空白和漏洞。将发展新业态灵活就业纳入就业优先战略总体规划，鼓励和支持各种灵活就业形态健康发展，使平台企业在保障劳动者基本权益的情况下，结合实际采用非全日制、阶段性合同、劳动者个人承揽、服务外包众包等多渠道灵活用工，完善对平台网约新型用工发展的政策支持体系。

新业态灵活就业将成为今后劳动就业领域重要“一极”，也是吸纳就业的支柱性渠道。劳动、就业、社保等相关政策要更好地适应其发展，能融则融、能通则通、能补则补、能改则改、能创则创、能新创新，一切从有利于支持和规范新业态发展的实际出发，在行业监管、劳动、就业、用工、社保等方面进行系统性配套调整和变革性制度设计，以此来构建有活力、有竞争力的健康发展平台经济的制度环境。

要尽可能将稳定农民工就业岗位的扶持政策拓展到新业态领域，对解决灵活就业数量较多并提升注册人员技能的平台企业给予一定的技能培训补助。将新业态农民工纳入大规模职业技能培训范围，以训稳岗，以工代训。也可采取举办新技能训练营等多种形式，将平台经济的新职业作为农民工转岗培训的内容，探索新技能培训与职业技术教育改革相结合，在应对经济下行的特殊时期加强新技能提升培训，为经济恢复走向经济高质量发展提供高技能人才支撑。

新冠肺炎疫情引发全球网络在线活动热潮，数字经济及衍生生产性、生活性服务乘势崛起，未来将几乎没有纯粹的传统产业，每个行业或多或少都有数字化、智能化的身影，数据作为新的生产要素嵌入产业升级、消费升级、服务升级、劳动管理升级中将产生超乎预期的效果，新业态“无中生有、层出不穷”与传统产业“有中出新、日新月异”交织演进。工业化时期分工越细越能提升效率，网络化时代产业越融合越能产生新效益。传统制造消耗的是电和材料，智能制造更多“吃进去的”是数据和算法。

探索平台网约劳动特点，努力让研究走在政策制定之前，让政策走在市场曲线之前。新业态网约劳动管理正在破题，深度研究新就业形态劳动管理正逢其时，将助力新业态劳动管理创新，在贯彻新理念中有新认识，进入新发展阶段中有新办法，构建双循环发展新格局中有新作为。

第五节

2024 年经济回升中农民工的新变化

农民工是我国新型工业化、城镇化快速发展成长起来的现代产业工人的主体，大多数在经济转型中成为技能劳动者。从 2023 年经济恢复到 2024 年经济回升，农民工继续保持总量增长、就地就近和外出打工的结构发生变化，2023 年全国农民工总量 29 753 万人，比 2022 年增加 191 万人，增长 0.6%。中国劳动学会和国务院参事室课题组联合开展“百企万人”调查，通过 17 307 份问卷和富士康郑州园区、中建八局西南公司、阿里巴巴、美团、滴滴、广州红海、冀联云等 26 户有代表性的企业实地调研，反映农民工作为我国最大的流动性劳动群体，面对当前市场需求回暖，但内需不足、预期偏弱等多种因素影响，劳动就业、技能提升、收入消费、市民化等方面出现新的情况。

一、劳动就业总体稳定，收入等出现波动

（一）绝大多数农民工就业较为稳定

94% 的农民工表示“打工”保持连续，6% 的农民工有过失岗情况，其中 4.2% 的农民工失岗 1 次、1.8% 的农民工失岗 2 次以上，多为大龄、低学历、低技能劳动者。安徽省凤台县店集村今年春节后有一千多人外出打工，除返乡创业者外，近期约有 5% 的人回流。

（二）春节后复工较快

滴滴平台司机中，一半以上是农民工。2024年，由于春节期间人多车少、补贴较高，司机回家过年减少，节后复工比往年快，第1、2、3周复工分别达到89%、99%、102%，其中广州达到116%，反映出珠三角城市群年味浓复工晚，但节后恢复节奏快。生产、加工、制造业复工相对较慢，而汽车、金融、科技等板块复工较快。

（三）农民工月收入出现波动

农民工月收入在3000元以下的占4.7%、3000~5000元的占33.0%、5000~7000元的占30.2%、7000~9000元的占18.9%、9000元以上的占11.6%，15 000元以上的仅占1.6%，收入在3000~7000元的合计占63.2%。2023年与2022年相比，收入下降的占43.5%、收入持平的占46.2%、收入提升的占10.3%，约四成农民工收入下降多年未有。在同等薪酬待遇下，新生代农民工更偏爱工作灵活性高的现代服务业，灵活就业和新就业形态受到越来越多农民工的青睐。2024年1月1日至3月19日，在美团平台上获得收入的骑手数量同比增长10%。

（四）运用数字技术和数据要素服务农民工充分就业

数智赋能正在提升技能性、地域性、行业性劳务品牌，助力农民工实现从“自发外出务工”就业向有组织的“劳务品牌”就业转变。例如，“冀联农民工”搭建了有技术技能支撑的就业服务平台；“红海直聘”开展直播带岗服务，2023年收到简历15万份，平台录用人数同比增长23.6%。

（五）三成农民工存在技能短板

32.3% 的农民工表示自己还没有技能职称，36.4% 的人表示尚未参加过职业技能培训。52.3% 的农民工只是知道但不了解职业培训补贴政策，64.2% 的农民工表示尚不了解企业新型学徒制。59.1% 的农民工认为当前技能人才的待遇水平偏低，技能提升的吸引力不够。

（六）多数地方通过上调最低工资标准，带动农民工基本工资收入增加

郑州自 2010 年起 7 次调整最低工资，由 800 元调整至目前 2100 元，年均增长约 92 元，其中 2018 年为 1800 元，2024 年调整至 2100 元，期间郑州富士康按照最低工资规定累计调薪 8 次，高于平均增长水平。

（七）部分农民工劳动权益保障不足

13.4% 的农民工有遇到欠薪问题，4% 的农民工没有缴纳社保，38.9% 的农民工每天要加班 2 小时，同时反映给予加班工资倍数不足。

（八）住房、医疗健康、子女教育等支出占比较高

住房（24.5%）、子女教育（17.0%）、饮食（13.9%）、赡养老人（13.7%）、医疗健康（11.5%），这些成为农民工收入的主要支出，有近四成农民工收入的 20% 以上用于租房。不少新生代农民工反映，哪怕面积小点也希望有个单间。

（九）六成农民工没有城镇落户意愿

59.8% 的农民工希望保留农村户籍，4.6% 的农民工想到老家

县城落户（含乡镇），5.5% 的农民工想在老家城市落户，9.0% 的农民工希望在“打工地”落户，还有 21.2% 的农民工未确定在何处落户。

二、当前需要关注的突出问题

当前农民工正由无限供给走向有限供给，2010 年新增农民工 1245 万达到峰值后出现“拐点”，新增农民工逐年下降，农民工总量保持总体稳定，目前需要重点关注经济转型中的问题。

（一）当前的就业波动是阶段性的，中长期看“招工难”是主流

疫情带来的“疤痕效应”，对投资消费等领域的影响短期内难以消除，投资走弱，消费疲软，使不少企业处于用工不足的状况，招新扩岗的意愿降低，对农民工就业提质带来直接影响。与此同时，平台经济为新生代农民工创造了更多的就业创业机会，尤其是缩小了中小城市与大城市的职业发展差距。2024 年以来，制造业、建筑业、一般服务业用工减少和平台经济发展放缓对吸纳农民工就业形成叠加影响，平台经济带动就业数量增长速度出现波动，但中长期看，先进制造业、新型建筑业、现代服务业等新职业开发都将成为“稳就业”的新动能。例如，郑州富士康已与省内外高校合作成立产业学院，联合 15 所大中专院校，通过新型学徒制、校企专班培养、共建实训中心等方式，每年开展技能培训 8 万人次；2023 年中建八局西南公司拓宽产培思路，积极对接四川建筑职业技术学院，联合培育知识型、技能型的新型建筑产业工人 100 余名；阿里巴巴开发“数字化职业素养认证”项目，面对农民工开展普适性数字化职业技

能培训，提高就业供需双方匹配程度。

（二）农民工收入总体增加，但增幅低

此次调查情况与国家统计局公布的2023年农民工月均收入4780元、同比增长3.6%的数据基本相同，一方面由于经济回升中大多数农民工从事的制造业、建筑业、一般服务业恢复较慢，农民工收入增幅受到一定影响；另一方面是农民工增长幅度降低、外出务工减少，农民工中从事快递、外卖、网约车服务、家庭服务和网络营销服务等较高收入的人数需拓展，带动农民工收入持续增长。

（三）技能不足影响收入增长

我国已进入技能人才时代，全国技能劳动者中高技能人才约占30%，农民工中高技能人才占比低于该平均水平。尚有约1/3的农民工没有技能职称，主要依靠体力型劳动和加班劳动获得劳动报酬；农民工从事人工智能等与数字化、智能化直接关联的收入较高的新职业相对较少，智力型劳动带动收入增长需要提升。随着产业转型升级中智能制造加快，对农民工掌握新技能要求进一步提升，中低端劳动和较低工资收入岗位进一步压缩。

（四）“大龄”“超龄”农民工就业困难

男55岁以上、女45岁以上大龄农民工在外务工，受技能、体能等多种因素影响，在城市就业面临学习新职业的压力。调查显示，大龄农民工外出务工，39.8%是为了增加家庭收入，37.5%是想趁着身体好多赚钱为养老做储备。大龄农民工受教育程度和技能水平相对较低，在劳动力市场中竞争力较低，部分企业在招工中增加年龄限制，进一步加大大龄农民工的就业困难程度。大龄农民工难以

满足新型建筑业和先进制造业要求，需要给予适配性新技术新技能培训，以适应小区保安保洁服务、家庭家政服务等新需求。

（五）农民工市民化面临阻碍

外出务工农民工愿意保留农村户籍增多，主要是想保障农村住宅基地和土地承包经营权，调查显示没选择融入大城市的最主要原因是感到城市生活压力大（53.6%）和买不起房子（52.1%）。农民工市民化进展较慢，除疫情影响外，还有对经济回升预期的影响，这将减少农民工在城市的消费支出，直接影响消费潜力的激发，也关系到新型城镇化战略的实施。

三、政策建议

激发农民工劳动就业，需要有“接地气”的政策和落地见效“冒热气”的措施。

（一）推进农民工提升职业技能和掌握数智技能，实现高质量充分就业

继续发挥制造业、建筑业、一般服务业吸纳农民工就业的主阵地作用，推动农民工紧紧跟上传统产业技术进步升级。同时在发展数字经济、平台经济、智能经济、绿色经济和新质生产力中开辟农民工新就业空间，加大对发展农民工投身新就业形态的支持力度，使新生代农民工通过线上线下融合来学习新职业、掌握新技能、成为数智工匠。适应数智赋能千行百业，增加就业补助资金对网络直播带岗、平台稳岗扩岗场景应用的支持，推动就业供需对接服务数智化，拓展农民工线上线下融合的就业服务形式。当前，家庭服务从业人员以女性农民工为主，应积极支持数智家政就业服务，适应

“一老一小”家庭服务的刚性需求，家政服务、老年陪护、病患护工、小区小时工照料等约有4000万就业岗位，为女性农民工提供稳定持续的就业。支持多渠道灵活就业，因地制宜发展零工市场和劳务市场。创新省际、省内劳务协作对接机制，提高农民工外出务工经商的精准性。培育劳务品牌，发挥龙头企业和特色产业园区大容量吸纳农民工就业的作用。

（二）大规模、多层次推进农民工技能培训

技能培训是农民工适应经济转型的有效途径，努力使农民工技能培训提升30%，逐步消除农民工无技能上岗现象。各级政府的技能提升项目、补贴资金重点用于农民工技能培训，使约三分之二的农民工通过传统产业升级、三分之一的农民工通过现代服务业提升技能；继续从失业保险金结余中拿出1000亿元资金重点用于农民工技能提升培训，从输出地民办培训机构开展引导性培训，转到依靠职业院校与企业开展“校企深度融合”的技能人才培养，壮大农民工技能人才骨干队伍。发挥头部企业在产业技能提升培训中的引领作用，促进掌握先进技术的大企业成为创新型职业技术培训基地、技工航母。通过世界技能大赛和国家、省、市、县、乡镇“五级”技能竞赛，发掘高技能人才。积极开发新职业，适应新兴产业和新兴业态发展，带动高技能人才占比提升。实施人工智能+农民工劳动就业行动，职业院校积极开设适应快速发展的专精特新智能制造业、装配式新型建筑业、现代服务业新专业。

（三）促进农民工工资收入稳定增长

经济回升中审慎调整城市最低工资，降低企业用工成本，鼓励

企业灵活用工，保障农民工充分就业。随着经济回升向好持续稳定，合理适度调整城市最低工资，促进农民工基本工资增长。目前多数企业将农民工基本工资与城市最低工资挂钩，农民工工资增加往往与加班工资关联，需要把握不同经济条件下最低工资标准的调整频率和调整幅度。在项目劳务管理中，通过实名制刷卡率、手机考勤App等数据的支撑，记录农民工出勤及加班，综合计算工时等。落实《保障农民工工资支付条例》，通过智慧监察、“数据留痕”根治“欠薪”，实现农民工工资基本无拖欠，维护劳动者合法工资权益。创新劳务外包服务管理模式，配置项目专职劳资管理员，开展劳资管理员月度访谈农民工行动等，重点保障农民工月度工资通过专户足额发放，优化线上线下监管，大幅提升欠薪治理水平。

（四）加强“大龄”“超龄”农民工劳动权益保障

给予大龄农民工“转岗”“转场”有温度的帮助。及时为建筑工地大龄农民工“转岗”到装配式新型建筑岗位等进行适配性技能培训，也可依据身体状况和本人意愿转到辅助性岗位，并与建设项目周期衔接，与“以项目参保”衔接，与所掌握的技术技能衔接，不能搞“一刀切”。帮助超龄农民工“转场”从事灵活就业，探索大龄农民工就业保护的有效措施，针对任意解雇、工伤问题、劳动争议处理等出台专门办法，做好大龄农民工的劳动权益保障。全面清理整顿招聘方面不合理的年龄限制，禁止以年龄为原因拒绝雇用大龄、超龄农民工，保障大龄、超龄农民工劳动基本就业权益。引导企业和雇主善待大龄、超龄农民工，公共就业政策可向其拓展。与用人单位有长期稳定合作的大龄农民工，可根据本人意愿转到物业服务等岗位灵活就业。

（五）保障农民工子女在打工地接受义务教育

鼓励农民工以县城为中心就地就近就业和返乡创业，激发县域经济新业态发展潜能，为普通劳动者搭上数字经济快车道提供便捷。农民工在城市辛勤劳动的重要原因是子女能享受城市优质教育资源，巩固脱贫成果和乡村振兴有效衔接的重要支撑点是加大农民工子女随父母到打工地接受义务教育。实践证明，巩固脱贫短期靠外出打工，中期靠产业振兴，长期靠教育发展。加强对农民工融入城市的引导，营造良好的社会接纳氛围，降低城市准入门槛，让农民工在城市享受城市基本公共服务，促进农民工“提升技能”“融入城市”的市民化。

（六）大力发展城市小户型租赁住房，积极发展县城商品房

将进城落户农民纳入城镇住房保障体系。城市住房发展规划要积极建设适应农民工特点的小户型租赁住房，有条件的一线城市、沿海发达城市等可给予一定住房补贴，农民工集中的开发区和产业园区可以建设单元型或宿舍型公共租赁住房。农民工数量较多的企业可以在符合规定标准的用地范围内建设农民工集体宿舍。探索县城农村集体建设用地，发展公共租赁住房，城市长期空置的商品房可因地制宜地改造成小户型租赁租房。租赁经营投资大、回收慢、周期长，需要有金融服务配套政策支持“城市农民工小户型租赁住房”发展。

第六节

新技术革命推动农民工劳动就业的转型

数字时代正使过去苦思冥想难以获得的灵感被简单的“提示词”激发出来，乡村振兴、产教融合要有勇气创新观念，改变思维方式。

——构建产业基础高级化、产业链现代化的新发展，不仅要注重技术创新、设备更新、新基建投入等，更要注重“加大普惠性人力资本投入”。只有提升人力资本投入才能提升全要素生产率，乡村振兴、产教融合才能更有效地释放创新驱动的能量。

——机器取代人的阶段性和高技能人才的能动性、创新性、柔性并不矛盾。以开发新职业、掌握新技能的高技能人才增量，带动高技能人才占比的提升，使高技能人才结构发生质的变化。

——充分释放新职业的劳动魅力，激发新生代的劳动兴趣，进而实现“体面劳动”，避免“内卷”和“躺平”。例如，近日居于世界精雕机床前列的北京精雕集团和江苏信息技术学院联合建设精雕学院，开设智能控制工程等专业，艺术化的精雕技术能在鸡蛋壳上雕出长城图景，使年轻人眼前一亮，人工智能的高成长性吸引1000多名新生报名，一举扭转机械制造专业招生连年下滑状况。

——坚持“多劳多得”与鼓励“技高多得”并重，鼓励勤劳致富，促进机会公平。将技术技能作为生产要素的投入给予回报，提高技术工人的物质待遇和社会地位，高级技师和高级工程师同样可以得到社会认可和尊重，使技术工人收入多起来，技术“大拿”也能富起来。

——改变目前中等收入阶层中企业中高管人员、“白领”精英占绝大多数的状况，使掌握较高技术技能的大批优秀“蓝领”也能够率先进入中等收入群体。在高质量发展中促进共同富裕，不是同步富裕，鼓励勤劳创新致富，避免“内卷”“躺平”。

——培养工匠精神，以工匠文化为底气（鼓励高品质制造和逐步高品质消费），以构建工匠制度为基石，以让工匠出彩为目标，让新生代劳动者感到学技术好就业，学好技术多增加收入，掌握技术绝活可出彩人生。

——有温度地对待大龄劳动者、超龄劳动者。尤其在建筑工地，对大龄劳动者可以进行转岗，从爬高上架转到地面适宜的新型建筑工作岗位，对超龄劳动者也可转到适宜岗位或零工市场，从事能够相适应的工作，对“大龄转岗、超龄转场”者都要在劳动工作中给予劳动权益的保护。

数字化的浪潮呼唤着农民工加快转型中的创新，体现在以下五个方面。

一是加快激发数字技能活力的机制创新。实践说明，数字经济等新业态往往是“人叫人干人不干、经济利益调动千千万”，“数”出效益，“数”能增收，最大限度地释放劳动技术管理资本数据等要素的能量，让数字技能创造财富的源泉在充满活力的体制机制中迸发。

二是加快数字赋能的技术创新。紧紧跟上技术进步前沿就是高新技术，即使机器取代人也难以取代人的能动性、创新性和柔性。在广泛使用人工智能技术的时代，努力打造透明化生产、数字化工厂、智能化矿山，加快智能制造的迭代升级，也要同步加快以农民工为主的一线劳动者的数字技能提升。在构建产业基础高级化、产业链现代化的新发展中，头部企业引领一大批中小企业快速提升到智能制造时代。

三是加快产业融通和场景应用的模式创新。工业互联网的产智融合和智慧城市建设的城智融合，以及人力资源服务线上线下人智融合，正在加快着农民工数字技能的场景应用，新技能、新制造与新营销形成新产业链条。智慧场景正在用智能与算力不断延伸和放大农民工脑力体力的极限，破解着过去无法解决的难题，包括农民工技能培训中往往难适应数字化快速应用带来困扰的问题，尤其农民工掌握数字技能嵌入智能化的场景，使产智融合快速延伸到人智融合。

四是加快数字技能人才开发的创新。“两才”（高技术人才、高技能人才）并重、“两归”（海归、城归）并用是数字化转型中人力资源纵向提升、激活蛰伏的人力资源潜力的战略措施。着力提升人力资本，才能提高全要素生产率。谁先聚集数字技能人才，谁将占领高质量发展的先机。中国劳动学会课题研究显示，我国将进入高技能人才引领的“技工时代”，将从“人口红利”向“技能红利”转变，从人力资源向人力资本跃升。把数字技能人才集中地率先打造成“数智高地”。智能制造正吸引越来越多的新生代劳动者，有技术新鲜感的网约劳动正逐渐改变着生产线上的枯燥劳动。

五是加快数据要素聚集的环境创新。事业聚才有项目，待遇聚才有收入，感情聚才有环境，让人才流、物流、资金流、技术流、数据流源源不断地流入经济“洼地”、人才高地，使每个员工进入金融“云”时代的环境就如同进入“磁场”一样，能“沉浸式”地在自己的岗位上不断“刷新自己”，释放潜能。

第六章 中国农民工市民化的新时代、新征程

在建设中国特色社会主义新时代中，中国农民工发展翻开了新的一页。

第一节 现代产业中肩扛重任

从数字赋能产业升级看，中国不仅仅是进入后工业发展阶段，服务经济发展迅速，2017 年第三产业占 GDP 比重已经超过第二产业，购买服务将追赶购买产品，更重要的是数字经济新产业和传统产业数智转型交织演进，购买服务中的家庭服务、外卖、快递、网约车、网络营销、呼叫等现代服务新业态，正是农民工劳动参与率最高的行业。也曾有人担心人工智能使机器替代人后农民工就业往哪里去的问题，而数字经济下农民工就业的“三新”趋势正在显示着择业的新走向。基于中国劳动力资源充裕的特殊国情，融合一、二、三产业的农业现代化正追赶着“工业4.0”加快推进，数字化贯通三次产业，为生产和生活服务的数字技能将会迎来大面积的爆发，那些在工业化中挑起产业工人大梁的农民工在数字经济中仍将肩扛重任，在适应数字化转型中走向建设现代化国家的新时代。

分析农民工转移的轨迹可以看出，改革开放之初，农业富余劳动力中释放出来的农民工大多数转移到了工业和建筑业；进入数字化时代，农民工学习新技能、投身新业态、从事新职业将成为趋势，就好像工业革命中曾发生过的，虽然马车被汽车所取代，但马车夫也能在新业态中找到新职业。值得注意的是，20世纪80年代初农业劳动力的转移主要是从生产关系的束缚中解放出来，直接进入第二产业，而“中国制造2035”建设世界制造强国的“三步走”中则主要是因为生产力的发展带动农民工进入先进制造业、新型建筑业和现代服务业。

从新型城镇化看，农民工从作为二产主力军到作为三产生力军，给快速发展的城市化带来大批中青年劳动力输入的活力。农民工市民化的发展支撑着中国城市群和新型城镇化的发展，支撑着中国劳动参与率继续保持世界第一。进入新时代，农民工将成长为应用型、技能型和创新型劳动者。新型城镇化给农民工带来改变生活的新期待，也带来改变自己的新动力。农民工发展将从技能素质提升拓展到文化素质提升，从改变劳动生产和生活条件到融入城市、全面享有公共服务。

石家庄劳动力市场中女性农民工排队参加家政服务培训

当前，新技术、新业态日新月异，传统产业焕发生机，加快新旧动能转换。新一代和老一代农民工也在发生更替，尤其是新生代农民工的文化素质在提高，中生代农民工的技能水平在提升，先行进入城市的农民工逐渐站稳脚跟，有条件的上亿农民工及其随迁家属还要扎下根来落户城市，农民工的勤劳和不懈努力给大城市、特大城市与日俱增的老龄化带来生机。农民工举家进入城市，他们没有足够的养老金，也没有城里人休闲度假的习惯，有的是全家上阵齐努力。近年来，每到逢年过节，我都会不由自主地看一看农民工“超级快递”的紧张工作，他们在城市的小区楼宇间驾车奔波，在中小城市里还有他们的妻子帮忙搞分拣，小孩放学回来也帮把手，为的是这一天有特别的计件提成。新生代农民工在新业态中同样经历了老一代农民工进城时艰苦劳动的磨难。2022 年 8 月，我就近去北京昌平的乐土木器厂调研，看到京作技艺高超且年过半百的技师董发月正在忙碌，他的妻子也从雄安老家跟来在木器厂做后勤服务。董发月说，家在农村就得劳动，不然就显得没有用了。他的妻子说，只要身体能动弹，就不能闲着，不然在村里落个懒人名声，连好媳妇都不上门。厂里有来自太原高中毕业的后生张宇飞，跟着董师傅学技艺，他利用学过数控车床的优势帮助其他工人学习使用先进的精雕机，提升木作精工水平。这些企业虽小，却在竞争中努力增加投资，置办先进设备，提升技术水准，避免在产业升级中被淘汰。就在附近不远的地方，尽管从生铁铸造暖气片发展到精工制造铝铜暖气片，产品不断升级，但地暖技术的普遍应用和京郊越来越严格的环境治理的硬约束，使曾带领上百名农民工干了 30 多年暖气片制造的董涛下决心关闭工厂，就近绿化种树，兴办“养生谷”。制造暖气片的农民工也转行做起园林工和康养结合的辅助服务。

近年来，我看了先进制造业生产线，感触良多。2015 年 10 月，到深圳富士康公司，看到组装苹果手机和在企业电子产品超市“对接”网店的都是新生代农民工；2016 年 4 月，到大连光洋精密仪器公司，看到在一线操作“五轴联动”加工中心的 80% 是技校毕业的新生代农民工；2016 年 8 月，到宁波韵升集团，看到组装具有国际先进水平的微型电动机、制作 70% 出口日本和欧美国家的中国“八音盒”的也是新生代农民工；2017 年 10 月，到四川德阳东方汽轮机厂生产一线，看到精密电焊的技师 60% 也是新生代农民工；2018 年 5 月，到河南郑州中铁装备制造车间，看到组装居于国际隧道工程建设先进水平的中国盾构机的，也是职业技术院校培养的新生代农民工；2018 年 9 月，到山东青岛海尔中央空调智能互联工厂，看到组装最先进的磁悬浮中央智能空调的也是新生代农民工。新生代农民工在企业激励下，大胆进行技术改良，提高劳动生产率，使企业获得十分可观的经济效益，充分显示了知识型、技能型、创新型劳动者的潜力。2021 年 8 月，我到北京精雕集团看到操作世界先进的精雕机的都是职业院校科班出身的农民工，他们承载着中国制造向中国创造、中国产品向中国品牌发展的重任。以上情况清晰地显示出，未来中国先进制造业的一线主力将是受过专业训练的新生代农民工，“中国制造 2035”大有新生代农民工的用武之地。

● 农民工组装的具有国际隧道工程建设先进水平的中国盾构机

诺贝尔经济学奖获得者科斯在《变革中国》中感叹道，中国人的勤劳使世界惊叹和汗颜，甚至有点恐惧。看看我们的身边，好像真正彻底休息的中国人还真不多，但凡手脚能动、头脑灵光的中国人都不屑于坐吃山空。农民工扛起现代产业工人的重任，无论是已经扛起的并跟着数字技术走的制造业、建筑业等支柱产业，还是正在撑起的网约劳动的新业态，数字经济开辟了农民工就业的新天地。无论千年大计雄安工地建设，还是世人瞩目的北京冬奥场馆综合开发，建设者中很多都是农民工。这使我不由得想起改革开放之初，一首唱红大江南北的歌道出了劳动者的心声，流传至今也能体味农民工的心声，那就是“……我们的理想在希望的田野上……为她打扮为她梳妆……生活在人们的劳动中变样……为她幸福为她争光”。和煦的春风吹绿了大地，吹响了农民工建设的号角，何止雄安打桩、冬奥建馆，一大批农民工早早地进入了万千建设项目，让城市的春天充满了生机和活力。

正是农民工将中国劳动参与率，特别是女性劳动参与率提升到至今没有任何国家可以比拟的高度，让世界刮目相看。2017 年，美国劳工部统计公布的数据显示，中国女性劳动参与率达到 76%。从一定意义上讲，农民工的勤劳支撑着中国制造、中国建设做大做强，农民工不停歇的劳动将数字化的生活服务业新业态发展成为经济高质量发展中的大产业。农民工正走在建设新时代中国特色社会主义国家的金光大道上，实现“十有”、迈向“四融”[①]，绘就了农民工市民化新时代的蓝图。

① “四融”是指工作融入企业、家庭融入社区、子女融入学校、生活融入城市。

第二节

体面劳动与数智劳动、快乐劳动

2006年，中国政府与国际劳工组织签订了体面劳动国别计划，决定在促进就业、促进和谐劳动关系、改进社会保护和促进劳动者基本权益四个领域开展合作。2012年5月，国际劳工组织与中国政府、雇主和工会协商劳动关系“三方”机制的代表讨论了新的体面劳动国别计划，确定将合作计划集中在三个领域：促进就业优先战略，构建和谐劳动关系和提升公平性，通过改进社会保障体制和促进安全生产加强社会保护，在此基础上明确了各自领域的具体指标。

促进就业优先战略	劳动和雇佣政策要与其他影响就业数量和质量的宏观经济政策相契合
	制定劳动力开发的有效政策、战略和项目，提升劳动力的就业能力以及在向绿色经济转型中企业的竞争性和可持续性
	创造就业与职场中的平等机会和提高待遇，保护弱势群体
构建和谐劳动关系和提升公平性	加强三方成员促进社会对话和尊重劳工标准的能力
	制定和实施减少收入差距的政策，使所有工人受益
通过改进社会保障体制和促进安全生产加强社会保护	完善社会保障体系，实现普惠的目标
	在国家和企业层面分别建立预防性的安全和健康文化以及系统化的实现途径

万物互联的时代让数字世界与现实世界融合，数字技能与实体经济的深度融合正突破时空约束和算力局限，成为经济增长新动能。数实融合的研究正在成为交流新观点、启迪新思维、洞察新趋势的快速传播平台。研究从体面劳动到数智融合劳动正逢其时，探讨数

字赋能劳动的创新顺势而进，使人力资源开发在数字化转型中“数”起“云”涌。

“好酒不怕巷子深”的时代总体已经过去，好的事物如没有数字赋能，其传播力、影响力也会受到局限。新冠肺炎疫情以来网络在线活动形成热潮，数字经济及其衍生的生产性、生活性服务业借势崛起，几乎没有纯粹的传统产业，每个行业或多或少都有数字化的身影，数据这个新的生产要素嵌入数字技能劳动将产生超乎想象的效果。

数字经济正推动着智能制造引领全球制造业的变革。数字赋能人力资源的创新将驱动数字经济与实体经济融合走向高质量发展，一批“头部企业”融合智能制造、智慧矿业、智慧能源、新型建筑、现代服务新业态的品牌企业，正在形成数字经济新动能的支柱板块。

数字经济成为科技革命和产业变革的先导力量，深刻改变着人力资源配置方式。数智融合深刻改变着技能人才的发展方式，一批“智慧服务”的人力资源品牌企业，正在形成数字经济新动能的支柱板块，使“资源人资”“产业人资”向“数字人资”“智慧人资”跃升。

面对当前经济恢复中诸多不确定性冲击叠加的挑战，面对较多地方发展数字技能人才“短板”的挑战，面对诸多企业数智化转型纷纷而起的市场挑战，创新则盛、守旧则衰是市场经济定律，也是近年来数字经济的成功实践。

数字赋能创新的“底气”来自技能劳动中积聚海量数据的要素聚“金”，来自创新数智融合的海纳百“川”，每一个进入数字技能的人都受到创新的熏陶和数字的感染。将分散的“数”据集成产生新效益都是创新。

第三节

到 2035 年的行动：人工智能 + 农民工

战略是从全局谋划目标的规划，战略错了，纵使一两个战术胜了，最终也是全盘皆输。面对农民工快速发展、快速变化的现实，摸清新情况、明确新目标、制订新计划至关重要。从国家层面推进农民工发展需要坚持目标导向和问题导向相结合，从实现目标上要倒推，从解决问题上要顺推，既从基本实现现代化的农民工发展目标倒推，厘清到时间节点必须完成的任务，又从迫切需要解决的问题顺推，明确破解难题的途径和办法。为进一步做好新时期的农民工工作，2011 年国务院农民工工作联席会议对农民工发展进行了专题调研和顶层设计，可谓农民工发展的系统工程。历经一年从中央到地方的万人大调查，历经近两年从中央到地方 32 个有关农民工工作的部门深入研究论证，2014 年国务院农民工工作领导小组研究并提交国务院，明确了进一步解决农民工突出问题的路线图和时间表，同时将研究要点写入《国家新型城镇化规划（2014—2020 年）》。

从发展的角度看，到 2035 年的目标是，转移农业劳动力稳定增加，每年开展农民工职业技能培训1000万人次以上，农民工数字技能显著提高、劳动和住宿条件明显改善、工资基本无拖欠并稳定增长、参加社会保险全覆盖、子女平等接受城市义务教育，引导1亿人在中西部地区就近城市化，努力实现1亿左右农业转移人口和其他常住人口在大城市落户，在超大城市未落户的也能享受城镇基本公共服务，为实现农民工市民化打下坚实基础。

着力采取的措施包括五个方面。一是着力稳定和扩大农民工就业创业；大力发展中小微企业和灵活就业，多渠道拓展农民工从充分就业到高质量就业的岗位；大力扶持农民工创业。二是着力维护新就业形态和灵活就业农民工的劳动保障权益，根治农民工工资拖欠，推动农民工与城镇职工“同工同保”；扩大农民工参加城镇职工社会保险覆盖面，研究落实灵活就业农民工参加基本养老保险政策。三是着力提升农民工技能，滚动实施有政府补贴的农民工职业技能提升计划，实现农村应届初高中毕业生有意愿的都能接受中高等职业教育，实现农民工从普工到技工的转变，大幅提高农民工中高技能人才比重。四是着力推动农民工逐步实现平等享受城市基本公共服务和在大城市落户，公办义务教育学校要普遍对农民工随迁子女开放并应需扩大；完善社区公共卫生服务网络，将农民工纳入服务范围；统筹规划城市常住人口规模和建设用地面积，将解决农民工住房问题纳入城市住房发展规划。五是着力促进农民工社会融合，加强农民工中的党、工、团组织建设；把农民工纳入城市公共文化服务体系；加强对农民工的人文关怀；通过依托各类学校和互联网平台开设农民工网课等方式，开展融入城市的知识普及。

第四节

促进农民工市民化需要“十有”

农民工的质朴和对美好生活的向往，使他们在建设新时代中国特色社会主义国家中有很强的获得感和幸福感。现阶段让农民工实现体面劳动，促进农民工市民化要努力做到“十有”，即进城有工作、上岗有技能、劳动有合同、收入有提升、参保有办法、子女有教育、住宿有改善、维权有渠道、生活有文化、发展有目标。“十有”将在建设现代化国家中得到提升、创新、发展、实现。

一、进城有工作

就业是农民工进城立足之本。城里人失业有社保低保，但现在对于大多数农民工来说，失业保障无从谈起，那点很少的新农保不足以维持其在城市生活，遇到经济波动只能回乡务农。大规模的就业人群需要有大产业的吸纳。后工业化时期将是服务业兴起的时期，也是制造业转型升级的时期。如果说二十世纪八九十年代快速兴起的城市建筑业和相对易进、易做的制造业是吸纳上亿农民工的大产业，那么如今同样是相对易进、易学、易做的家庭服务业、城市生活配送服务业等也将成为上亿农民工就业的大产业。与此同时，制造业的升级也会持续吸纳掌握新技能的大批农民工就业。

（一）家庭服务、快递、外卖、无线寻呼等新业态将形成大容量吸纳新生代农民工就业的朝阳产业

1. 家庭服务业

伴随着现代服务业的发展，家庭服务业成为支柱产业。在特大城市，由于人员培训有短板和信息不对称，时常出现硕士易找、满意的家政服务员难寻的状况。家庭服务业服务需求大，就业容量大，发展潜力大。家庭小型化对养老服务的需求扩大，健康产业发展对病患陪护的需求扩大，家庭服务社会化对家政服务、社区照料的需求扩大，中等收入群体的扩展对中高端家政服务的需求也在扩大，尤其是全面实施“二孩”政策以来，月嫂、育儿嫂乃至小学生托管的需求持续扩大。在城市率先实现现代化过程中，许多家庭生活服务需求将释放出来，助推家庭服务业从新业态向大产业发展。即使人工智能的出现也不能完全替代细碎、繁杂的服务，发达国家人工服务依然十分活跃，未来社会中人工服务也将长期存在。中国家庭服务业快速发展，预计到2035年家庭服务业将成长为5000万人的大产业。

● 热闹有序的农民工招聘现场

结构决定功能，从当前家庭服务业优化企业结构看，大量的中小家庭服务企业兴起，但盈利能力较弱，先行发展的大企业需要由大变强，发挥中流砥柱的作用，一大批快速成长的中小企业需要走向“专、精、新、特”。这都需要针对缺人员、缺技术、缺品牌的现状，创新扶持政策，精准助力，积极推动实施“两免”“两补”政策。“两免”，就是在一个较长时间内继续免征包括非员工制家庭服务在内的家庭服务营业税和免除多种行政性收费；“两补”，就是实施家庭服务人员职业培训补贴和参加社会保险补贴。有条件的大中城市应当逐步提高社会保险补贴比例，使家庭服务人员搭上城市社保班车，享受到城市职工社会保险的待遇，否则再过 20 年，现在的家庭服务人员逐渐退休后依靠低水平的城乡居民养老保险在城市养老是不现实的。要紧紧牵住家庭服务业培训这个“牛鼻子”，使家庭服务业培训基地得到越来越多的有含金量的政策扶持，有能力适应服务升级，推动家庭服务业逐步达到中国服务业的先进水平，乃至国际家庭服务业的先进水平。一批以“千户百强”为主的家庭服务骨干企业正在引领行业经营上规模、服务上档次、管理上水平，向家庭服务业规范化、职业化发展。但总体而言，行业中骨干企业的数量和质量仍有待提高，十分需要已出台和将要制定的各种政策措施“接地气”，避免“旋转门”的空转和“玻璃房”的可望而不可即，从而助力“千户百强”家庭服务企业提质增效。百强企业参照家庭服务国际标准，引领行业做大做强，带动行业规范发展；千户企业实施国内先进标准，走向做专做精，推动行业快速发展。“千户百强”家庭服务企业带领员工制家庭服务企业快速发展，成为第一板块，进而带动中介制的第二板块、自雇式的第三板块的家庭服务企业整体提升，树立中国家庭服务业的新形象。到中国基本实现现代化时，成长起一批大中小协同发展的现代家庭服务企业，使家庭服务业同步实现现代化。

进入新时代，人们对美好生活的新需求反映在家庭服务业上就是绿色、环保、低碳、精细、健康、时尚的家庭服务。全球互联网巨头谷歌公司 2015 年宣布进入家庭服务市场，与水管工、电工和其他本地家政服务供应商开展合作，为客户提供包括疏通马桶、开锁等在内的服务，可见这个能够联系千家万户的家庭服务链条延伸发展的前景诱人。

2. 快递、外卖、无线寻呼等新业态

推进绿色快递。研制绿色新能源快递专用车，消除现在的小货车、摩托车改装等杂乱低档现象。制定快递包装标准和开发绿色快递箱，改变目前快递过度包装造成新的白色污染现象。建立绿色快递仓储，消除快递件乱堆乱放问题。制定以农民工为主的快递人员劳动保护用品标准，维护劳动权益，营造快递小哥绿色工作环境。

拓展外卖领域。外卖业虽集中在大城市，但随着产业梯度推移和新型城镇化发展，也在向三、四线城市乃至中小城市延伸，同样需要维护外卖小哥的劳动权益。外卖业的兴起和发展，也将成为现代服务业中吸纳上千万新生代农民工就业的朝阳产业。

发展无线寻呼。现代社会人与人之间的通信联系越来越频繁，寻呼服务带来的便捷和机会也越来越被人们所接受，通过大数据反映用户需求变化的趋势，也越来越多地成为企业市场研发和政府改善民生不可或缺的参考数据。无线寻呼投资少、见效快，就业容量大，传递信息迅速，用户使用方便，加之小型化、轻量化、便携化的新一代寻呼机问世，使专业寻呼、公益寻呼获得快速发展。面对日趋激烈的寻呼市场竞争，寻呼人员将突破"科班培养"少的制约，到 2035 年，将有上千万经过寻呼培训的新生代女性农民工投身新兴服务业，多数在中西部地区就地就近就业。"呼叫小妹"技能和报酬"双提升"，将促进寻呼行业走上规模经营和集约化创新发展的轨道。海航集团迈入世界 500 强企业行列的征程中就有上千名寻呼人员给客户带来便利时尚的沟通服务，走在了寻呼行业的前头。

（二）积极发展农民工就业容量大的劳动密集型企业，仍是今后较长时间内促进农民工就业的战略选择

市场越细分，越有利于发挥中小微企业特点。现行政策对中小微企业用足用活税费减免、社保补贴等扶持政策留有较多余地，有利于多渠道增加就业岗位，"水大才能鱼大"。在发展中形成的类似海安"皮革城"、白沟"箱包镇"、河南"画虎村"、河北"秋裤村"

的区域性批发市场和特色生活用品的专业村镇，以及中西部地区承接东部地区劳动密集型加工企业的产业梯度转移，都使劳动密集型产业在转型升级中获得新的发展空间。以高于我国周边国家的吸引力引导有市场、有效益的劳动密集型产业优先向中西部地区转移，更多吸纳东部地区回乡和就近转移的农民工。和劳动密集型行业对应的是自由劳动者的出现和扩大，这对农民工就业也产生了一定影响，乡村网店、城镇小店、家庭化农家乐等新零售的兴起，虽然分散，但聚少成多，也是解决农民工就业问题的新途径。

（三）大力发展农民工就业主渠道的中小微企业

创新农民工输出输入地劳务对接方式，除鼓励向大企业、大项目成批输送农民工外，还要大力发展农民工就业容量大的中小微企业，积极扶持新业态、新零售，吸纳农民工灵活就业，持续扩大农民工就业规模，犹如一池活水，唯有“接地气、冒热气、有力度”的政策措施才能有源头活水。现在的年轻人追求个性化，未来中国会出现无数个小众品牌，而这些个性化、私人定制将建立在小微企业创业精制的基础上。现在中等收入群体已超 4 亿人，市场消费能力将有爆发性的增长，新零售也将被最大限度地发挥，那些能吸纳中低端就业的传统零售业、便利店、小菜场、小超市、夫妻店等，将成为线上销售无法完成的新式线下实体店。线下实体店虽然没有线上的便捷，但却能在体验消费中带来快乐，正所谓线上线下有机结合，打通线上线下新零售的时代已经来临。实体店通过数字化实现赋能，让销售有更多的体验场景，消费者从中提升了选择购物的美好体验。阿里巴巴巨资收购饿了么，这笔中国互联网发展中的天价收购显示着中国新零售拉开新的大门；盒马“半小时达”、超市“一小时达”，使到店服务与送外卖服务联系，实现线上下单、门店发货、两小时到达的新零售三公里理想生活圈。目前各种形式的零售实体店经过线上重组，合纵连横，方兴未艾。外卖服务本是当地生活服务的一个重要切入点，饿了么领衔的外卖服务与口碑尚好的到店服务联手，使阿里巴巴生态拓展到全新的本地生活服务领域，开拓了更多的新市场，也创造了更多的新就业，从新零售走向新消费，迈出的是跨越式的一步。前些时候还是一片网购秒杀实体店，如今已是各大互联网巨头纷纷抢购线下端口的实体店，开始跑马圈地。实体店的复活也给吸纳农民工就业拓展了新渠道。

实施乡村振兴战略中，尤其要扶持“城归”发展极具潜力的农产品就地初加工、乡村旅游、农村电商等。有许多深山老林需要另眼相看，这些地方虽风景宜人，但因山高路远，在工业化、城镇化快速开发期错过了机遇，现在却迎来“绿水青山就是金山银山”的生态旅游好时机。2018 年 9 月，我到山东尼山，看到有名的无锡灵山集团投资开发湖光涟漪的山庄胜境，偌大的文旅项目中占员工总数 80% 的餐饮、保洁、保安等服务人员几乎都是农民工。大力释放“城归”返乡创业的能量，运用税费减免、创业培训、政策性金融服务、小额贴息贷款等扶持政策，使“城归”成为回报家乡、惠及乡里和培育县域经济新增长点的“香饽饽”，成为建设产业兴旺、生态宜居、乡风文明、治理有效、生活富裕新农村的先行者。中国是一个有非常多年轻人创业的国家，每年有数百万家新注册的企业，这就有创业企业存活率需要提高的问题。世界上年轻人创业大都如此，能坚持一两年不倒闭且仍有经营活动的不多，由此对“城归”返乡创业要有所宽容，容许失败，对创业不成功的，仍可参加国家给予补贴的技能培训，鼓励其谋求新的就业，这也是对“城归”返乡创业的政策性保护。

新一轮精准扶贫和可预见的持续扶贫，国家人力、物力、财力、行政资源的巨大投入和乡村振兴战略的实施，形成了前所未有的多种资源的集合力量，给贫困地区劳动力就地就近转移和外出就业转移带来十分难得的机遇，投资产生的巨大市场需求拓展了就业空间，也拉动了农民工发展，提高技能培训补助给外出打工者插上“金翅膀”，普及高中教育及扶助职业教育从根本上阻断了贫困代际相传。到 2035 年，这些农村初高中毕业的“两后生”也将紧紧跟上全国技能劳动者提升步伐，同步进入技工时代。

那些非本地户籍不能从业等针对农民工就业的歧视性规定将随之而去，城乡劳动者平等就业权利将得到保障。

适应网络时代的发展，全国公共就业信息服务平台实时发出信号，使农民工从网上就能找到就业信息，实现“一机在手，信息全有”。移动互联网助推农民工消除就业信息不对称的烦恼，农民工将迎来体面劳动、充分就业的新时代。

二、上岗有技能

中国将迎来技工时代，我国经济由高速增长阶段转向高质量发展阶段需要人力资源协同发展，需要劳动力素质提升的支撑。众多农民工适应产业由中低端走向中高端的要求，成长为知识型、技能型、创业型劳动者，迫切需要大规模的、卓有成效的技能培训，适应新业态，打造新工匠，造就庞大的农民工技工大军。在建设现代化国家的征程中，农民工将告别大多数是普工的时代，进入大多数是技工的时代。2018 年 3 月，中共中央办公厅、国务院办公厅印发《关于提高技术工人待遇的意见》；同年 5 月，国务院出台《关于推行终身职业技能培训制度的意见》，针对中国技工发展的物质待遇、社会地位、技能培训等关键问题，从国家制度设计层面作出了明确部署。促进高质量培训，尤其要充分发挥企业培训劳动者的主体作用，适应产业升级需求，采用政府补贴培训、企业自主培训、市场化培训等方式，支持企业大规模开展职业技能培训，致力于培养新时代高技能人才队伍。

（一）大规模开展职业技能培训

国际经验和中国实践证明，职业技能培训是以较少投资实现较快提升农民工职业技能素质的现实途径。将农村“两后生”纳入职业技能培训制度是基础工程，实施新生代农民工职业技能提升计划，推行工学结合、校企合作的技术工人培养模式，推行企业新型学徒制，提高技术工人待遇，完善职称评定制度，推广专业技术职称、技能等级同大城市落户挂钩的做法，最大限度地激励新生代农民工努力学习新技术。将农民工培养成为现代产业工人，适应产业升级对就业的新需求，当务之急是需要突破性的改革措施，大力从数量和质量上提升农民工技能，这也是支撑经济转型的远见之举。

作为“国家培训工程”，要进一步大力实施全国农民工职业技能提升计划。人力资源社会保障部等相关部门每年培训农民工 2000 万人以上，可使大多数农民工实现从普工到技工的“华丽”转身。特别是有针对性地为非科班出身的“乡土”技能人才举办技师培训班，为那些实际掌握高技能的农民工补上必要的职业技术文化课，是补短板的实招、解难题的真招。实践证明，现阶段行之有效的培训方法主要有以下五种。

● 技工院校开展职业技能培训

1. 依托技工院校、中高等职业院校、职业技能实训基地等，对转移到非农产业务工经商的农村劳动者开展就业初级技能培训，每年培训 1000 万人次。

2. 鼓励企业结合行业特点和岗位技能需求，对与企业签订一定期限劳动合同的在岗农民工进行技能纵向提升的在岗培训，每年培训农民工 1000 万人次。

3. 对具有中高级技能提升潜力的农民工实施高技能人才培训，每年培训 100 万人次，尤其是有针对性地为他们举办技师培训班。

4. 开展城市社区公益性培训。

5. 面向农村未继续升学的初高中毕业生开展劳动预备制培训。

（二）改革农民工技能培训投入机制

加大对农民工的人力资源开发力度，当前十分需要突破部门利益的藩篱，加大对农民工培训资金投入的统筹力度，整合政府分散在多个部门的培训资源，改变“碎片化”现状，形成精准培训的有力拳头，将农民工培训资金列入政府财政预算并逐年增加，带动形成可持久的政府、企业、个人共同承担的农民工培训资金投入机制，将培训资金的雪球滚大。

农民工培训不仅补贴资金分散在政府不同部门、不同项目，而且补贴额度也明显不足，不少仍停留在10年前的水平。全国农民工技能提升计划统筹了“春潮行动”“阳光工程”“雨露计划”等相关部门的培训资源，但各部门培训补贴标准差别较大，最高的1300元/人，最低的400元/人，这很难适应新业态技能培训的基本需求。对症下药就要实施改革，鼓励贫困县先行先试，统筹整合政府多部门培训资金，将中央、省、市补助资金在县级捆绑使用，发挥农民工培训资金集中投入的集合效益，提高培训精准度。

到2025年，随着产业升级的带动，中国农民工都能够得到一次以上由政府提供补贴的实用技能培训，基本消除新成长劳动力无技能上岗现象，实现农民工技能素质提升的历史性变化，从总体上缓解农民工就业和招工“两难”的结构性矛盾。近年来，民营培训机构发展迅速，天坤国际、东莞智通等一批知名培训机构形成了品牌，为提升农民工技能水平发挥着灵活性强、实用性广的助推作用。

（三）对贫困地区农民工实行技能特培

贫困地区农民工已经成为农民工的主要来源，特别需要加大对其进行技能培训的投入，这也可以从根本上解决劳务输出组织化程度低的问题，推动农民工由体力型向技能型转变。2017 年 5 月中下旬，我就劳务输出及教育扶贫问题赴乌蒙山区四川省凉山彝族自治州会理县、普格县，六盘山区甘肃省定西市安定区、天水市甘谷县和秦安县，以及湖南省芷江县进行入户进村调研和问卷调查。从集中连片贫困地区的实际情况来看，短期脱贫靠就业、中期脱贫靠产业、长期脱贫靠教育，只有出台实实在在的政策措施才能激励认认真真的脱贫攻坚。四川省建立实名制劳务输出脱贫数据库，将精准就业脱贫落到实处，对有效解决多年来有些地方农民工底数不清、重复计算、越报越多的顽疾问题，是釜底抽薪之措。甘肃省将贫困乡村与企业直接对接劳务输出，有效解决了多年来输出地与输入地用工信息不对称的问题。甘肃省定西市安定区统筹整合政府部门农民工技能培训补助资金，有效解决了多年来培训资源过度分散的问题。甘肃省定西市和四川省会理县集中资金在职业技术院校开展快递物流、家庭服务业等新业态技能培训，适应技能脱贫对农民工技能提升的需要。组织外出务工经商和鼓励“城归”返乡创业可以实现合理双向流动，实现“创业一人、脱贫一拨”的持续拓展。有了经济实力，就地兴办幼儿园可以解决留守儿童问题，使留守妇女、留守老人在乡村振兴战略中能有看得见、摸得着的现实获得感。

调查发现，深度贫困地区外出打工的“七九现象”突出，集中连片特困地区务农的收入低。我在地处湘桂边界的湖南省碧涌镇看到街上卖的产品多是鸡蛋、瓜子，卖给农民的多是城市过时的中低档日用品，当地劳动力外出打工的比例占到 70% 以上，而且由于贫困户文化水平偏低，外出打工从事苦、脏、累、险普工的比例占到

90% 以上。目前农民工劳务输出有部分回流，大都是在珠三角、长三角等地产业升级中的普工退出，或是年龄较大的老一代农民工回乡，也有的农民工在产业扶贫政策吸引下返乡搞农业规模经营或合伙兴办农业企业。产业升级正在倒逼农民工从体力型输出转向技能型输出，而农民工技能培训多数仍停留在传统行业，需要紧紧跟上家庭服务、快递、外卖、无线寻呼等新业态和民族特色产业发展的需求。

作者在江苏高淳陶瓷股份有限公司调研贫困地区农民工由体力型向技能型转变情况

攻坚需要特殊措施，对贫困地区农民工需要实施贫困地区扶贫特培计划。在国家农民工技能培训计划中单列扶贫特培专项，依托“雨露计划”“春潮行动”等，每年培训 200 万人。调查中实地测算，中西部大幅提升技能培训补贴需要人均每天 50～80 元的实际费用支出，而当前的人均 800 元已远远不够，需要提升至人均 3300 元。

（四）着力提升技能培训的有效性

解决培训与市场“两张皮”问题。当前劳动力在输出地培训的主要内容是由政府有关部门组织的一般性务工知识、政策法律常识、劳动维权知识等，培训低端化、初级化现象比较普遍，难以满足输入地企业普遍要求初级技工的需求，造成农民工进企业后还要接受重复性的二次培训，浪费了资源，也影响了转移就业。为走出这个花钱培训和再培训花钱的怪圈，贫困地区劳务输出培训既要加强政府相关部门的行政推动和资金投入，更要适应培训市场化的趋势，进一步发挥市场对农民工技能培训的决定性配置作用。鼓励乡村与企业直接对接培训，尤其是与大型快递公司、家庭服务企业直接对接，打造扶贫车间，使贫困地区初高中毕业的“两后生”学到技能、拿到证书、找到工作、增加收入、稳定脱贫。

加快补齐技能人才不足的“短板”，挖掘现有技能人才也不失为一策。对贫困地区就地就近务工经商的农民工，可考虑以技能竞赛等形式发现和拔擢农民工技能人才。在贫困地区大力培养具有本地特色的技能人才，对高技能人才给予国家和省级技能大师工作室的扶持，发挥他们在吸引吸纳劳动力技能脱贫中的核心作用。

推动劳务输出要适应技能脱贫的需要。贫困地区职业技术院校和培训机构要开设家庭服务、快递、民族特色产品、农村电商和乡村旅游等专业。尤其要和有扶贫任务的大企业合作办班，实行“双元制”，既是学习，也是实操，既是校办工厂，也是企业车间。实行新型学徒制，学员是学徒也是技工，优秀的还可以是实习技师。

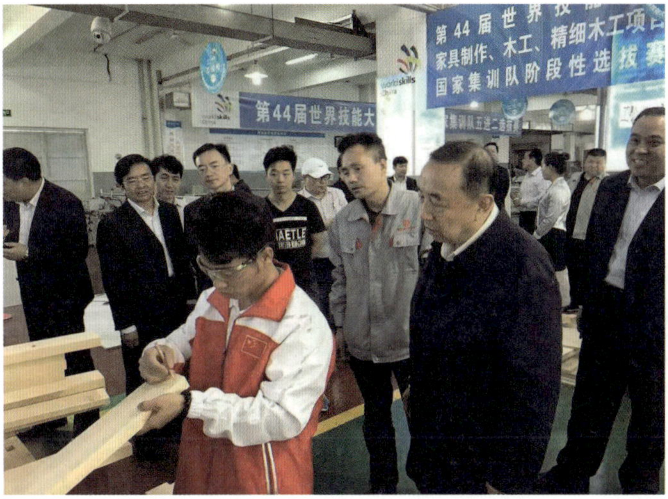

● 邢台技师学院培训农民工技工参加世界技能大赛

当前农民工技能培训与市场脱节，在家庭服务业中有明显反映。随着家庭服务业的发展，市场细分不断加快，仅家庭服务中就细分出月嫂、育儿嫂、小学生托管等，这些服务关系到中华民族下一代的成长，所需知识和技能已经远远超出了传统家庭服务，虽然还没有像德国、日本那样有专门的护理专业学校培养众多的护理专业人员，但城市中富裕群体、中等收入群体已经有能力购买这种市场细分的服务。即使是家庭保洁也引入了德国的福维克智能机器人，更有老年护理引入了芬兰的助浴机，还有海尔的扫地机器人等，快速进入家庭服务的人工智能新产品层出不穷，这些都需要经过特殊培训才能适应。家庭服务业的提升，不仅是技术、设备、管理的提升，更重要的是家庭服务业从业人员素质的提升。如不经过系统培训，缺乏技能就匆匆进入家庭的服务人员很难成长为一名称职的新型家庭服务业员工，往往只能是在城市“走一回”，这也是家庭服务业从业人员流动性大、“换手率”高的原因之一。加大职业技能培训力度成为推进家庭服务业发展的关键所在。由此看来，特别需要加大对家庭服务业从业人员培训资金的支持力度，根据高中低端职业技能培训的差异，实施不同的补贴标准。要把国家对精准扶贫的扶持与发展家庭服务业有机结合，从而大幅提高贫困地区从事家庭服务业人员的培训补贴标准。帮助家庭服务业从业人员由普工成长为初、中、高级技工和技师，使他们通过培训学到技能、稳定就业、增加收入，日积月累形成融入城市的“资本”。

三、劳动有合同

法治中国建设将推动中国农民工进入劳动契约化阶段。劳动合同在维护农民工合法权益、促进劳动关系和谐中发挥着基础性作用，是农民工获得体面劳动的基本保障。对各类企业经营者特别是小微企业经营者需要开展劳动合同法培训，指导和督促用人单位与农民工依法签订并履行劳动合同。每年春天用工旺季实施“春暖行动”，提升农民工劳动合同签订率。规范劳动合同文本，建筑业、餐饮业、家庭服务业等流动性大的行业可使用简易合同，将大量通过亲朋好友介绍而达成的口头协议转变为适用于农民工的简易劳动合同，下大力气改变边贸地区小微企业基本无合同就业的状况，从注重提高劳动工资走向注重改善劳动环境。完善适应家庭服务特点的劳动用工政

中国农民工进入劳动契约化阶段

策和劳动标准，督促家庭服务企业或中介机构根据具体情况与从事家庭服务业的农民工签订劳动合同或劳务协议。依法规范劳务派遣用工行为，积极推动劳动用工备案制度建设，以规范促发展。随着《中华人民共和国劳动合同法》在实践中的修改完善，探索一套适合农民工特点的劳动管理办法。

● 作者在广西凭祥调研中小企业农民工签订简易劳动合同试点情况

四、收入有提升

劳动报酬是农民工最直接、最关心、最现实的利益。建设现代化国家，要使劳动生产率和劳动报酬同步提高，工资的正常增长机制和支付保障机制应同步建立。

（一）“铁腕”根治欠薪

现在农民工工资拖欠已成为一个顽症，世界发达国家对欠薪都要重罚，中国治理能力现代化更需要加大清欠力度，攻克顽症，根治欠薪。从 2003 年国务院领导为农民工讨薪成为国内外报道热点，

● 作者带队的国务院农民工工作督查组到江苏常州督查解决企业拖欠农民工工资问题

那时拖欠农民工工资占 4%，到 2010 年下降到 1% 以下，再到近些年来拖欠人数逐年下降，2017 年已下降到 0.5%。现阶段在经济转型中，部分企业生产经营困难，一些地方拖欠农民工工资问题有所反弹。清理欠薪要重拳出击，攻克顽症须精准发力。在清理农民工工资拖欠的过程中，似乎每遇到经济波动都会伴随对农民工的欠薪。上下联动已成惯例，每年第四季度国务院都要开展农民工工作督查，其中清欠一直是重点，由国务院农民工工作领导小组成员（部级领导）带队，分赴各地调研农民工新需求，敦促解决欠薪问题，颇受全国各地农民工的关注和欢迎。

世界金融危机过后的 2009 年，督查重点就是清理拖欠农民工工资。当年受世界金融危机冲击，不少企业经营困难，清理欠薪出现反弹。针对当时建筑企业占农民工欠薪80%的这个大头，我带队到河北石家庄建筑企业督查欠薪，看到有一级资质承包大型建筑工程的都是“牌子硬”的大型建筑企业，而欠薪的基本都是分包商，有的甚至是“三包”到“四包”的中小建筑工程队，只要资金链一断裂，包工头就“跑路”。由于来时我带着起草进一步加大清理欠薪力度文件的任务，于是连夜起草了建议建立一级承包企业要承担分包企业欠薪责任的责任制、欠薪企业主跑掉要建立行政和司法联动的责任制，以及清欠要由各级政府“主官”负责的责任制，文件启动紧急报送程序后，很快获得国务院领导批复。当时以文件形式确定下来的是省级政府负总责，这样针对欠薪责任采取的“三制”责任制以明传电报下发，赶在元旦后春节前清欠进入攻坚期，发挥了很好的作用，以后在实践中逐步得到完善，被统称为联动清欠“三制”。

迎难而上，采取行之有效的办法，综合运用经济、行政、法律等手段攻克顽症，在易发生拖欠行为的建筑企业中推行工资保证金或银行保函制度，在有条件的市县建立由地方政府主导、先行垫支、通过资产变现进行补充的欠薪应急周转制度。完善并落实工程总承包企业对所承包工程的农民工工资欠薪负责制度、劳动保障监察执法与刑事司法联动治理恶意欠薪制度，以及解决欠薪问题属地管理、分级负责制度。县里清欠由县长负总责，市里清欠由市长负总责，省里清欠由省长负总责。通过制度切实提高了对欠薪事件的快速处理能力，依法及时妥善处置群体性欠薪事件，特别是将涉嫌拒不支付劳动报酬的犯罪案件及时移送公安机关，严厉打击欠薪犯罪。近年来，劳动保障监察机构建立欠薪企业黑名单，起到有力的震慑作用，同时对各级政府进行欠薪考核，直接将政府负责落到实处。

2012 年 1 月，中央电视台《新闻联播》播出农民工杨立学西安讨薪记，震慑了欠薪者，给农民工维护劳动报酬权益撑腰。尤其在春节来临之前，清欠往往剩下的都是硬骨头，需要硬碰硬的勇气和智慧，集中攻坚正是起到了清欠兑现、舆论支持、社会给力、震慑欠薪的作用。

治本则要从法律层面制定工资支付保障条例，从源头上杜绝拖欠工资问题。在世界发达国家中，欠薪行为都是要入刑治罪的，其中最为严厉的是瑞士，对于欠薪可以判处长达 7 年的监禁。从深层原因看，中国基于社会主义初级阶段的长期性、市场经济的趋利性、法律法规完善的渐进性等，治理欠薪有自身特点，往往需要冬病夏治，到攻坚期解决兑付问题，“两节”后研究治本之策。要做到的是三个“基本”：争议案件当年基本办结，当年工资基本不拖欠，群体性事件基本得到控制。尤其是在春节前这个节点上，集中治理要见实效，让农民工高高兴兴回家、欢欢喜喜过年。根治欠薪在近期内要实现基本无拖欠、中长期建设无欠薪国家，使欠薪在我国建设现代化国家的进程中成为历史。

● 农民工工资清欠工作取得显著成效

（二）落实收入提升有效措施

第一，大规模、多层次开展农民工技能培训，提高技能人才物质待遇和社会地位。从农民工输出地依靠民办培训机构开展引导性培训，转向依靠职业技术院校与企业开展“校企深度融合”的技能人才培养，壮大农民工技能人才骨干队伍。“十四五”期间力争将目前以培训机构为主向“40%依靠职业技术院校、40%依靠企业、20%依靠培训机构”转变，构建符合农民工技能人才成长特点的培养方式。发挥头部企业在产业技能提升中的引领作用，促进掌握先进技术的大企业成为创新型职业技术培训基地。通过世界技能大赛和国家、省、市、县、乡镇“五级”技能竞赛，发掘高技能人才。积极开发新职业，带动高技能人才占比提升。在职业技术院校增设就业快速发展的健康照护、网络配送和网络营销等现代服务业相关专业，全国建筑类职业技术院校与建筑大企业联办装配式新型建筑业人才实训基地。

第二，加强对农民工返乡创业的政策落地支持，使他们率先进入中等收入群体。针对当前农民工创业的“三难”（经营融资、园区配套、技能培训）问题采取行之有效的“五有”（政策有集成、创业有园区、技能有培训、融资有渠道、服务有实效）措施，使政策接地气、落实冒热气。

第三，更好发挥政府工资调控和引导作用。合理适度调整最低工资标准，明确最低工资保障目标及保障程度，把握最低工资标准的调整频率和调整幅度。建立和完善我国制造业人工成本监测制度，从不同方面观测和分析制造业人工成本的总体变动状况，作为制定工资收入宏观调控政策的一个重要依据。加强行业人工成本信息引导，引导当地劳资双方对本行业企业人工成本变动状况和变动趋势作出准确判断，慎重制定工资调整目标，积极开展工资协商并顺利达成共识。根治欠薪，依法惩处拖欠农民工工资及各类欠薪行为，维护劳动者合法工资权益。

第四，维护新就业形态劳动者收入权益。建立适应平台就业的劳动标准，避免“过劳”，实现体面劳动。研究明确最低工资适用细则，明晰特殊时期工资支付细则。进一步明确算法规则、参数管理，将派单机制和绩效考核、分配机制相结合，使算法优化。完善灵活就业的社会保险政策，取消或完善参加社会保险的户籍限制。构建劳资双方互利共赢的收入集体协商机制，让劳资双方沟通信息、互动思考、形成共识，协力拟定出符合双方利益诉求的实现生产率提高和工资增长方案的劳动协议。实施职业伤害保险，研究在线劳动争议仲裁、智慧监察，推进多种方式的劳动管理。

第五，增强农民工融入城市的消费意愿。完善农民工的社会保障，探索防疫期间失去劳动岗位给予城市最低生活保障的待遇，提高农民工对城市的认同，破除消费的“身份效应”，提高农民工消费预期。进一步改革城市户籍制度等一系列制度安排，让农民工与城市居民享受公平的基本公共服务，缓解农民工消费的后顾之忧，增强他们的消费信心。促进农民工融入城市和市民化，稳步增加收入，释放消费潜力。从“四融”（农民工融入企业、家庭融入社区、子女融入学校、群体融入社会）入手，“双轨”推动市民化进程，一个是就地就近在县城实现市民化，另一个是在城市扎实推进公共服务均等化。降低城市准入门槛，进行变革性制度设计，实现农民工从

"农村人"身份认同向"城市人"身份认同的转变。

第六，积极引导新生代农民工理性消费，促进中生代农民工扩大消费，鼓励老一代农民工合理消费。加强对促进农民工消费的舆论宣传，积极培育农民工健康理性的消费理念，大力宣传倡导丰俭有度、雅俗兼容的消费文化。用好各级各类媒体，构筑良好的消费宣传推介机制。围绕吃穿用住行和服务消费，适应农民工消费需求，保证基本消费经济、实惠、安全，加快吃穿用住行等一般消费提质扩容，鼓励和引导农民工增加通信、文化娱乐、汽车等消费。结合农民工消费结构和消费意愿，加强城乡消费市场建设，满足农民工消费需求。引导农民工树立正确的消费观念和消费习惯，鼓励合理消费、理性消费。在城镇化、市民化过程中推动农民工消费提质升级。加强适合农民工特点的消费信贷支持，不断丰富消费信贷品种，满足不同层次消费群体的贷款需求。

五、参保有办法

（一）参加城镇职工社会保险全覆盖

农民工融入城市的进程中，社会保险是实现稳定就业的助推器和生活保障的安全网。社会保险人人享有将是中国建设现代化国家中农民工的贡献和分享体现，农民工从先参保后规范、边参保边规范走向以规范促参保。城乡劳动力参保实现权利平等，就要在今后一个时期内聚焦扩大农民工参加城镇职工社会保险覆盖面，尽快实现养老保险全国统筹，使灵活就业农民工参加城镇居民基本养老保险。建立全国统一的社会保险公共服务平台，使农民工能够顺畅地进行城镇企业职工基本养老保险关系转移接续和流动就业的异地养老保险转移接续，解决多年来农民工流动性大却不能转移接续领取养老金和看病就医报销的问题，保障他们“不管到哪儿干，养老保险接着算”。厦门、珠海对农民工参保缴费基数依据当地社会平均工资和私人企业平均工资的平均数进行了合理调整，做到了农民工养老和医疗保险全覆盖，为农民工参加城镇职工社会保险作出了有益探索，提供了新鲜经验。其核心是因农民工参保缴费人数大幅增加，基金基数扩大，所占工资比例得到较大幅度降低。企业和个人缴费都少了，但覆盖面扩大了，年基金结余率还超过了未调整的年份，找到了政府、企业、个人利益的平衡点，为大多数农民工参加养老、医疗保险闯出了新路，探索了可复制的办法。要针对工伤保险由企业缴费的特征，努力实现用人单位的农民工全部参加工伤保险，着力解决未参保用人单位的农民工工伤保险待遇保障问题。推动农民工与城镇职工平等参加失业保险、生育保险并平等享受待遇。对劳务派遣单位或用工单位侵害被派遣农民工社会保险权益的，依法追究其连带责任。强化企业和个人缴费责任，鼓励农民工积极参保、连续参保，真正实现社会保险记录一生、服务一生、保障一生。

（二）家庭服务人员的特殊政策

家庭服务业从业人员的特殊性决定了要有相适应的社会保险政策。当前家庭服务业从业人员大都是由中介机构和亲朋好友介绍，员工制企业尚处于加快发展之中，因此对员工制家政服务员实施由政府给予社保补贴，在此基础上探索将政府补贴扩大到中介制和自雇式家政服务员，中介制家政服务员可参加当地城镇居民基本医疗保险，自雇式家政服务员按灵活就业人员参保。参加新农保可以到城市转移接续，解除家政服务员的后顾之忧。鼓励商业保险机构和有条件的企业本着薄利、微利的原则，开发针对家政服务员的意外伤害保险，不能让意外伤害险成为一些保险公司增收的渠道。2015年，我在甘肃省白银市调研家庭服务企业时，看到有些名气不小的保险公司竟然让每个家政服务员年缴纳200元的意外伤害险，因人多、赔付率低而使保险公司收益很多，这比每天进行体育锻炼的大学生的缴纳水平还高。我随即和国务院家服办以及一些大型家庭服务企业进行沟通，使很多家庭服务企业与保险公司对接后将缴费降低了约一半。

中国新型社会保障体系经历了30多年的艰辛探索，获得了与市场经济体制相适应的成就，大多数农民工已经参与进来，约有5000万农民工参加城镇职工社会保险后也受惠其中。但从大多数农民工尚未参加城镇职工社会保险看，仍需要有效的行动方案，更需要形成新时代背景下的社会保障共识。

妥善处理老一代农民工历史欠保问题，整合经办资源，优化业务流程，增强对农民工的社会保险服务能力。老一代农民工补缴社会保险是一个历史问题，也是一个经济难题。从东莞裕元鞋厂补缴欠费的事件看，解决这一问题需要政府推动、企业和个人分担，更需要进一步探索有效解决的办法，以使老一代农民工退出劳动力市场后，老有所养、老有所依、老有所乐。

农民工市民化不能回避的问题是，目前尚有2.3亿农民工承载的劳动强度最大却参加了待遇相对较低的城乡居民养老保险。由于城乡居民养老保险起步晚，缴费一般仅相当于城镇居民的10%左右，这不足以支撑农民工退休之后享受城市社保基本待遇。尽管农民工参加城乡居民养老保险缴费低，但与城镇职工参加社会保险相比，如果农民工不参加城镇职工基本养老保险，企业应缴的那部分也就没有了。农民工在城市务工经商辛苦几十年，到领取养老金待遇时，却因较低的社会保险而不能共享企业和城市发展成果，这其中蕴藏着劳动关系冲突风险。

（三）加强农民工健康保护

建设健康中国要将加强农民工健康保护提上议事日程。既要加强安全生产监管，使事故对农民工造成的损害降到最低，更要在公共卫生中将农民工作为重点群体加以关注，特别是要在尘肺病农民工的存量上加强排查救治，在增量上给予有力根治。按照项目工程费参保缴费办法将在建设项目中流动就业的农民工全部纳入工伤保险范围，工伤保险的重点应该聚焦于从事苦、脏、累、险工种的农民工，使农民工受益于预防、领取待遇、康复一体化发展的工伤保险。

当人们面对城市中一栋栋高楼大厦的拔地而起，看到老旧房屋、楼房的拆除时，不知可曾想过，那里有很多是农民工患职业病的场所，无论是盖高楼、打地基，还是下矿山、井下作业、电镀、石棉加工等，都是老一代农民工易患尘肺病的地方。现在除部分患尘肺病的农民工有工伤保险可以得到医疗救治外，还有相当数量的农民工等待诊断和救治，湖南等地已经开始探索政府、企业和社会救助三方合作解决的路径，“大爱清尘”等机构以坚韧的毅力多方筹资，积极推进社会公益救治尘肺病农民工取得明显成效。

六、子女有教育

子女有教育，这是农民工的新期待。农民工在城市里早上上班、晚上收工，看到城市里的中小学生背着书包去上学，不免联想

关注农民工子女受教育情况

到自己的子女，尤其是“80后”“90后”农民工对这方面的愿望更加强烈。2013年以来，中央加大力度，推进精准扶贫，努力让每个孩子都享有公平有质量的教育，使绝大多数农村新增劳动力接受初高中阶段教育，发挥教育阻断贫困代际相传的治本作用。实践证明，长期稳定脱贫要靠教育。

保障农民工随迁子女在城市接受教育，寄托着广大农民工家庭融入城市的愿望。党的十八大明确将这项任务纳入各级政府教育发展规划和财政保障范畴，合理规划学校布局，科学核定教师编制，足额拨付教育经费，保障农民工随迁子女以公办学校为主接受义务教育。2017年，86%的农民工子女进城接受义务教育实现“两为主”（以公办为主、以政府支持为主），但仍需继续扩大至基本解决，在实现小康的道路上，一个也不能少，一个也不能掉队。对暂时未能在公办学校就学的，采取政府购买服务等方式，保障农民工随迁子女在教育质量有保障的普惠性民办学校接受义务教育的权利。

积极促进农民工随迁子女融入学校，尽快建立以居住证为主要依据的随迁子女入学政策。拥有居住证是克服户籍制度、住房制度不足，以及保障农民工享有基本公共服务的政策性措施，具有一定的刚性，进而可拓展农民工随迁子女享受“同城待遇”的服务能力，打通服务农民工随迁子女接受教育的“绿色通道”。在收费、资助、学籍变动、评选表彰、升学等方面，农民工随迁子女与同城学生一律平等，有效避免农民工随迁子女“标签化”，让农民工随迁子女在融入学校过程中体会到人文关怀。

大力发展普惠性学前教育，充分考虑农民工随迁子女接受学前教育的需求，配套建设城镇幼儿园，并采取政府购买服务等方式引导和支持民办幼儿园为农民工随迁子女提供普惠性服务，指导和帮助幼儿园提高教育质量。要推动各地建立健全并落实好农民工随迁子女接受义务教育后在流入地参加升学考试的实施办法。目前已有京津冀等 28 个省份的 41 万名符合条件的随迁子女在流入地参加高考（含职业技术院校）。国家“十四五”规划提出，要保障农业转移人口随迁子女平等享有基本公共教育服务，高中阶段教育毛入学率提高到 92% 以上，大力培养技术技能人才。我国职业技术教育发展的高峰和农民工提升技能的高峰将交汇在一起，为农民工开辟掌握技能的“绿色通道”，使农民工肩负起提升中国劳动者技能的重任，成为中国技能大军的骨干力量，同时也将逐步与大学毕业后成为工程技术人员的大学生享有同样的薪酬待遇和得到社会的认可。

贫困乡村义务教育师资力量薄弱、教师队伍不稳定的问题仍然突出。这不能不说和当地专科变本科、大规模扩招的后续效应有关，全国大多数地市原本都有为中小学培养师资的师范中专和培养县乡医疗卫生机构人才的卫校。地市师范中专、卫校调整升格为本科院校后，“脱乡进城”是一个不容回避的问题，致使贫困地区中小学师资持续匮乏，影响着农村留守儿童的教育质量，也影响着农业劳动力的早期培育。尤其是大批农民工随迁子女进城接受义务教育，县城和中心集镇的小学“大班额”问题突出，农村幼儿教师更显短缺。治本，要在有效的思想引导下加大物质待遇的杠杆“撬动”力度，只有足够吸引人、留得住人的物质待遇和足够的职业上升通道，才能使到基层工作的教育和医疗服务人员日渐增多。

就连赫赫有名的北京市人大附中，在新建的西山分校中也有农民工子弟。分校校长刘彦告诉我，进入他们学校的都是成绩很好的学生，那些农民工子弟学习异常刻苦，虽没有很好的辅助学习工具，但凭着钻劲、拼劲，感染着同班、同年级的学生，给学生带来正能量。

七、住宿有改善

住上新房子，过上好日子，也是农民工的向往。在建设现代化国家进程中，居者有其屋的夙愿将实现，中国政府鼓励由“购”到“租”的政策也在吸引着农民工，这就需要各级政府统筹规划包括农民工在内的城镇常住人口规模和建设用地面积，推进以满足农民工为主的新市民需求为出发点的住房制度改革，把农民工纳入城镇公租房等住房保障范围。完善住房保障制度，采取廉租住房、公共租赁住房、租赁补贴等多种方式改善农民工居住条件。在新型城镇化进程中，明确农民工集中的开发区和产业园区可以建设单元型或宿舍型公共租赁住房，农民工数量较多的企业可以在符合规定标准的用地范围内建设农民工集体宿舍。探索由集体经济组织利用农村集体建设用地建设公共租赁住房，把进城落户农民工完全纳入城镇住房保障体系。加大支持农民工进城租房购房力度，简化农民工申请公租房流程，放宽农民工申请公租房条件，将一定比例公租房定向分配给农民工，有条件的地方可以向农民工发放租房补贴，鼓励农民工租赁住房。2015 年，我到无锡实地察看了解决新生代农民工租赁住房的青年公寓，一个小区可容纳近万名农民工，配有商品小超市、计算机室以及简易的文化体育活动设施，企业给予一定租金补贴。这样的公寓农民工租得起、住得好，很受欢迎。2018 年 1 月，

无锡新城青年公寓

我到哈尔滨森鹰窗业股份有限公司与农民工座谈，该企业有800名农民工，占员工总数的76%，约有1/4的农民工租购了在厂区附近开发的商品房，企业给予一定额度的贷款贴息支持。该企业副总经理介绍，农民工有了房子住，小孩就可以就近入学，在企业干活儿也很安心，企业发展就有了稳定的人力资源。

中国的大城市都是居住条件好的地方，也是农民工高度集中的地方。有归属感是新生代农民工的心愿，无论是从吸引年轻而又有技能的人力资源来看，还是从城市所需的基本服务来看，繁荣城市需要他们，他们是不可或缺的，何况新生代农民工给日益进入老龄化的大城市带来了年轻的活力，也提供了新人口红利。在城市规划住宅时，要千方百计汇集多方力量，给农民工划出栖身之地，甚至可多渠道建设便捷入住的租购房。城市提供的集体租赁房或企业提供的集体宿舍，都受到农民工的欢迎，特别是那些位于特大城市、大城市城乡交错地带的小户型租赁房，一方面给农民工提供栖身之地以便更好服务城市，另一方面也给城郊农民带来稳定的租金收益。要鼓励有条件的农民工购买共有产权房，更重要的是让农民工切身感受到城市美好生活的可望而又可即，让农民工在住宿条件改善中有逐步提升的获得感。此外，还要创新金融产品，为农民工租购房提供优惠的金融服务，提高农民工租购房支付能力。

在改善农民工住宿条件方面，“十一五”时期重点解决的是“通铺变床铺”，“十二五”时期重点解决的是“工棚变工房”，“十三五”时期重点筹划的是“工房变公寓”，使农民工住宿由“地下”转为“地上”。2007年，重庆市建设了面向农民工的阳光公寓，以每天每平方米1元的价格租给农民工，其特点是“小户型、低门槛、政府补贴、滚动出租”。2010 年，重庆建桥工业园区又建设了条件更好的蓝领公寓，主要提供给农民工使用。当时正赶上房地产去库存的机遇，与其让房屋空置，不如考虑由政府补贴出租给农民工，一方面发挥“房子是用来住的”作用，另一方面也解决农民工的住房问题。2018 年 6 月，北京市提出，未来 5 年将新供应 50 万套租赁住房，主要在集体建设用地上开发建设，其中将建设一部分租赁型职工集体宿舍，每间房不超过 8 人。这对于众多的农民工来说是一个利好的消息，在租购房价格很高的一线城市已是不易，也给很多住在地下室的农民工由“地下”转为“地上”带来可能，为解决大城市、特大城市农民工住宿问题发挥了先行示范作用。

● 北京推出租赁型集体宿舍

“十四五”期间要大力发展小户型、低门槛、有补贴、滚动租的城市租赁住房。“小户型”主要指 40/60/80 平方米的中小户型租赁住房。“低门槛”主要指进城务工经商的农民工就业半年以上的就可申请小户型租赁住房。这和现行的鼓励农民工就业的统计口径和随行子女申请接受城市义务教育的条件相衔接。“有补贴”主要指政府和企业给予农民工租房30%～50%的补贴，减少农民工租房压力，提供人口结构优化、劳动力资源稳定的支撑条件。“滚动租”主要指农民工一般倾向于一个租期3～5年，而且多数随着在同城就业相对稳定，希望能够滚动租房10年或更长时间。这样农民工在打工10年后或到20年，可按房屋“重置价”购买，实现有利于农民工市民化租购链条的良性循环。采取廉租住房、公共租赁住房、租赁补贴等多种方式改善农民工居住条件。“十二五”“十三五”期间已建成的5000万～6000万套城市保障房已基本满足了中低收入者住房需求，“十四五”期间建设的城市保障房中应有2/3为适合农民工特点的小户型租赁住房。完善商品房配建保障性住房政策，农民工集中的开发区和产业园区可以建设单元型或宿舍型公共租赁住房，农民工数量较多的企业可以在符合规定标准的用地范围内建设农民工集体宿舍。探索由集体经济组织利用农村集体建设用地建设公共租赁住房。此外，应把进城落户农民工完全纳入城镇住房保障体系。

出台相应的金融支持、减税降费等配套政策。鼓励有条件的企业自建职工宿舍，且金融服务配套政策要跟上。“城市农民工小户型租赁住房”采用的是租赁经营模式，集中投资额大，回收很慢，周期很长，目前市场上又没有相应配套的长周期金融产品来支持。同时，进一步加大税收优惠政策支持力度。

新需求创造新供给，新供给引导新消费。“十四五”期间，大力发展小户型城市租赁住房，满足农民工的新需求，将使农民工住房条件有显著改善，同时，能更好地拉动经济增长。按照“十三五”期间农业人口每年转移1000万测算，“十四五”期间建设2000万套 40/60/80 平方米中小户型租赁住房，按照每平方米建筑和装修的均价 5000 元测算，将拉动建筑产业约 10 万亿元，拉动租房消费约 1300 亿元。允许城市商品房“一门多户”，打通房地产市场的堵点，能够有力地支持农民工随迁子女在城市接受义务教育，有效地解决农村留守儿童难题，促进农民工市民化。如果把农民工转为常住城镇户籍，即使工资没有太多提高，也是未来拉动中国经济最具持续性的消费潜力。

八、维权有渠道

法治中国给农民工带来福音，让农民工的腰杆挺直。畅通维权渠道、维护农民工合法权益是农民工工作最基本的职责。维护农民工权益有法可依的总体框架已经形成，德国有劳动法院，中国有被世界称为“柔性调解”的东方经验。针对农民工劳动争议多数为简易案件的特点，实行切合实际的简易劳动争议仲裁，建立农民工劳动争议申诉“绿色通道”，提高农民工集体劳动争议的处理效能，在实践中探索“鼓励和解、强化调解、加快仲裁、衔接诉讼”的办法，及时公正处理农民工劳动争议。对一般小额案件宜采取简易仲裁，现实中往往是“两头摆平，就是水平”。北京市海淀区聘请近百名既有法律专业知识又有实际工作能力的专家，创出了大多数劳动争议案件都能通过调解来解决的经验。2010 年，从快速处置石家庄三聚氰胺营销人员跨省集体劳动争议等突发性事件中，我深感建立由人力资源社会保障行政部门主导，工会、企业代表组织和主管部门三方共同参与的突发性、集体性劳动人事争议应急调解协调机制十分必要。

要加强劳动保障监察，完善劳动保障违法行为排查预警、快速处置机制，健全举报投诉制度，及时受理和依法查处用人单位侵害农民工权益的违法行为。加大对农民工司法救济力度，加强基层法律援助机构和法律援助工作站点建设，开辟农民工法律援助“绿色通道”，使农民工及时便捷地获得法律援助。完善农民工法律援助案件异地协作机制，方便农民工异地申请获得法律援助。北京义联劳动法援助与研究中心 10 年来为农民工提供服务 18 万次，直接解答法律咨询 3.5 万件，接待来访咨询 2.6 万人次，代理法律援助案件近 9000 件，为农民工挽回经济损失 3.8 亿元。

加强法制宣传教育，不断提高农民工及用人单位的法治意识和法律素质，让法治精神根植于农民工心田，让法律真正成为农民工维权利器，引导农民工合法理性维权。2017 年全国两会期间，在全国政协工会界委员提交的提案中，关于农民工维权的占 1/3 多。

2011 年在青岛市召开的劳动权益专题研讨会上，可以看出在每年约 70 万件的劳动争议案件中，一般 5 万元以下的小额案件适用于调解，5 万 ~20 万元的中等额度案件适用于仲裁，20 万元以上的大额案件需要走诉讼程序。其中，众多的中小额案件可以通过说服加以解决，这体现出中国特色的“说服”智慧和构建和谐劳动关系的艺术。“说服”的学问在中国古已有之，大量被称为“智者”的说客，上至说服统治者，下至说服劳动者，无不体现着中国特色的“说服”智慧。现代社会中，竞争无处不在，面对企业与劳动者劳动争议日益增多的大环境，有必要掌握“说服”的艺术和具备“说服”的能力。

● 作者在烟台市调研农民工权益保障情况

2012 年 8 月，我到北京市昌平区实地调研建筑业农民工工资无拖欠昌平示范区的情况。时任昌平区人力资源社会保障局局长的赵海英介绍，来昌平区投资的企业多，铺开的工程面大，吸引着越来越多的农民工前来参加建设，高峰时达到六七十万人，劳动保障监察工作量比以前多了 10 多倍，但越是任务重越必须守住不欠农民工工资的底线，这样才能温暖农民工的心。昌平区建设的科学城等重点工程基本实现了农民工工资无拖欠，如发现拖欠，一天之内就可以解决。

维权要有理有据有方法。北京市朝阳区劳动争议仲裁中心聘用了 80 多名有法律专业背景的调解人员，帮助农民工维权。各地在创建和谐劳动关系示范区的进程中，有力地促进了农民工劳动合同签订率、职业技能培训率、工资正常增长率、社会保险参加率、职工满意率和企业满意率“六率”的显著提升，这些都为畅通农民工权益维护渠道作出了有益探索。

● 北京市昌平区打造农民工工资无拖欠示范区

九、生活有文化

（一）农民工文化的兴起

文化是农民工融入城市的精神家园，农民工发展过程中创造了物质财富，也创造了精神文化财富。农民工文化是农民工群体自改革开放以来形成的思想、理念、行为等，经由这个群体的种种活动反映出来。自 2011 年首届全国农民工春晚举办以来，凡是农民工题材的文化活动都能迅速扩散，获得大量的关注。近来似乎有农民工文化热的势头，无论是文学还是艺术，只要与农民工有关就不怕不火。女农民工范雨素的自传小说《我是范雨素》一经放到网上，就有上千万次的点击率，成为“网红”，说是网络作家也不过分。“大

“大衣哥”朱之文

衣哥”朱之文一曲清唱赢得众人赞誉，成为歌星。就像世界杯足球赛场上，有谁踢出好球一下子就上了头条，这种农民工文化生活的“富矿”十分需要挖掘和开发，它和知青文化、军旅文化一样，也会形成农民工特色文化。尤其是新生代农民工，在紧张、快节奏的劳动之余，已经将从学校生活中养成的文化娱乐习惯带入工厂生活，只要有条件就上网，工余时间与好友结伴进入城市消费，城市生活既吸引又感染着他们，进而激励他们创出一个又一个动人的文化故事。

2018 年 4 月 4 日，《今日头条》以最快的速度报道了一个“奇葩”，外卖小哥雷海为与北京大学才子彭敏在中国诗词大会总决赛中对决，这位奔走于街头巷尾的外卖小哥竟然击败了中国诗词大会最具竞争力的青年才子，给人们送上了一个意外的惊喜。雷海为是一名新生代农民工，每天奔走在杭州街头送外卖，风里来雨里去，每天在方圆 2.5 千米的接单半径内周转 50 多趟。他随身携带《唐诗三百首》，在等待取餐、等候交通信号灯或者休息间隙都背诵和朗读古诗词。他自己说，一单外卖送到了，一首诗也就背会了，心里特别高兴。他一有空就跑到书店自学诗词格律，有时舍不得买书，就把喜欢的段落背下来，晚上默写出来，真正做到了“读万卷书，行万里路”。他以“身在一隅、心向璀璨”的心劲和“朴实无华、勤学苦练”的韧劲，在中国诗词大会最后也是最为关键的抢答中战胜了对手。北京大学才子彭敏觉得在经验、头脑和知识储备上，相对于雷海为自己几乎没有短板，唯一留给雷海为获胜的机会就是心态，最终也恰恰是因为彭敏求胜心切导致失误。在大家都屏住呼吸静静地等待最后一搏时，雷海为展示出农民工特有的定力，内心笃定，坦然应对。应该说这位特别的外卖小哥荣获冠军当之无愧，亿万农民工中总会有奇才显露。正如雷海为初登诗词大会舞台时自信地说出“千淘万漉虽辛苦，吹尽狂沙始到金”，他凭着对诗词的热爱，坚持学习背诵13年，在人们看来枯燥无味的快递工作也无法按捺住他内心涌动的诗意，反而在枯燥中寻到乐趣、在劳动中产生创意，也正是这种内心深处没把夺冠看得过重的心态，让他在最后的决战中消除成败得失的顾虑，以前只能在电视机旁看别人得奖，而今却在摄像机的聚焦下绽放自我，让璀璨成为现实。

农民工雷海为参加中国诗词大会

仅仅过了20天，2018年4月24日，一段“抹灰哥”工地练书法的视频在网上蹿红。温州建筑工地“90后”农民工石建国干了5年的粉刷抹灰，业余爱好是写字画画。视频中，阳光帅气的小哥头戴工程帽，正挥笔写下刚毅又隽秀的“落云”二字。放下毛笔，小哥站在室内的钢架上，开始粉刷墙面，抹灰、练字，交替进行。

● “抹灰哥”练书法

这段工地练字的视频被推上热门，让28岁的石建国瞬间进入大众的视野。人们纷纷评论，有梦想的人就值得尊敬，《人民日报》官方微博也为他点赞：“有梦想谁都了不起。”好样的，抹灰哥！

新生代农民工带着时代气息，总是想方设法拓展文化生活，而企业举办的活跃农民工文化生活的活动也越来越多。在贵州正安吉他创业园区里，农民工平日里做吉他，企业利用休息日组织几百名员工弹吉他的场景令人惊叹。北京新发地是有名的农民工聚集地，企业利用业余时间劳逸结合地举办迎“五一”羽毛球比赛，场地上写着“我干活，我奋斗；我打球，我快乐”的口号，体现了新生代农民工昂扬向上的精神风貌。

● 贵州正安500名农民工集体弹吉他

新发地农民工迎“五一”羽毛球比赛

2010年5月，我到中国艺术研究院调研。院长介绍，这里是国家一流艺术家聚集地，不少艺术家对创作农民工题材都有炽热的兴趣并有很多优秀的作品。著名画家崔如琢告诉我，中国艺术研究院青年女画家文蔚集“画、诗、书”于一体，也有农民工题材的画作。当我看到文蔚那生动反映农民工生活的《过年》《打工》《家庭》《月月红》等多幅作品时，那厚实、质朴、自然而又富有人情味的形象塑造，让我深受感动。她早在上学期间就跑到西北，悉心观察老一代农民工的就业和生活，对劳动大众进行了细微观察和思考。她将西北的采风和写生的阅历记忆内化为一种关爱农民工的情怀，从而使她的绘画题材比常人多了一层感悟，接地气，温馨而厚润。在她的农民工题材作品中，无论是集市上的停车卖货，还是农家乐里乡土菜饭的热闹场景，都勾画得神采飞扬、热情明快，将鲜活的现代农民工生活情态融入传统笔墨中，意趣丛生。她对农民工的生活与时代变迁进行了传神的提炼与描绘，笔下的西北农民工是她记忆与构思中的文化家园，她将西北农民工生活的多样性与生生不息的进取精神充分体现了出来。同样，2016 年，著名画家何家英告诉我，中国艺术研究院画家李传真正在潜心给农民工绘画，随后我去李传真的画室看了她获奖的反映农民工生活的油画。李传真告诉我，自己从农村考上大学，亲戚朋友很多都是农民工，很多农民工劳动和生活的场景长久留在她的脑海中，在中央有关丰富农民工文化生活的号召下，就创作了几幅农民工的画作。中国艺术研究院宋彦军等优秀中青年画家也纷纷加入画好农民工的行列。2018 年 6 月，我到宋彦军画室座谈，他讲道，每天下楼取快递、接快餐，不管刮风下雨，这些农民工都是忙忙碌碌，穿着朴素却可爱，他们的形象在其脑海里越来越深刻。研究院每年都组织他们“上山下乡”搞创作，他一下子就想到了这些，一气呵成地画出了农民工快递小哥的形象，得到大家好评。2016 年 10 月，我在农民工聚集的中国家具制造基地福建仙游，看到当地画家将女性农民工搞装修的场景画得非常逼真，如果没有长时间对农民工生活的实际观察和体验是很难创作出这样好的作品的。艺术的生命力在于生活，亿万农民工丰富的生活实践为有

● 农民工题材的美术作品

志于创作的艺术家提供了源源不断的“食粮”。每当我走进国家博物馆就不由地被徐悲鸿《愚公移山》的巨幅画作所震撼，我想，当代新愚公移山图也将出现在反映农民工的画作中。书画同源，2015年，我和著名书法家沈鹏交流中国农民工所做出的巨大贡献时，他欣然写下“致敬农民工”，也成为本书自序的题目。2018年元旦，我和著名书法家张志和交流农民工发展新情况后，他感慨许多，欣然写下“中国农民工”，也成为本书的书名。

（二）提升农民工文化素质

农民工融入城市不仅要使其生活环境得到改善，更重要的是要提升其文化素质。要把农民工纳入城市公共文化服务体系，推动图书馆、文化馆、博物馆等公共文化服务设施以市民待遇向农民工开放，有条件的还可专设农民工观看的内容和环境。落实好对农民工集中居住点实施的“两看一上”工程，即农民工能看上报纸、看上电视，有条件的还可以上网。鼓励和培育农民工阅读兴趣，让他们运用语言文字和新媒体来认识世界、启迪思维，并获得能够提升自身素质的信息，避免出现沉溺于“男的玩游戏、女的看韩剧”的情况。这都需要社会各界精心筹划和积极开展符合农民工特点的精神文化活动，发展为农民工服务的文化事业和文化产业，鼓励企业开展农民工喜闻乐见的文化活动，鼓励文化单位、文艺工作者和其他社会力量为农民工提供优惠便捷的文化产品和服务。有条件的地方可为农民工文化消费提供适当补贴，多方入手满足农民工日益增长的精神文化需求，提升农民工精神文化素养，培养建立农民工文明健康的生活方式，增进新老市民之间的相互理解、包容和共鸣。

（三）对农民工的人文关怀

农民工融入城市需要人文关怀，这和中国文化的特色相关。中西方文化的人文理念有着根本性的差异。中国文化是建立在农耕文明基础上的亲情文化，农耕文明的一个基本特点是安居意识强，安于一地或迁徙他地定居都会形成熟人社会，一定意义上也形成了人情社会，在漫长的历史发展进程中，这种亲情文化有其独特性，也最能引起人的心理共鸣。通过人文关怀，使农民工从农村的熟人社会来到农村之外的陌生之地，也能找到自己在城市社会生活中的位置，营造全社会关心关爱农民工的氛围，从而温暖地传递党和政府对农民工的关心、全社会对农民工的关爱，彰显了社会共享发展的大爱。而西方游牧、航海以及经商的民族或人群，他们与农耕民族最大的不同是，生活的常态就是不断迁徙而非定居，漂泊的人生中常常遇到生人，与生人打交道，久而久之就形成了“生人文化”，即契约文化，凡事都要有契约，这也是一种社会秩序构成机制在起作用。我们富有亲情文化的人文关怀恰恰是消除农民工进城遇到的思想烦恼、树立起正确行为方式的一剂良药。

2018 年 4 月，我到江西赣州调研，赣州农民工就业创业的生动故事也反映出客家文化的传承。客家人从黄河流域、中原地区迁徙到这里，几代人创业，是典型的熟人社会。客家围屋虽有抵御外来侵入的功能，但更多体现的是熟人社会互相帮衬，围屋的造型被誉为天上掉下来的飞碟、地下冒出来的蘑菇，好像东方的古罗马城一样。江西赣州、广东梅州都是客家人的大本营，拥有近千座围屋，客家文化使从这里进城的农民工遇到问题就先在熟人中沟通，而一旦有更好的机会，也勇于离开本地迁徙到新的地方创业发展。

（四）营造关爱农民工的社会氛围

要有激励向上的舆论引导，要勇于出手维护农民工权益，努力营造理解、关爱、尊重、保护农民工的氛围，这些都是农民工融入城市必不可少的。2016 年 4 月，中央电视台播出了北京市东城区农民工快递员被打事件，引起社会热议。当时我正在调研农民工工作途中，马上就与中央电视台著名主持人白岩松进行了联系沟通，请他为维护农民工权益发声。白岩松在《新闻 1+1》栏目中对这一事件进行了严肃点评，严厉批评了侵害农民工权益的行为，同时国务院农民工办公室、全国总工会、企业负责人相继发声，使侵害农民工权益的相关人员受到了应有的惩处和教育。《中国劳动保障报》在“五一”劳动礼赞的社论中给白岩松等新闻工作者勇于维护农民工权益鼓与呼点赞，这也成为关爱农民工的典型案例。现在不少反映农民工亲身经历的故事都成为“网红”，这里少不了很多经历相近和心灵相通的新生代农民工的点击和点赞。

2017 年春，中央电视台播出了一档反映农民工在城市生活、工作、奋斗的以真实记录为手法拍摄的电视节目《城市梦想》，通过独特的视角展示了农民工融入城市的点滴，特别是激起了企业老板对农民工的关爱，故事感人，影响很大。节目分《北漂的日子》《铁骑回乡》《父亲》《留守大山的孩子》《钢筋工的音乐梦》《姑娘，不哭!》《团圆年》《快递小哥》《十月花开》《流动的家》10 集，分别邀请一些企业家以隐藏身份的方式化身农民工，与农民工共同生活，进而勾起企业家对当年那段“白天当老板，晚上睡地板”生活的回忆，使他们更主动自觉地关爱农民工，独辟蹊径地展示了新时代农民工的困境、进取和风采。

●《城市梦想》节目

广东省是农民工最集中的地方，农民工的突出贡献不仅反映在经济上，也反映在文化上。广州作为中国农民工最集中的城市，2014 年率先在全国创办了“中国农民工博物馆”，通过图片、实物、影像和互动等形式，生动再现了中国农民工在现代化建设中波澜壮阔的发展历程，充分展示了中国农民工在实现小康和建设现代化国家中做出的巨大贡献，深刻反映了党和政府对农民工的关怀关爱。2022 年 10 月，四川农民工博物馆开馆，墙上用大字写着四川农民工“质朴善良靠得住，敢闯敢试雄得起，吃苦耐劳打得粗，豁达乐观想得开”，博物馆征集了农民工各个阶段的生活用品、劳动工具 3662 件。农民工励志电影《所有梦想都开花》中，“大衣哥”朱之文一曲成名，打工者歌唱组合旭日阳刚上春晚，中央电视台连续多年录制的全国农民工春节联欢晚会，以及农民工摄影比赛等文化活动，受农民工欢迎的程度和收视率都超出了预期。欧美许多发达国家的不少城市都会为对这个地方做出过突出贡献的人物树立雕塑，黑龙江省大庆市也有“铁人”王进喜的雕塑，也期待着中国的大城市有展现农民工形象的雕塑，好让人们可以驻足在雕塑前感受农民工在城市建设中的丰功伟绩。

现在社会上有很多人热捧影星、歌星、笑星，许多优秀农民工勤劳创业的动人事迹还鲜为人知。应该说，中国农民工也是一个新的“星系”，应该在全社会受到尊重，让他们的优秀事迹得到传播。

十、发展有目标

信心是人们对预期目标的心理认可。战略是方向性的，战略目标选错了，即使一两个战术取胜了，最终也很难获得成功。农民工市民化战略目标的正确制定，将激励农民工砥砺前行。

（一）实现两个转变

建设现代化国家的进程中，农民工市民化集中体现在两个基本转变上。

一是从普工到技工的转变，农民工成为现代产业工人的主体力量，优秀的将成为技师、高级技师，进入高技能人才行列。

研究农民工发展不能回避的是未来农民工怎样进入橄榄型社会的中等收入群体。欧美发达国家工业化进程中最大的中产群体来自最初的工薪阶层，随着技术的发展和工资的提高，他们转型成为中产群体。但在中国，至少到目前为止，大量的农民工在经济转型中要进入中产群体，还有较长的路要走，现在可以说的是有一批“城归”和高技能人才在新时代中将引领农民工去奋斗，也将先行进入中等收入群体。农民工中的能人包括从事新业态创业的新工匠、新“城归”及新零售业主等。但这只是少数，大多数农民工还得靠技术提升和收入提高来积累资本进入中等收入群体，从而共享改革发展成果。提高技工的待遇，就是承认他们的技能是生产要素，是有交换价值的；给他们技术入股的期权股权的激励，也是顺理成章的，就是要为他们打开技能纵向提升的通道，提供向上发展的机会。让新生代农民工感到学技术好就业，学好技术多增加收入，掌握技术绝活儿可享受出彩人生！技术可以入股分红，掌握技术可以成为兴办企业的合伙人，让技术在企业发展的期权股权激励中活起来，让技术工人的收入也能多起来，技术“大拿”也能富起来。新中国成立初期，工厂的八级工收入和厂领导差不多，在企业里说话也是硬邦邦有地位的。现阶段，人们对技术工人高看一眼、厚爱一分，将激励农民工由普工向技工成长，由技工向高技能人才发展。

申居仁荣在工厂认真研究图纸

申居仁荣初中毕业后在中国木雕之乡浙江东阳学木工，刚刚出徒就随着大批东阳木匠北上进京来到“晋京坊”家具厂，从技工到技术班组长，一干就是10多年，从设计、开料、加工到打磨，掌握了全套技术活儿。2011年，他迎来了施展才干的机会，报名参加了北京市人力资源社会保障局举办的手工木工技能比赛，按照现场制作中式座椅的要求，他发挥出色，一举拿下全场第二名，被破格评为技师。正是因为有平日里的苦练才能有关键时刻的露脸，他如获珍宝一样将获奖证书和技师证书收藏起来，每当遇到高兴或者困难的事都要拿出来看看，看完感觉身上又有了一股劲儿。北京电视台对他进行专访，让他在业界有了些名气，他手艺好，人又厚道，被北京一家家具公司看中，以年薪 24 万元聘为企业技术总监，进入靠技术拿较高收入的农民工行列。现在他也开始管理家具厂，成为农民工企业家，进入了中等收入群体。

二是进城打工将与进城落户同步，大城市就地落户，特大城市积分落户，超特大城市渐近落户。

为顺应农民工的新期待和促进农民工的发展，一方面要深化公共服务供给制度改革，为农民工提供劳动就业、社会保障、公共卫生、随迁子女教育、住房保障、文化生活、权益维护等综合服务，对近 2 亿进城务工的农民工，要让他们逐步公平享受当地基本公共服务；另一方面要深化户籍制度改革，促进有能力在城镇稳定就业和生活的农业转移人口举家进城落户，并与城镇居民享有同等权利和义务。暂时不具备落户条件的实施居住证制度，努力实现基本公共服务常住人口全覆盖。城市公共服务需要相应的大量投资，其中至关重要的是要健全中央财政和地方财政转移支付同农业转移人口市民化挂钩机制。目前城市财政收入约有一半来自土地出让收入，要建立城镇建设用地增加规模同吸纳农业转移人口落户数量挂钩机制，使城市化发展与农民工市民化相得益彰。从实施情况看，大城市着重解决渐进落户和实施居住证同步的问题，中小城市和城镇主要解决便捷办理就地落户的问题，从根本上消除户籍制度给农民工带来的深度影响。

2018年5月，我到在全国百强县市中排名前三的新兴港口城市张家港调研。首先映入眼帘的是“绿”，张家港变“绿”了，行走在这座城市，随处可见的绿地、整洁干净的市容市貌和行人的衣着打扮，确实不逊色于那些西方发达国家，令人不禁赞叹其当选为全国第一批卫生文明城市乃实至名归！文明的张家港，使来到这里的人都会萌生在此栖身的念头，这里有世界500强企业沙钢集团和永钢集团、东渡集团等，外来打工者就业相对稳定，目前全市原住民和农民工均达百万人。张家港是20世纪80年代中后期中央实施沿海发展战略时，国家最早建立的14个开放口岸之一，最先开放的成功让这座城市有一种敢为人先的精神。带着对农民工问题的思索，我走进张家港市经开区（杨舍镇）新市民综合服务中心。刚进大厅时，门上刻印着少有的“新市民积分办理大厅”使人眼前一亮。大厅内，操着南腔北调普通话的农民工，三三两两正在填写积分表。有个名叫陈宇群的新生代女性农民工填得分外认真，唯恐漏掉或少计了分数。上学时“分数是学生的命根”，如今农民工积分多就能拿到户口本，迈过落户坎，“分”也似乎成了落户张家港的“根”。大厅窗口一侧的宣传板上写着解决农民工来到张家港“居教医”（居住、子女教育和医疗）难题的各种政策，使从五湖四海来到这座城市的打工者看到居住乃至居家生活的新希望。张家港是一个开放、包容的城市，现在又有了吸引农民工通过积分制逐步落户的人文关怀，大厅墙上贴着的“亲情化关怀、同城化对待”让人感到农民工融入城市的政策正在落地。张家港市人力资源社会保障局局长刘俭介绍说，有些来这里打工10多年的优秀农民工，已经当上了车间主任、线长、销售组长和技师等，月收入一般在万元左右；近年来不少人都在购买城郊相对便宜的小户型二手房，也有这几年原住民腾出的二十世纪八九十年代建的六七十平方米两室一厅的二手房，有条件的农民工顺势由租到购，拿出积攒多年的钱为买房付首付；有些新生代农民工夫妻双方合买会压力小点，更多的是为了让孩子能来这里上学。张家港市政府顺势建立新市民服务中心并提供农民工落户“一站式”服务，尤其是积分制提出的农民工掌握技术可以增加权重的办法，吸引越来越多的农民工就业后不断努力学习和提升技能，有些发展好的农民工俨然已是“准中产”。截至 2018 年 5 月，全市仅稳定就业外来工就有 70.56 万人，自 2016 年至 2018 年 5 月，已有 1739 名农民工通过购房落户该市，这个速度还在加快。这使其他农民工看到也感受到了融入城市的可能性，有了愿景就会走出茫然去奋斗，这和老一代农民工进城挣钱回乡盖房娶媳妇一样，目标明确就能产生动力。农民工在张家港看到的市民化前景，就像在大海里

● 新生代女性农民工陈宇群认真填写新市民积分落户表

看见了桅杆的航船，有可能到达“由村到城”的彼岸，有一个清晰的愿景渐行渐近。人们往往就是从最相近的情形中获得成功而激励自己去努力，看到同伴已将夙愿变成现实，这比任何空洞说教和灌输更有说服力。农民工既是建设者，又是成果分享者，在张家港已有看得见、摸得着的实实在在的获得感。

（二）加强和创新农民工中党组织建设

农民工代表着现代产业工人，提高农民工物质待遇可以使农民工实现体面劳动，同样，提高社会地位能使农民工感到自豪。从保障农民工劳动权益到从总体上发挥农民工先进作用，使农民工依法享有民主政治权利，一个重要的内生动力就是加强和创新农民工中党团和工会组织建设，凝聚农民工中的先进分子，发挥其骨干力量的作用，这也是中国农民工发展中一项重要而紧迫的任务。2009 年 5 月，我在北京参加河南许昌市委组织的在京农民工党组织活动研讨会，直接听到了行走于多个建筑工地、流动性大的“豫军”农民工的呼声。由于有了党组织，有人为农民工劳动权益站出来说话，在当时建筑业欠薪现象较普遍的情况下，他们竟然实现了农民工工资基本无拖欠。建筑工程队队长也被称为“包工头”，符合条件的“包工头”被吸收入党并培养成为党支部书记，他们自己带头不欠薪，还帮助被欠薪的农民工讨回公道，这和那些欠薪跑路的“小包工头”相比，真是“冰火两重天”，有组织和没组织大不一样。2009 年 10 月，我到江苏南通工贸技师学院调研时，看到学生党组织很活跃，和学生交流才知道，他们没考上大学心里很懊悔，父母也责怪，左邻右舍和不少人以白眼相看。他们来到技师学院后有了新的感悟，学到了技术，就业也有了出路，但总感觉缺点什么。加入党组织后，感觉自己还有点组织能力，不能光为自己，也得为大多数同路人考虑。现在农民工中初中生居多，受过大专以上教育的很少，毕业后他们想争取当农民工的带头人，农民工人数很多，总得有人去引领。而且参加了组织还能约束和激励自己，给实现自己的想法提供了有利条件，毕竟学生党员只占学生总数的2%~3%，这样算下来他们也是百里挑一。我当时和随行的人力资源社会保障系统干部沟通，要将学院中有组织能力的干部发展为党员，可为日后培养农民工中的骨干力量打下基础，学院党组织应有这种战略眼光。随后，我将调研情况进行了整理，写出加强和创新农民工中党组织建设的调研建议。

作者到江苏南通工贸技师学院就学生入党问题进行调研

2010年4月，我在中央党校培训部学习时，有机会参加了中央党校校长主持的培训班支部书记党建工作座谈会，按照要求，不能念稿，要结合实际谈。我将原来准备的学习汇报材料交给参会的中共中央政策研究室负责同志，并在会上汇报了新生代农民工的现状、特点和需求，对了解的先进典型和一段时间内杭州、东莞等地的农民工自发维权情况，以及一些外国非政府组织介入农民工集体劳动争议等进行了比较分析。我提出，需要在农民工相对集中地建立党组织，扩大基层党组织的覆盖面，从以输出地为主转向以输入地为主，解决优秀农民工在城乡流动中“入党难”和党员“管理难”（村里难见面、城里难找到）的问题。加快吸收新生代农民工中的优秀分子入党，尤其要增加职业技术院校优秀学生的入党比例，使他们从业以后成为农民工中的骨干力量，激发农民工中党员队伍的生机和活力，改变新生代农民工中党员偏少的状况。运用信息化手段加强外出农民工党员的“智慧”管理，创新基层党组织建设，改变目前农民工党员参加党组织生活偏少的状况。发挥外出农民工中党组织的作用，将党和国家解决农民工问题的有关政策措施落到实处。大力培养外出农民工中有较高素质的党组织带头人，使其成为基层党支部书记，有效解决党员管理松弛的问题，在解决农民工具体问题中发挥作用，提高党组织的凝聚力和战斗力。主持人点评说，这是一个事关党执政的群众基础的重要问题。会后，我进一步研究和分析了加强和创新农民工中党组织建设的有关问题，并以党校学员名义向中央组织部作了汇报。中央领导给予批示，要求抓紧深入研究这项重要工作。由此，这个涉及农民工发展的重要问题进一步引起了高度重视。

在以后的工作中，我和中共中央政策研究室、中央党校负责同志又深入交流了中国农民工发展的有关问题。2015 年，我应邀到中央党校研究生院和哲学部就中国农民工发展理论问题进行了交流。有了前面的铺垫，2017 年 7 月，我在中央党校大礼堂颇有影响的周五报告会上详细阐述了中国农民工发展的若干问题，引起了参会的各级党政干部和党校师生的共鸣，中央党校印发了报告选，《中国农村经济》和《光明日报》的《光明论坛》进行了刊登，《新华文摘》给予了全文转载，《红旗文摘》作了摘编，为研究中国特色农民工发展问题作出了新的探索。

现阶段要积极推荐优秀农民工成为各级党代会、人大、政协的代表、委员，在评选劳动模范、先进工作者和报考公务员等方面与城镇职工同等对待。虽然农民工党员人数相对较少，但在农民工中产生的影响却是难以估量的。要支持农民工在职工代表大会、居民委员会、村民委员会等组织中依法行使民主选举、民主决策、民主管理、民主监督的权利，让农民工在干活儿受委屈、工作不如意、诉求受阻时能感到有代言人为他们说话。党的十九大有 27 名优秀农民工代表，十二届全国人大有 31 名农民工代表，还有 1 名农民工成为全国政协委员。2016 年 1 月 17 日，来自一线的农民工技师巨晓林，在全国总工会十六届四次执委会上被选举为全国总工会副主席。巨晓林当选全国总工会副主席后接受媒体采访时说，要先把手上工作干得“棒棒哒”，要将一线工人的声音直接、真实地反映到高层。这体现了农民工享有参与国家政治生活权利的不断推进。2013 年以来，县以上各级人大代表、政协委员中有 560 名农民工，巨晓林之后又有 10 位农民工兼任了省级工会副主席。2008 年和 2016 年表彰的全国上千名优秀农民工已在北上广深等大城市全部就地落户，在农民工融入城市中发挥着引领作用。拥有农民工最多的深圳市还出台了农民工报考基层乡镇公务员的实施办法，鼓励农民工参与基层公共管理。

第五节

新时代、新征程："两步走"的中国农民工展望

中国梦是中华民族的梦，也是每个农民工的梦。农民工是融入城市的梦想者，也是奋斗的圆梦人。实现梦想需要奋斗和贡献，奋斗中能够挖掘和释放能量，农民工平日里日复一日劳动、年复一年奋斗，给城市建设铺路架桥、为建设现代化国家添砖加瓦是埋在他们心里的理想。农民工的创造力在新时代将进一步迸发，农民工克服困难的干劲在新时代将难以估量。只有激发农民工这支举世无双的新型劳动力大军的活力，实现中国梦的力量才能更加强大。目前农民工大多数从事中低端劳动，他们改变现状、融入城市的愿望更加强烈，实现梦想的空间更大。梦想承载希望、成就未来，有梦想，有机会，才能激励农民工克服困难去奋斗，将3亿农民工的勤劳与

农民工融入城市

智慧汇入实现中华民族伟大复兴的磅礴力量，使农民工成为实现中国梦的最大奋斗群体和受益群体。

改革开放激活了人力资源，其中最有说服力的是激活和发展了农民工这个承载着人口红利的城镇最大劳动群体。20 世纪 80 年代改革开放之初，谁能吃准政策敢于贷款买车，谁就可能成为万元户；90 年代发展社会主义市场经济，谁能引资，谁就能更快发展；进入 21 世纪，谁能引来世界 500 强企业和有大项目拉动，谁就能大发展；今后，谁能聚集有技术的农民工这种宝贵的人力资源，谁就能实现可持续的高质量发展。过去十多年是富士康公司和央企中建集团等聚集农民工最多，现在是引领互联网经济的阿里巴巴和美团快速聚集起上百万农民工快递员。这些都从不同侧面反映了农民工不仅承载着人口红利，从发展的角度看，还承载着技能红利，有的学者也称为新人口红利。从历史的角度看，劳动者中农民工缴纳社保的年龄最早，到退休领取社保待遇时劳动时间最长，还承载着社保红利。从社会的角度看，时代需要我们了解农民工，有条件的要研究农民工，有能力的要组织农民工，有“魅力”的还要引领农民工，在实现中国梦的新征程中发挥共振作用！

历届党的代表大会报告是执政党的工作指南和行动纲领，备受国内外广泛关注，党的十九大报告提出要促进农民工多渠道就业创业，给进入新时代的农民工以很大鼓舞。为了及时了解农民工就业创业新情况，2018 年年初，我与中国劳动和社会保障科学研究院的研究人员承接了国务院参事室“新生代农民工就业创业调查研究”课题，选择了东中西部建筑业、制造业和服务业新业态等农民工集中的 30 家企业开展了快速调查，同时还选择了有代表性的 23 家企业进行一线座谈，通过田野调查直接听取农民工的心声。调查和座谈反映出了许多农民工在新时代的新需求，这和国家统计局发布的党的十八大以来农民工需求变化基本一致，与 2017 年国务院参事室“新生代农民工发展调查”课题结论的总体趋势是相同的。

新生代农民工就业创业调查研究

经济转型促进大多数农民工学习新技能。调查表明，70.75% 的农民工希望通过培训尽快提升技能，46% 想学习现代服务业新业态的技能，33% 想学习先进制造业技能，21% 想学习建筑业新技术，44.29% 打算从事快递、外卖、家庭服务、新零售等工作，32.87% 表示先看一看新时代产业发展方向再确定未来就业打算，22.84% 认为可以留在传统产业工作。

多数农民工对创业持积极态度，但有资金少、选项难、风险高等困难。接受调查的农民工中，65.74% 有过创业的想法，2.51% 已经在创业，31.75% 没有创业的想法，65.46% 创业想法能得到家人支持，67.69% 创业面临的最主要困难是资金不足，28.13% 认为没有合适的创业项目，13.93% 认为自身风险承受能力低，9.47% 认为合伙人难寻，6.41% 认为操作过程手续复杂，3.34% 认为有其他困难。

农民工了解就业创业政策的需求增多。受调查的农民工中，37.33% 了解小额贷款的政策，25.35% 了解政府技能培训补贴的政策，17.83% 了解返乡创业政策，3.62% 了解合伙人办企业的专项贷款政策，19.5% 了解其他就业创业政策，14.48% 对现有政策基本不了解。

农民工留在城市的愿望比较强烈。调查显示，47.91% 的农民工选择未来继续留在就业城市发展；24.23% 表示对融入城市有较大希望，但对目前是否继续留在城市还没有想好；8.36% 选择回家乡；7.8% 准备到大城市或特大城市发展；4.74% 选择到中小城市落户发展。被调查农民工留在城市所面临的最主要困难是租购房和子女上学，分别占 47.35% 和 30.08%。此外，还有知识技能欠缺、社会关系简单、子女上幼儿园困难、单位没有缴纳城镇职工社会保险、大城市落户困难、仍存在社会歧视等问题。

农民工对在大中城市落户的想法不一。受访农民工中，26.46% 希望在就业所在的大城市或特大城市落户，但积分制的时间较长，对此没有抱太大希望；21.73% 表示在中小城市落户比较容易；22.01% 虽然希望在城市落户，但因为赡养父母、子女上学及学前教育等问题难以解决，暂未考虑落户；29.81% 认为自己年轻，对就业和落户地可再行选择，暂不考虑在目前就业地落户。

农民工对企业提供集体宿舍或给予住房补贴抱有希望。受调查的农民工中，37.33% 希望能够在自己就业的中小城市购房；36.77% 想自己租房，但希望单位能够给予一定的补助；16.16% 希望企业能够提供集体宿舍；7.8% 希望单位提供的集体宿舍中能够有探亲夫妻房；1.95% 希望能够个人全额支付租房费用。

多数农民工希望自己的子女能够在随迁城市入学。根据调查，55.43% 的农民工希望自己的孩子能够在随迁城市的公办学校上学，让孩子也享受到城市的优质教育资源；25.07% 因有父母在家照料，选择让孩子在老家上学；19.5% 认为孩子进城上不了公办学校，也可以先在城市的农民工子弟学校过渡。

丰富文化生活是农民工工作之余的普遍需求。调查显示，91.36% 的农民工希望更多地享受公共服务提供的或企业提供的文化娱乐和体育锻炼场所。受访农民工对文化生活的选项普遍感兴趣，其中，40.95% 选择学习看书，49.86% 选择文化娱乐活动，49.58% 选择体育锻炼，39.25% 选择朋友聚会，选择上网、参加公益活动、搞兼职等活动的农民工比例分别是 31.2%、27.58%、24.51%，也有 3.06% 选择其他。

媒体成为农民工获取信息的主渠道。受访农民工获取信息的渠道中，19.22% 希望通过网络获取信息，17.55% 希望通过广播电视获取信息，15.04% 希望通过报纸杂志获取信息，23.4% 希望通过亲戚朋友和同事获取信息，4.18% 选择其他。

农民工的这些愿望是向上的，也是现实的；诉求是积极的，也是合理的；困难是存在的，也是可以克服的。面对现实需要的是奋斗。转型发展的大路开通，前景广阔，这都需要从脚踏实地的努力做起。无论是自己创业还是结伴前行，奋斗使每一个农民工的脚印都留下了痕迹，而不奋斗只能是城市匆匆的过客。2018 年 5 月，我到北京精雕科技集团有限公司调研，上千名职业技术院校毕业的新生代农民工先后来到这里打工。公司董事长蔚飞告诉我，企业发展 20 多年，掌握了自主研发的核心技术，成为世界精雕机的主要制造商，年营业收入近 40 亿元，年实现税收 4 亿元，这些都离不开农民工的辛劳。公司在河北廊坊建设新园区，近千名农民工在新厂区工作。为使员工能够尽快融入城市生活，公司在不断提高员工技能的同时，还采取多项措施以解除其后顾之忧，如向廊坊开发区管委会申请廉租房，提供给员工居住；向自己租房的员工发放补贴，减轻其房租负担；联合开发商组织团购，使大部分有条件的员工能在廊坊购房得以安居；为开发区内的学校提供赞助，让员工子女就近入学；积极联系相关部门让符合条件的员工在廊坊落户；组织员工开展农民工喜爱的文娱活动，丰富业余生活。农民工融入城市的愿望强烈，面临的问题也不少，需要制定有效的政策措施，系统而有重点地加以解决，取得农民工可望而又可即的效果。

农民工发展是一个历史过程，解决农民工市民化的问题胆子要大、步子要稳，要宽容失误、鼓励探索、分步推进、成熟先行。推进农民工市民化要敢于冲破思想观念的束缚，突破利益固化的藩篱。思想有了创新点，改革就有了突破点，解决问题就有了发力点。历史经验告诉我们，要始终行动，但绝不冲动。农民工尤其是新生代农民工充分发展之时，就是中国特色新型城镇化道路取得更大成效之时，更是我国转变经济增长方式、共享改革发展成果取得更大成效之时。

展望未来，中国农民工发展将由量的增加走向质的提升。到2035年，农民工总量将达到3亿人左右，“00后”“10后”将成为新生代农民工，“80后”“90后”将成为中生代农民工，农民工总体上进入技工时代，大多数在农村出生和接受义务教育的农民工将享受城市基本公共服务。

在基本实现现代化的进程中，农民工市民化将走向高峰，城市化率将达到70%以上，农民工总体上进入市民化时代，大多数出生在农村但在城市接受义务教育的农民工将享受城市公共服务全覆盖，将形成支撑制造业强国和现代服务业发展所需的技能人才队伍。

到2050年，农民工将实现融入城市的梦想，在城市出生并接受义务教育和高等教育的“20后”“30后”，将和老一代农民工一起实现“四融”，即工作融入企业、家庭融入社区、子女融入学校、生活融入城市，农民工的历史任务光荣完成，农民工的杰出贡献彪炳史册！

创作于20世纪50年代的歌曲《听妈妈讲那过去的事情》中的

一段歌词“我们坐在高高的谷堆旁边，听妈妈讲那过去的事情”，给一代人留下了难忘的记忆，那时妈妈让孩子知道新中国的好生活来之不易。可以展望，到农民工实现市民化后，那时将是坐在高高的大楼旁边，孩子们听爷爷奶奶讲他们进城创业奋斗的故事。

观察与思考中国特色农民工发展，既不能把外来书本上的个别论断当作束缚自己思想和手脚的教条，也不能把实践中已见成效的东西看成是完美无缺的模式。推进发展中要勇于实践，攻克难题时要敢于亮剑，要坚决破除妨碍农民工发展的思想观念和体制机制弊端。改革潮涌，风帆高悬，农民工在改革开放40多年中做出了巨大贡献，形成了鲜明特色，走过了光辉历程，在新时代的康庄大道上肩扛重任、奋力前行、大有作为。

创新能力是未来发展的关键所在。经济正在加快恢复，创新正在加快推进。建设“数字中国”为农民工掌握数字技能开辟广阔发展空间，构建新发展格局使数字技能人才作用凸显。拥抱数据，创新无限；拥抱数智融合，发展无限；拥抱农民工数字技能人才，未来无限。中国式现代化新征程中迎来数字技能发展的黄金期，构筑数字技能人才新优势，助力数字赋能高质量发展，努力使探索走在政策制定前面，政策走在“市场曲线”前面。

40多年风雷激荡，中国依靠改革开放这个决定命运的关键举措创造出人类命运史上前所未有的跨越式发展道路，这其中就包括中国农民工闯出了一条世界农业劳动力转移史上超常规发展的道路。

40 多年登高望远，中国农民工在新时代中国特色社会主义崭新篇章中肩负重任，既是实现中国梦的奋斗者，又是幸福生活的共享者。

时间已镌刻中国农民工气势恢宏的发展历程！

时间将见证中国农民工不懈奋斗实现伟大梦想！

后记

中国农民工问题研究是一门“显学”，是需要长期研究的课题，正受到越来越多的关注。从纪实性研究所反映的观点看，本书有亲历的真实性，也有所记所感的局限性，对波澜壮阔发展的农民工很难窥一斑而见全豹，很多地方是挂一漏万。除了继续跟踪农民工发展的纵向研究，我今后还将致力于农民工问题的理论剖析并深入研究若干“切片”报告。农民工问题研究本身就是理论界的重大课题，如农民工名称的进一步论证；农民工保留地权的延伸研究；农民工在劳资两利中的“容忍度”，既提高农民工工资又不伤及企业竞争力的平衡点，使人力成本温和上涨又不超越企业可承受的底线；两亿多农民工参加城镇职工保险的社保公平对待；对老一代农民工欠保和有事实劳动关系而又没有工伤保险等历史遗留问题的妥善处置；新生代农民工进入技工时代，其中很多优秀的新工匠进入中等收入群体；打通一线城市农民工子女就地参加中高考的路径；大城市、特大城市建小户型房，为农民工提供融入城市的栖身之地；对农民工数字技能实施速成培训，尤其是使来自贫困地区的农民工走上技能脱贫新路；机器取代人的发展趋势并不能取代农民工掌握数字技能的能动性、创新性和柔性；有独立住房和子女能就地接受城市优质教育已成为农民工进城务工经商的新刚需；加强和创新农民工党团和工会组织建设；丰富农民工精神文化生活；等等。以上这些问题，都需要从理论上有所突破，"冒热气"；在政策上可操作，"接地气"。从一定意义上讲，这也是进入新时代、迈入新征程的一个重要而紧迫的课题。

近年来，我结合自己在国务院农民工办公室的工作体会和在山西省、甘肃省、劳动和社会保障部、人力资源社会保障部做农民工工作的体悟，集中研究上面关注和下面关心的农民工热点难点问题，着重对经济转型与数字经济条件下农民工发展变化，尤其是新时代、新征程农民工市民化进行深入分析，着力通过课题研究提出有深度和可操作的意见建议，也借助全国政协大平台发声，与社会各界交流，争取做到热烈而不对立、坦诚而不敷衍、深刻而不偏激。围绕"中国农民工发展"先后到中央党校、全国总工会、共青团中央等部门作报告，到深圳市和中国建筑集团、富士康公司等农民工高度集中的地方答疑解惑，到清华大学、北京大学、北京航空航天大学、南开大学、中山大学、上海交通大学、兰州大学、山西大学等重点大学讲课交流，到中国人民大学劳动人事学院、首都经济贸易大学劳动经济学院、中国劳动关系学院开展学术研讨，接受新华社、中央电视台、人民网、凤凰卫视等国内主流媒体和境外有影响力媒体所关注的热点问题甚至是敏感话题的专访。《人民日报》《求是》《经济日报》《中国劳动保障报》《中国农村经济》《新华文摘》《红旗文摘》《中国劳动》等报刊都摘发了研究成果，国务院研究室、国务院参事室、人力资源社会保障部、中国科协和新华社内参、人民日报内参、中央党校理论动态等对研究报告摘编报送，中央领导也对摘编反映的建议给予多次批示肯定。真挚感谢各方面给予的有力支持，这都激励我沉下心来，从研究层面探索农民工发展的种种问题，虽有局限和偏颇，深感有许多不足和未知，也有些深难问题尚未破冰，但受农民工那股闯劲、钻劲、韧劲的感染，我只能始终行动，绝不冲动。

也期望中国理论界的精英，能有更多的人以足够的精力投入中国农民工发展的研究，所幸的是，一批中青年专家如张一名、韩巍、张建文、陈兰、鲍春雷、吴帅、武唯、陈玉杰、李付俊、李宏、华巍、李云鹏、王睿、李晓梅等从不同角度参与了中国农民工发展的研究，国务院农民工领导小组办公室宋娟、尚建华、沈水生、汪志洪、林淑丽、杜国羽、应三玉、刘建国等给予了大力支持。感谢国务院参事室王仲伟、高雨、王为民、张彦通和王静、彭涛、郭良玉等给予的课题研究支持，感谢中央党校、国务院研究室、国务院参事室、人民日报社、求是杂志社、新华财经、人民网、中国劳动保障报等有关单位给予研究成果的摘编反映和重点报道，感谢四川、重庆、山西、甘肃、宁波等地人力资源和社会保障厅局给予的调查研究支持，感谢中国劳动和社会保障科学研究院、中国人民大学劳动人事学院、中国劳动关系学院、首都经济贸易大学劳动经济学院、中国社科院劳动经济研究所给予的学术研究支持，感谢富士康、中建集团、中铁建工、阿里巴巴、美团、蓝思科技、饿了么等农民工集中的特大型企业的支持，感谢北京外服、红海、河北冀联、职多多等一批人力资源服务企业对农民工调查工作的支持，感谢北方国际教育集团、北京曹妃甸国际职教城、民生教育集团、新华教育集团、北京轻工技师学院、深圳技师学院、甘肃冶金技师学院、山西冶金技师学院、广东省城市建设技师学院等一批数字工匠培养基地给予的支持，感谢北京精雕集团、忠信集团、三替家政、北京爱侬等一批专精新特中小企业、家政企业和技能工匠的支持，对其他给予研究以支持的同志和朋友一并表示感谢。也期望中国农民工研究中心能早日启航，进一步提升农民工研究的系统性和权威性。

中国农民工发展46年，如同冲浪运动一样靠的是冲力；今后要的是经济转型中的耐力，如同划龙舟一样，整体出列，协同前行，才能到达美好生活的彼岸。本书作为承前启后这一时间段的见证和思考，供大家参考。

唯有不懈地观察和思考，才能无愧于时代！